学 科 全 息 育 人 丛 书

丛书主编 朱福荣 饶 英

小学语文
学科全息育人

本册主编 杨 蔚 辛 亚

西南大学出版社
国家一级出版社 全国百佳图书出版单位

图书在版编目(CIP)数据

小学语文学科全息育人 / 杨蔚, 辛亚主编. -- 重庆：西南大学出版社, 2023.4
("学科全息育人"丛书)
ISBN 978-7-5697-1480-7

Ⅰ.①小… Ⅱ.①杨…②辛… Ⅲ.①小学语文课—教学研究 Ⅳ.①G623.202

中国版本图书馆CIP数据核字(2022)第191112号

小学语文学科全息育人
XIAOXUE YUWEN XUEKE QUANXI YUREN

主　编　杨蔚　辛亚

责任编辑：曹园妹
责任校对：张　琳
装帧设计：殳十堂_未　氓
排　　版：杜霖森
出版发行：西南大学出版社
　　　　　重庆·北碚　　邮编：400715
印　　刷：重庆美惠彩色印刷有限公司
幅面尺寸：185mm×260mm
印　　张：17.5
字　　数：430千字
版　　次：2023年4月　第1版
印　　次：2023年4月　第1次印刷
书　　号：ISBN 978-7-5697-1480-7
定　　价：52.50元

编委会

丛书主编

朱福荣　饶　英

丛书副主编

贺晓霞　黄吉元

丛书编委（以姓氏笔画为序）

于泽元　王天平　艾　兴　代　宁　朱福荣　朱德全
李　鹏　李雪垠　杨　旭　吴　刚　张　良　陈　余
陈　婷　陈登兵　范涌峰　罗生全　赵　鑫　胡　焱
饶　英　贺晓霞　唐小为　黄吉元　常保宁

本册主编

杨　蔚　辛　亚

本册编委（排名不分先后）

杨　蔚　辛　亚　邓凤鸣　王世录　刘　利　张　亚
吴冷灿　陈娅利　张　琪　李　静　周胜华　赵　铭
徐云波　钱迎春　蒋　尼　曹　彬

总序

新中国成立以来,我国的教育方针历经多次演进,但强调学生德、智、体等方面全面发展是一以贯之的基本原则和思想。1957年,我国的教育方针是"使受教育者在德育、智育、体育几方面都得到发展,成为有社会主义觉悟的有文化的劳动者"。至1995年,教育方针表述为"教育必须为社会主义现代化建设服务,必须与生产劳动相结合,培养德、智、体等方面全面发展的社会主义事业的建设者和接班人"。2015年,教育方针表述为"教育必须为社会主义现代化建设服务、为人民服务,必须与生产劳动和社会实践相结合,培养德、智、体、美等方面全面发展的社会主义建设者和接班人"。2021年,教育方针表述为"教育必须为社会主义现代化建设服务、为人民服务,必须与生产劳动和社会实践相结合,培养德智体美劳全面发展的社会主义建设者和接班人"。教育方针的演进充分体现了不同时期国家对人的发展的总体方向和要求,但随着时代的发展会增加和融入新的元素和内容。总体而言,对人的身心等方面全面发展的要求始终是我国教育方针的大方向,这也体现了马克思主义关于人的全面发展学说的本质规定性。

党的十九大报告指出,"优先发展教育事业。建设教育强国是中华民族伟大复兴的基础工程,必须把教育事业放在优先位置,深化教育改革,加快教育现代化,办好人民满意的教育。要全面贯彻党的教育方针,落实立德树人根本任务,发展素质教育,推进教育公平,培养德智体美全面发展的社会主义建设者和接班人"。2019年,中共中央、国务院在《关于深化教育教学改革全面提高义务教育质量的意见》中进一步提出,"坚持以习近平新时代中国特色社会主义思想为指导,全面贯彻党的教育方针,落实立德树人根本任务""培养德智体美劳全面发展的社会主义建设者和接班人"。要"坚持'五育'并举,全面发展素质教育",要突出德育实效,提升智育水平,强化体育锻炼,增强美育熏陶,加强劳动教育。我国义务教育和普通高中课程方案中都明确提出,课程要"全面贯彻党的教育方针,落实立德树人根本任务""培养德智体美劳全面发展的社会主义建设者和接班人"。可以说,立德树人作为我国教育的根本任务,围绕人的全面发展而提出的"五育"并举,以及由此而引发的学校全面、全程、全员育人机制的转变,是新时代教育发展的关键。

"全息"一词原意指一种可以全面、多角度地再现物体的原貌,反映物体所承载的各种信息和状态的光学成像技术。引用其部分含义,教育领域的全息育人指的是学生在成长过程中所涉及时空的全部信息都是育人的信息源,发挥这些信息源的共同与合力作用来有效促进学生的各方面发展。作为一种育人理念,其主张调动和运用各种可以利用的因素,全方位、全过程地促进学生各个方面的共同发展。具体到学科领域,在新时期探索"五育"共同发展的过程中,学科教学中"五育"融合的观念应然而生,并开展了诸多有益的实践探索。

我国当前中小学的教学组织形式仍然是班级授课制为主,教学工作仍然是学校的中心工作,学科课程仍然是学校课程的主体,课堂仍然是育人的主阵地。因此,在遵循现行中小学教学形式的前提下,课堂教学还是落实立德树人根本任务、促进学生德智体美劳全面发展的最直接途径。今天,在学科教学中,"育什么人""为谁育人"已经非常明晰,"怎样育人"以及如何提升"育人质量",成为学校教学亟须回答的重大问题。通往学科"育人质量"提升的路径多种多样,全国教育理论研究者和中小学教师都进行了卓有成效的探索,其中"五育"融合是最值得关注的发展方向和路径之一。重庆市北碚区教师进修学院与西南大学教育学部和教育部西南基础教育课程研究中心共同开展的"学科全息育人"研究,就比较好地回答了在学科教学中如何实现"五育"融合、"怎样育人"的重大问题。他们采取的主要策略是以学科的教科书作为引领载体,以"五育"融合为视角和眼光,以单元教学为单位,按照德智体美劳从学科到单元或主题建立学科育人框架,全面挖掘单元教学内容中的"认知育人点""德性育人点""审美育人点""健康育人点"和"劳动育人点"等,实行基于"五育"融合的整体教材解读和教学设计,进而将德智体美劳等育人要素有机融合,利用课堂主阵地开展学科育人,实现学科教学向学科育人的转变。

重庆市北碚区中小学校实施的学科全息育人,坚持以马克思的"人的全面发展"学说和赫尔巴特的"教育性教学"原则为理论基础,高扬"立德树人"的大旗,以社会主义核心价值观为统领,将"德智体美劳"育人要素融入中小学各学段、各学科,使所有学科都从学科性质、地位、任务出发,既体现学科特质,又彰显育人的特殊功能,指向德智体美劳,实现由"学科教学"到"学科育人"的转变,学生通过学科学习,实现"成人"与"成才"的双统一、双发展。在育人理念层面,以学科育人的"全息性",解决学科价值与育人价值分离或单项推进的问题;在课堂实践层面,以学科育人的全面性,解决学科育人随意化、碎片化或无视化问题;在区域推进层面,通过"全要素落实、全学段推进、全学科联动",有效破解了学校、学段、学科等育人壁垒问题。

学科全息育人需要育人理念的重构。学科课程是学校落实立德树人根本任务的基本载体,每个学科都要围绕"有理想、有本领、有担当"这三个维度来培养未来担当民族复兴大任的时代新人,这是对学科课程和教学的基本要求。所有学科都从学科性质、地位、任务出发,把人的发展作为学科教学的旨归,使学科价值与育人价值融合共生,既体现学科特质,又与其他学科协同为学生的成长起作用,彰显育人的特殊功能,把学科价值作为育人价值实现的条件,把育人价值作为学科价值实现的目的。这样就能把"有理想、有本领、有担当"落实到每个学科的综合素养培养中,落实到每节课、每所学校的育人目标中,学生德智体美劳全面发展的总目标就不会落空。无论是学科教学设计还是课堂教学,教学思维的起点就是将这堂课要达成的教学目标,逆向分解成每一个时段的子目标,同时,在教学中又从一堂课的时间轴进行正向思考,依据逆向设计的子目标开展多样化的学习活动。在此基础上,教师还要立体思考,将除本学科认知目标以外的其他育人目标放在何处,以怎样的方式达成,确保每个学科、每节课都将育人理念贯穿始终。

学科全息育人需要育人课程的设计。课堂教学既是学校教育的主阵地,也是学校教育体系的核心要素,一旦离开学校教育体系,课堂教学很难真正实现学科全息育人。实现学科课堂教学的全息育人,关键就是要找出能包含教学内容的全部信息,或能进行学科全息育人教学内容的整体信息,我们称之为"关键信息"(关键知识、关键方法、关键思维等)。贯穿于教学活动中的"五育"是具有"五育"间性的,也就是每"一育"既关涉其他"四育",又在教学过程中保持和谐。教学中通过"五育"间性建立基于教育学立场、育完整人的教学生态体系,实现由"渗透"到"互联"至"互育"达"合育"的逻辑演绎。重庆市北碚区的做法是,每个学科以现行国家教科书为蓝本,以"单元"为单位挖掘"五育"的"育人点"和"融合点"。这个"单元"既可以是教科书上所列的单元,又可以是按照综合学习或跨学科学习的主题、专题设置单元,既考虑了各学科独有的"模式语言"特征,做到学科"双基"扎实"有本领",又关注到融合育人的"五育"间性,做到铸魂立德"有理想、有担当",同时,避免"穿靴戴帽"式、"空洞说教"式的"五育"融合、学科全息育人。

学科全息育人催生育人方式的转型。育人方式就是要回答"新时代教育三问"的"怎样培养人",对于课堂教学的主体而言,"怎样培养人"一定是贯穿于学科教学始终的,学科全息育人引领下的教学催生育人方式的转型。一是要对"学科全息育人"理念有非常透彻的理解,把育人方式本身作为育人的重要资源;二是要把党和国家的课程方案、课程标准的要求与课堂教学及其评价关联,将"五育"要求与课程核心素养关联,并恰当融入课堂教学活动之中;三是要在课堂教学、作业布置与批改、学生学习指导、考试评价等育人环节以是否有利于学生综合素养、"五育"全面发展来衡量,将那些不经意的细节都看成会给学生带来终身影响的重要环节。特别是在智能化时代,育人方式更要从"重教书"向"重育人"转变,从固定学习到泛在学习,从储备学习到即时学习,从寻找答案的学习到寻找问题的学习,从接受性学习到批判性学习,从独自性学习到合作性学习,从烧脑学习到具身学习,从线下学习到融合学习,切实破解"见分数不见素养""见学科不见学生"的教育难题。

　　学科全息育人需要育人师资的再造。学科全息育人的成与败都在教师。什么样的教师能够实施学科全息育人?具有"全息"的视野、思维与能力的教师。首先,教师要有"全息"视野,也就是能从"培养完整的人"角度看待"五育"的整体性、统一性,理解德育、智育、体育、美育和劳动教育有机融合对促进学生全面发展的意义,追求"五育"相互融合、有机统一的整体融通式育人观。正如苏霍姆林斯基所言,"没有单独的智育,也没有单独的德育,也没有单独的劳动教育",这样才能将"全息育人"理念作为学科教学的起点和归属。其次,教师要有"全息"思维,关注育人过程的关联性和整体性,培养教师用关联式、融通式思维设计与实施"全息育人"。教师要摒弃用割裂式思维看待"五育",简单地将单科对应"单育",认为学科课程对应智育,体育课程对应体育,音乐、美术课程对应美育。用关联式思维引导教师看到所教学科有"五育"渗透的可能性和必要性,突破"分科单育"的狭隘认知,在落实学科核心目标的同时兼顾渗透并关联其他"四育",实现学科内的"五育"融合。用融通式思维观念引导教师打破学科逻辑和领域界限,设计跨学科、多学科的综合性主题,看到各学科交叉点与整合点之间的"相融"关系,实现学科间的"五育"融合。

　　重庆市北碚区中小学学科全息育人研究,切中了近年基础教育时弊,符合教育教学规律以及核心素养教育改革发展方向,以教科书为载体的"五育"融合研究范式切实有效,可借鉴、可推广,其主体研究成果《全息育人教学论》具有学术性和创新性,系列成果各学科全息育人研究对学科开展"五育融合""全息育人"具有较强的指导性和实践性。当然,该项研究主要是在2022年版的义务教育课程方案和课程标准发布之前进行的,可能还与学科课程标准提倡的学科核心素养要求有一定差距,在小学至高中学段也还有个别学科的研究成果没有出来,但是,这些不会影响该项研究及其成果的总结与推广,也希望他们能够继续深入研究,取得更有价值的研究成果。

2022年10月

(朱德全,西南大学教育学部部长,教育学博士、二级教授、博士生导师)

前言

落实立德树人根本任务,培养德智体美劳全面发展的社会主义建设者和接班人是新时代对教育提出的新要求。如何把党的教育方针落地？重庆市北碚区作为重庆市唯一的国家级基础教育课程改革实验区,经过20多年的实践探索,创新性地提出"学科全息育人"理念。"学科全息育人"借用"全息"的物理学概念来体现学科教学在育人这个空间里应该发挥的全部作用,有效建构区域整体推进学科育人的"全息"范式。

北碚区小学语文学科在区域学科全息育人的引领下,立足学科本质和学科教学实际,依据《义务教育语文课程标准(2022年版)》和语文学科核心素养,以部编版小学语文教材为研究对象,从"学科认知、德性育人、审美育人、健康育人、劳动育人"五大维度建构育人框架,关注部编版教材语文要素和人文要素双线组元的特点,关注部编版教材编排的整体性和系统性特点,基于"学科认知"的基础,渗透"德性育人""审美育人""健康育人""劳动育人",实现语文的工具性和人文性的统一,实现语文学科的课程育人。

回顾研究历程,北碚小学语文研究团队在研究中学习,在学习中实践,在实践中反思,在反思中前行。在区域总课题组的指导下,成立小学语文学科核心研究团队,认真学习语文课程标准,研究部编版语文教材,聚焦课堂教学研究,从教材内容选取、学习方式建议、实践活动安排、作业系统设计等方面关注学生发展核心素养和语文学科核心素养,从德智体美劳"五育"融合方面充分挖掘和落实学科育人点,努力重塑课堂生态,打通学科教学走向学科育人的"最后一公里",帮助教师牢固树立语文学科育人意识,促进学生语文素养的全面提升。

回顾研究历程,在西南大学、重庆市教育科学研究院等机构的专家的指导下,一路走来,北碚小学语文研究团队且行且思且记,凝练成了《小学语文学科全息育人》一书。该书共分六个章节。

第一章:重点解读小学语文学科全息育人的内涵与特征,从政策背景、现实背景、未来社会对人才的要求三个方面综合分析研究的背景,围绕教师、学生、课堂等要素对研究的价值进行阐释。

第二章:从小学语文学科全息育人点设计的依据、整体框架、育人点导引三方面进行说明。

第三章:阐明了小学语文学科全息育人教学设计需要整体建构单元教学设计、确定育人目标、设计教学活动、选择教学资源、实施学业评价。

第四章:重点阐释了小学语文学科全息育人教学实施的原则、方法,在落实学科认知的同时有效融合德性育人、审美育人、健康育人、劳动育人,全面提升学生的语文素养,全方位培养德智体美劳全面发展的新时代接班人。

第五章:从小学语文学科全息育人评价的原则、方法、案例评析等方面进行了分析。

第六章:重点从小学语文学科全息育人学科研修的理念、原则、方法进行了案例评析。

研究无止境。传承和弘扬母语,推广普及国家通用语言文字,增强中华文化认同,建立文化自信,培育时代新人,我们将不断努力!

编 者

2023年3月1日

目录

第一章 小学语文学科全息育人概述

第一节 小学语文学科全息育人的内涵与特征 3
一、小学语文学科全息育人的内涵 3
二、小学语文学科全息育人的特征 4

第二节 小学语文学科全息育人的背景 5
一、小学语文学科全息育人的政策背景 5
二、小学语文学科全息育人的现实背景 7
三、未来社会对人才的要求 10

第三节 小学语文学科全息育人的价值 11
一、有利于立德树人根本任务的落实 11
二、有利于学生语文学科素养的形成 12
三、有利于更新语文教师的学科育人理念 12
四、有利于学科课堂教学的优化实践 13

第二章 小学语文学科全息育人点导引

第一节 小学语文学科全息育人点设计的依据 17
一、语文课程的性质 17
二、《课标》的要求 18
三、部编版小学语文教材的编写特点 19

第二节 小学语文学科全息育人的整体框架 21
一、学科认知 22
二、德性育人 24
三、审美育人 25
四、健康育人 28
五、劳动育人 30

第三节　小学语文学科全息育人点导引　32
一、单元育人点导引　32
二、主题育人点导引　67

第三章　小学语文学科全息育人教学设计

第一节　小学语文学科全息育人教学设计的原则　73
一、整体性原则　73
二、人本性原则　74
三、关联性原则　74
四、有序性原则　75

第二节　小学语文学科全息育人教学设计的基本流程　76
一、整体建构单元教学设计　76
二、确定育人目标　77
三、设计教学活动　77
四、选择教学资源　78
五、实施学业评价　79

第三节　小学语文学科全息育人教学设计的案例评析　81
一、大单元教学设计案例评析　81
二、单篇课文教学设计案例评析　91

第四章　小学语文学科全息育人教学实施

第一节　小学语文学科全息育人教学实施的原则　137
一、全面性原则　137
二、主体性原则　138
三、生成性原则　140

第二节　小学语文学科全息育人教学实施的方法　141
一、全息情境教学法　142
二、全程活动教学法　150
三、主体对话教学法　165

第三节　小学语文学科全息育人教学实施的案例评析　177

一、阅读教学课例研究案例评析　177

二、习作教学课例研究案例评析　192

三、综合性学习课例研究案例评析　198

第五章　小学语文学科全息育人评价

第一节　小学语文学科全息育人评价的原则　207

一、客观性原则　207

二、可行性原则　209

三、过程性原则　210

四、多元开放性原则　212

第二节　小学语文学科全息育人评价的方法　214

一、小学语文学科全息育人课堂教学评价　215

二、小学语文学科全息育人学业评价　220

第三节　小学语文学科全息育人教学评价的案例评析　229

一、诊断性评价案例评析　229

二、形成性评价案例评析　230

三、终结性评价案例评析　232

第六章　小学语文学科全息育人学科研修

第一节　小学语文学科全息育人学科研修的理念　237

一、全息育人，浇根改善　237

二、教师为本，研训并进　237

三、问题导向，精准施策　238

第二节　小学语文学科全息育人学科研修的原则　238

一、全面发展原则　238

二、全员参与原则　239

三、全程跟踪原则　239

第三节　小学语文学科全息育人学科研修的方法　240

一、病理问诊法　240

二、微格教研法　243
三、协作互动法　248
四、课例研讨法　251

第四节　小学语文学科全息育人学科研修的案例评析　254
一、小学语文学科全息育人学科研修的案例　254
二、小学语文学科全息育人学科研修的案例评析　259

参考文献　261

后　记　263

第一章 小学语文学科全息育人概述

"学科全息育人"指基于立德树人的根本任务,基于学生发展核心素养的视域,依托国家课程,按照德智体美劳全面发展的要求,挖掘教材育人点,设计学科教学,利用课堂主阵地开展学科育人,实现学科教学向学科育人的转变。将"学科全息育人"这一上位概念运用于小学语文学科中,能强化语文学科的育人功能,优化语文课堂教学,提升学生语文学科素养。

本章重点解读小学语文学科全息育人的内涵与特征,从政策背景、现实背景、未来社会对人才的要求三个方面综合分析研究的背景,围绕教师、学生、课堂等要素对研究的价值进行阐释。

第一节　小学语文学科全息育人的内涵与特征

一、小学语文学科全息育人的内涵

"育人",通俗地讲就是培养人才。在教育领域,它是一个被广泛使用的词语。新时期的"育人"具有丰富的内涵和多样化的实践方式,实践过程中应尽可能地使受教育者获得全面而丰富的发展并使其受到持续而正向的影响。

"全息"一词的英文为holography,源于希腊语,holo意为whole,即"全部"之意,graphy意为drawing,即"图画、图景"。中文"全息"二字与之对应,有"全部信息"之意。20世纪中叶,物理学家Gabor因在工作中意外发现照相的新方法,提出了"全息"一词。这种全息照片记录的物体信息十分完整,即使碎裂为小块,每一小块仍能再现原物的整个图像。[①]因此,"全息"是指一种可以通过部分图景全面、多角度地再现物体的原貌、反映物体所承载的整体信息和状态的光学成像技术。

"全息育人"将物理学的"全息"概念引申到教育领域,把"全息"定义为基于某类要素而反映出的全方位、全空间、全要素、全过程育人。"全息育人"要求调动一切可利用的育人资源,通过全员、全方位、全过程形成合力,打造一个开放的、动态的、整合的"育人场",使学生一入学就进入这种"育人场"中,受到持久的、不间断的、无处不在的正能量影响,在"润物细无声"的感染和熏陶下,成长为志向远大、信念坚定、品德优良、人格健全、身心健康、充满自信的高素质人才,从而落实立德树人的根本任务。

"小学语文学科全息育人"以语文学科认知为基础,进行德育、美育、劳育和健康教育的渗透。它是在中国学生发展核心素养和语文学科核心素养的视域下,通过关键问题的梳理、关键知识的定位、关键方法的掌握和关键环节的实施,将德智体美劳"五育"并举的总要求落实于语文学科的教育全过程的实践性活动。

---

① 王蕊.全息观视角下的小学英语课堂教学研究[D].曲阜:曲阜师范大学,2017.

小学语文作为基础性学科，是一门学习国家通用语言文字运用的综合性、实践性课程。小学语文学科全息育人体现了小学语文学科人文性和工具性高度统一的特点，为了彰显小学语文学科育人的功能，教师需面向全体学生，从传统的知识立意、能力立意转向价值引领、素养导向、能力为重、知识为基的综合评价；从面向学生过去的评价转向面向学生现在和未来的评价；从注重对认知领域的评价转向对关键能力、关键素养的综合评价，从而有效实现全员育人、全过程育人和全方位育人的目标。

二、小学语文学科全息育人的特征

（一）以学科认知为基础，体现语文性

就学科性质而言，小学语文学科以语文学科认知为基础，具有鲜明的语文性，其教学本身就是一门科学，有自己完整而系统的知识体系，教学内容涉及语言学、文字学、语用学、写作学、修辞学等。

小学语文学科教学不仅承担着培养学生理解并运用国家通用语言文字能力的任务，还承担着语化人心、文以载道等诸多任务。因而，教师需以学科本位知识为基础，在传授知识的同时，进行"五育"融合的育人工作。

（二）以主题对话为手段，领悟文本性

小学语文学科教学内容凸显中华优秀传统文化、革命文化、社会主义先进文化、世界文明优秀成果等主题，主要以文本学习为载体，具有鲜明的文本性。正确解读文本，发现文本价值，是小学语文学科全息育人的重要特征之一。正确解读文本，需要师生直面文本，与文本对话，在教师、文本、学生、编者之间，就相关的主题展开多向的信息沟通和多元的意义重构。通过各个主体之间的深度对话，渗透全息育人理念，实现培养完整的人的目标。因此，小学语文学科全息育人需要以主题对话为手段，领悟文本性。

（三）以实践活动为途径，强化参与性

学科育人离不开人的参与，离不开学生的实践活动，离不开教师的教学研究，具有鲜明的参与性。也就是说，在小学语文学科育人过程中，必须尊重每一个生命个体，体现鲜活生命的发展特征和诉求，激励学生对语文学习形成一种发自内心的情感倾向，重视学生自主能动的学习过程，让学习真正发生。通过丰富多彩的语文实践活动，学生在语文学科知识中站起来，在思维训练中活起来，在良好习惯中可持续发展起来，成为有学习力、竞争力、思辨力和社会适应力的全面发展的人。

(四)以育人要素为核心,实现全息性

小学语文学科的全息性是指在小学语文学科的育人过程中,营造平等和谐的育人环境,全体教育工作者要不断更新语文教育观,正确认识语文教学的内涵,树立大语文的育人理念,利用各种育人资源,建设开放而有活力的语文课程。在这一过程中,教师要全方位遵循备、教、学、评一体化教学原则,将语文学科核心素养的四个方面(文化自信、语言运用、思维能力、审美创造)贯穿于育人始末,最终促进学生核心素养的形成,体现全息性。

小学语文学科全息育人的特征主要体现在以下四个方面:

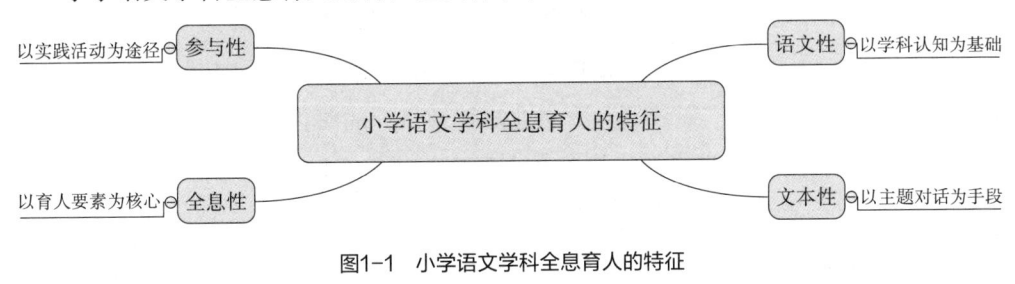

图1-1 小学语文学科全息育人的特征

小学语文学科全息育人的特征:
- 参与性 —— 以实践活动为途径
- 全息性 —— 以育人要素为核心
- 语文性 —— 以学科认知为基础
- 文本性 —— 以主题对话为手段

第二节 小学语文学科全息育人的背景

一、小学语文学科全息育人的政策背景

百年大计,教育为本。党的十八大明确提出"富强、民主、文明、和谐,自由、平等、公正、法治,爱国、敬业、诚信、友善"二十四字社会主义核心价值观,培育和践行社会主义核心价值观既是各级各类学校的教育任务,更是全面贯彻落实立德树人根本任务的需要。小学语文学科全息育人努力建设与现代社会发展相适应的课程,在培养目标和内容、教学观念和学习方式、评价目的和方法等方面进行系统的改革,以促进学生德智体美劳和谐发展。

2013年11月,党的十八届三中全会通过的《中共中央关于全面深化改革若干重大问题的决定》中强调"全面贯彻党的教育方针,坚持立德树人,加强社会主义核心价值体系教育",各个学校、学科都要全面落实立德树人的根本任务,为党育人,为国育才。

党的十九大报告再次提出,"要全面贯彻党的教育方针,落实立德树人根本任务,发展素质教育,推进教育公平,培养德智体美全面发展的社会主义建设者和接班人"。

2018年5月,习近平总书记在北京大学师生座谈会上的讲话中,指出"培养社会主义建设者和接班人,是我们党的教育方针,是我国各级各类学校的共同使命","人才培养一定是育人和育才相统一的过程,而育人是本。人无德不立,育人的根本在于立德。这是人才培养的辩证法。办学就要尊重这个规律,否则就办不好学。要把立德树人的成效作为检验学校一切工作的根本标准,真正做到以文化人、以德育人,不断提高学生思想水平、政治觉悟、道德品质、文化素养,做到明大德、守公德、严私德"。

2018年9月,习近平总书记在全国教育大会上发表重要讲话时指出,坚持把立德树人作为根本任务,这是我们对我国教育事业规律性认识的深化,来之不易,要始终坚持并不断丰富发展;要努力构建德智体美劳全面培养的教育体系,形成更高水平的人才培养体系;要把立德树人融入思想道德教育、文化知识教育、社会实践教育各环节,贯穿基础教育、职业教育、高等教育各领域,学科体系、教学体系、教材体系、管理体系要围绕这个目标来设计,教师要围绕这个目标来教,学生要围绕这个目标来学。凡是不利于实现这个目标的做法都要坚决改过来。要深化教育体制改革,健全立德树人落实机制,扭转不科学的教育评价导向,从根本上解决教育评价指挥棒问题。

2019年6月,中共中央、国务院印发《关于深化教育教学改革全面提高义务教育质量的意见》,提出全面提高义务教育质量的主要任务,首要任务就是坚持"五育"并举,全面发展素质教育。认真落实党中央、国务院关于"发展素质教育"的新要求,强化德育、体育、美育和劳动教育应有地位,突出德育实效,提升智育水平,强化体育锻炼,增强美育熏陶,加强劳动教育,促进学生全面发展。新的时代,党和国家对"育人"提出了新的希望和新的要求,坚持把立德树人作为中心环节,努力实现基础教育全员育人、全过程育人、全方位育人,为开创我国教育事业发展新局面奠定基础。

2020年10月,中共中央、国务院印发《深化新时代教育评价改革总体方案》(以下简称《总体方案》),指出教育评价事关教育发展方向,有什么样的评价指挥棒,就有什么样的办学导向。要不断完善立德树人体制机制,扭转不科学的教育评价导向,坚决克服唯分数、唯升学、唯文凭、唯论文、唯帽子的顽瘴痼疾,提高教育治理能力和水平,加快推进教育现代化、建设教育强国、办好人民满意的教育。

2022年10月,党的二十大报告指出:"育人的根本在于立德。全面贯彻党的教育方针,落实立德树人根本任务,培养德智体美劳全面发展的社会主义建设者和接班人。"

由此可见,国家将育人提到了前所未有的高度,将培育全面发展的人,作为旗帜鲜明的目标。作为母语学科的小学语文学科，是国家落实立德树人根本任务的主要场域，以学科知识为载体的"五育"融合的小学语文学科全息育人，应该而且能够为造就现代社会所需的一代新人发挥重要作用。

二、小学语文学科全息育人的现实背景

(一)当今语文学科教学的现实状况

随着教育现代化建设的推进，尽管整个教师队伍的教育理念有所更新，但囿于评价机制等因素，很多教师仍把帮助学生获得知识本身当作语文教学的唯一目的，采取"填鸭式"的方式教学，淡化了语文学科教学的育人功能。学生一味地追求高分数，成为"刷题"的机器，家长送孩子去各种补习班，被迫付出昂贵的代价却收效甚微，整个社会对教育问题口诛笔伐。如何应对"教育内卷"现象？小学语文学科全息育人不失为一剂良方——克服应试之风，全面提升人的素养，培养学生对社会的责任感，树立对民族文化的自信心，培养有尊严、有价值、有思想的社会新人。

(二)"五育"研究在语文学科研究中的现状

1.在小学语文学科教学中渗透德育

查阅文献，我们发现，在小学语文学科育人的功能中，渗透得最多的是德育。徐市所撰写的《育德于教，育德于学——小学语文课堂教学中的德育浸润》[1]，主要探讨了小学语文教材文本的德育功能，呼吁深入挖掘小学语文教材文本的德育功能，采取恰切的方式方法，对学生进行德育浸润。丰丽萍在《小学语文阅读教学中的德育渗透策略探析》[2]一文中，强调教师应关注小学语文教材文本的德育资源，在阅读教学中摸索德育渗透的有效途径与策略。崔峦先生在《小学语文课程改革要正确处理四个关系》中指出："准确理解语文课程的性质、特点，正确处理工具性与人文性的关系"，"全面提高学生的语文素养，正确处理学习语文与学习做人的关系"。[3]具体来说，要正确处理语文课程工具性和人文性的关系，就是要引导学生热爱国家通用语言文字，在真实的语言运用情境中，通过积极的语言实践，积累语言经验……继承和弘扬中华优秀传统文化、革命文化、社会主义先进文化……要正确处理学习语文与学习做人的关系，就是要引导学生在语文学习中，树立民族自信，增强爱国情感，培养公德心、爱心、责任心，并

---

[1] 徐市.育德于教,育德于学——小学语文课堂教学中的德育浸润[J].教师教育论坛(第一辑),2019(04):411-412.
[2] 丰丽萍.小学语文阅读教学中的德育渗透策略探析[J].现代教育,2018(09):57-58.
[3] 崔峦.小学语文课程改革要正确处理四个关系[J].课程·教材·教法,2004(08):48-52.

养成良好的学习习惯。总之,在语文教学中渗透德育,使学生的生命得以更好发展,类似的研究可谓汗牛充栋。

2. 在小学语文学科教学中渗透美育

在小学语文学科教学中渗透美育,是当前小学语文学科育人研究中的一个大方向。叶圣陶先生把阅读、欣赏、写作作为语文美育的三大目标:阅读和欣赏是接受美感的经验,得到人生的受用;而写作则是表现美的事物,抒发美的情感,创造美的手段。文艺作品的鉴赏,是一个有着异常复杂的心理活动的过程,其前提条件是确立正确的审美态度。叶圣陶先生在《认真学习语文》中说,"思路是有一条路的,一句一句,一段一段,都是有路的,这条路,好的文章的作者是绝不乱走的"。"入境",就是要引导学生进入文章的情境,与作者的心情相契合。欣赏文学,仅仅理解是不够的,还应懂得感受和体会作者在文章中所表达的意图,达到感知美和体会美的境界。陈丽娜在《小语教学应形成"读写共进"美育循环系统》[1]中认为,美育是小学语文教学的根本任务之一,小学语文教学要从提升学生的品位入手,将落实美育目标作为突破口,强调教师在教学设计中应该强化美育目标,在教学中注重培养学生的审美能力,最终引导学生遵循美的规律进行写作。类似的文章还有徐金妹的《构建生态课堂,培养人文情怀》[2]、林志华的《例谈小学语文教学的美育渗透》[3],他们都强调在课堂实践中挖掘教材中的美育资源,探索该类课堂的教学途径,甚至"模式",以期培养学生的审美情趣,促进学生全面发展。另外,汲安庆的《灵肉一致,陶养成人——论夏丏尊语文课程形式美学观》[4]也提及了小学语文课堂教学中美育的渗透教学,阐释了夏丏尊语文课程形式美学观,同时提出了自身的理解。陈先云先生在《面向21世纪中国小学语文教学研讨会综述》中转述与会代表的看法时指出,小学语文教学要树立大语文教育观。必须更新传统的语文教育观,正确认识语文教学的内涵。要下力量去占领课外活动阵地,开展多种多样的语文活动,把语文学习和科技活动及音乐、美术、舞蹈等文化艺术活动紧密结合起来,培养学生的兴趣爱好,发展其个性,提高学生的文化素养。[5]此论述阐释了语文教学中的美育渗透。

3. 在小学语文学科教学中渗透劳动教育

在小学语文学科教学中,劳动教育的渗透亦不少。陈雨嫣、季卫兵在《陶行知劳作教育思想及其当代启示》[6]一文中阐述了陶行知的劳作教育思想在当前基础教育领域中的

---

[1] 陈丽娜.小语教学应形成"读写共进"美育循环系统[J].基础教育参考,2015(24):62-63.
[2] 徐金妹.构建生态课堂,培养人文情怀[J].教书育人,2014(23):41.
[3] 林志华.例谈小学语文教学的美育渗透[J].内蒙古教育,2014(10):73.
[4] 汲安庆.灵肉一致,陶养成人——论夏丏尊语文课程形式美学观[J].教师教育学报,2015(03):45-46.
[5] 陈先云.面向21世纪中国小学语文教学研讨会综述[J].中国教育学刊,1997(04):61.
[6] 陈雨嫣,季卫兵.陶行知劳作教育思想及其当代启示[J].教育评论,2019(05):163-166.

重要性。谢玲在《小学语文教学渗透劳动教育探析》[①]一文中,借鉴20世纪90年代末小学语文教学渗透劳动教育的模式,以当今实际情况为基,从教材、课堂、校园三方面切入,因文悟劳、以课育劳和实践促劳,以此培养学生尊重劳动、热爱劳动、勤于劳动的良好品格。邓乔在《小学语文教学与劳动教育的融合路径探析》[②]中,探索了语文教学与劳动教育的融合路径:统观部编版语文教材,充分地挖掘语文教材的劳动因子;教学中吟诵劳动诗歌释放劳动激情、品析关键词句体悟劳动过程、培思辨之智育劳动之魂;构建"劳动+"课程,拓展语文教学外延。李少霞在《小学语文中劳动教育的渗透意义及策略》[③]一文中指出,在小学语文中渗透劳动教育有利于锻炼小学生的思维能力和动手能力,发展小学生的心智,促进小学生全面发展。小学语文教师要时刻关注劳动教育,创新课堂教学方式,通过多种渠道培养小学生的劳动意识,传承中华民族传统美德。

4.跨学科融合,在小学语文学科教学中渗透德育、美育、体育

当下,学科整合蔚然成风。许多研究者在该项议题中强调跨学科融合,挖掘小学语文教材文本中的"有益"成分,利用小学语文教学中的一些育人途径,打破学科壁垒,拓宽本学科德育、美育、体育等育人点的实现路径。朱建国在《浅谈情境教学在体育课中的运用——小学语文书中的那点体育事儿》[④]一文中认为,体育教师应该全面有效地把握好语文情境背景与体育教学的最佳契合点,激发学生的运动兴趣,培养学生的运动能力,促进学生全面发展,使德育、美育、体育齐头并进,协力发展。

5."六育"并举的提法,强调了健康育人的重要性

贺佩蓉、白振飞在《浅议人的全面发展学说与素质教育的内在联系》一文中指出:"素质教育内容丰富,形式多样,工作任务十分繁重。"[⑤]因此,在教育工作中,应处理好它们之间的关系:首先,要注意教育的全面性,坚持德、智、体、美、劳、心等育人点并举;其次,要注意教育的层次性,不仅在宏观上要坚持德、智、体、美、劳、心等全面发展,在微观上,各育内部,各级各类教育内容和教育目标上,都要坚持全面发展。坚持"六育"并举,就是要平等地对待各育的教育内容和任务,充分重视各育的作用。但是坚持"六育"并举,并不等于平均发展和平均使用力量,而是要根据各育的性质、规律、特点和作用,正确分配教育时间和教育力量,要处理好各育之间、各育与素质教育整体之间的关系,坚持全面与重点相结合,实现"六育"并举。只有正确认识各育的性质和作用,处理

---

① 谢玲.小学语文教学渗透劳动教育探析[D].长沙:湖南师范大学,2021.
② 邓乔.小学语文教学与劳动教育的融合路径探析[J].教师博览,2021(15):53-54.
③ 李少霞.小学语文中劳动教育的渗透意义及策略[J].天津教育,2021(02):152-154.
④ 朱建国.浅谈情境教学在体育课中的运用——小学语文书中的那点体育事儿[J].小学教学参考,2018(27):8-9.
⑤ 贺佩蓉,白振飞.浅议人的全面发展学说与素质教育的内在联系[J].教育探索,2008(09):3-4.

好它们之间的关系,才能使学生的身心素质全面健康地发展。

6."五育"并举,并未充分发挥语文学科的育人功能

所谓"五育",指的是德、智、体、美、劳五个方面。余潇潇在《"五育"并举人才选拔的时代新课题》[①]一文中,对高校的人才选拔和培养体系提出了一些建议和意见,虽然对语文学科教学育人有所阐述,但只是泛泛聊之。刘绍鸿、梅仕华在《素质为本 全面育人》[②]中,肯定了小学语文学科教学中应秉承"五育并举,德育为首,教学为主,素质为本,全面育人"的准则。其有效性、科学性尚待商榷,但刘绍鸿、梅仕华在这里更强调德育和智育的实现,对美育、体育、劳育如何渗透,怎样实现,却避而不谈。卢雁红在《小学语文全息阅读教学实践初探》[③]中举起了"全息"的旗帜,但从其行文中可见其浓墨之处在智育和美育的提升,更注重学生"视界期待"的提高。

综上所述,在小学语文学科育人这一议题的研究中,研究者走向了以下四个方向:第一,注重学理层面的研究,与教育教学实践联系不紧密,其实效性、科学性有待检验;第二,在基础教育领域,许多研究者将研究点聚焦在"五育"之一上,只是在单项的教学活动中渗透单个功能;第三,目前很多地区是在单项的教学活动中渗透"五育",没有以学科知识为载体进行研究;第四,虽然许多研究者有了"五育"并举的意识,但在研究中依然只侧重其中一个或者几个,"五育"并举徒有其名。而小学语文学科全息育人就是要以学科认知为基础,打破育人壁垒,实现"五育"融合,实现人的全面发展。

三、未来社会对人才的要求

(一)21世纪人才必备的基本技能

联合国教科文组织编写的《教育——财富蕴藏其中》[④]一书指出,教育应当促进每个人的全面发展,即身心、智力、敏感性、审美意识、个人责任感、精神价值等方面的发展。提出面向21世纪教育的四大支柱:学会认知、学会做事、学会共同生活、学会生存。20世纪,机器取代了人力;21世纪,软件取代了人类的大脑。

21世纪的人才必须具备这样一些基本技能,包括:倾听能力——正确理解口语信息及暗示;口头表达能力——能系统地表达想法等;阅读能力——会搜集、理解、解释、评价书面文件;书写能力——能正确书写书面报告。同时,为适应日新月异的变化世

---

① 余潇潇."五育"并举人才选拔的时代新课题[J].课堂内外(高中版),2021(19):16.
② 刘绍鸿,梅仕华.素质为本 全面育人[J].教育导刊,1996(Z1):69-70.
③ 卢雁红.小学语文全息阅读教学实践初探[J].课程·教材·教法,2003(12):18-23.
④ 联合国教科文组织.教育——财富蕴藏其中[M].联合国教科文组织总部中文科,译.北京:教育科学出版社,1996:49-50.

态,21世纪的人才还需要具备这样一些关键能力:审美与创新能力——能自主体验与感悟、欣赏与评价、表现与创新,提升发现美、欣赏美、鉴赏美的水平;批判思维能力——根据符号、图像进行思维分析,分析事物规律并运用规律解决问题;文化理解与传承能力——能提升文化品质和修养,树立正确的人生观、价值观。

(二)多元智能理论下的人才观

哈佛大学心理学家霍华德·加德纳在1983年出版的《智能的结构》一书中,提出了多元智能理论。他指出,每个人都具有七种及七种以上的智能:语言智能、数学逻辑智能、空间智能、肢体运动智能、音乐智能、人际智能、内省智能、自然观察者智能、生存智能以及道德智能。这几种智能的地位是平等的,每一项对人都非常重要,教育要使这几种智能都得到不同程度的发展。不同的人有不同的优势智能和弱势智能的组合。可长期以来的教育现状却令人担忧,教育只注重对学生的语言智能和数学逻辑智能的培养,忽视了其他智能的发展。教学评估也侧重于这两项智能,使得具有这两项优势智能的学生常常能脱颖而出,成为大家羡慕崇拜的佼佼者;大多数学生看不到自己的优势,找不到适合自己的学习方式和习惯,越评估越对学习丧失兴趣和信心,越对自己感到迷茫和彷徨。长此以往,人的全面发展自然难以达成。

由此可见,小学语文学科全息育人研究的重要性就是实现人的多元智能的发展,以适应未来生存的需要,实现培养完整的人的教育目的。

第三节 小学语文学科全息育人的价值

一、有利于立德树人根本任务的落实

"立德"与"树人"自古以来就是中华传统文化中重要的两个思想精髓。据《左传·襄公二十四年》记载,鲁国的叔孙豹与晋国的范宣子就何为"死而不朽"展开讨论,叔孙豹认为"不朽"乃是"太上有立德,其次有立功,其次有立言,虽久不废,此之谓不朽"。"太上"的意思是最上、最高,可见"不朽"之首的"立德"是最高境界。《管子篇》里也有关于"树人"的论述:一年之计,莫如树谷;十年之计,莫如树木;百年之计,莫如树人。与

树谷、树木比较,树人是长远之计、终身之计,最为漫长、最为艰难、最为重要。当今,"立德"与"树人"从中华历史文化的深处向我们走来,走进了新时代,融合在一起,成了教育改革的根本任务。

小学语文学科全息育人是实现立德树人根本任务的重要途径之一。小学语文学科全息育人置于立德树人的根本任务之下,才会有更宏大的背景、更深远的意义,才能从整体上与其他学科发生关联,进而形成教育的合力,为培养担当民族复兴大任的时代新人共同努力,立德树人的根本任务才会真正落到实处。紧紧围绕立德树人,作为母语学科的小学语文学科,就需要进一步根植于中华优秀传统文化,汲取精神营养,铸魂育人。

二、有利于学生语文学科素养的形成

《义务教育语文课程标准(2022年版)》(以下简称《课标》)明确提出了语文学科核心素养,包括"文化自信""语言运用""思维能力""审美创造"四个方面。[①]这和全息育人研究的学科认知、德性育人、审美育人、健康育人、劳动育人有极高的吻合度,因此,小学语文学科全息育人的研究,不是空中楼阁、凭空捏造,而是站在更高的视角和更广的视域关注学生的发展,以学科知识为载体,将"五育"渗透到学科知识中,是真正实现学科素养提升的主要场域。

《课标》还指出:"义务教育语文课程围绕立德树人根本任务,充分发挥其独特的育人功能和奠基作用,以促进学生核心素养发展为目的,以识字与写字、阅读与鉴赏、表达与交流、梳理与探究等语文实践活动为主线,综合构建素养型课程目标体系;面向全体学生,突出基础性,使学生初步学会运用国家通用语言文字进行交流沟通,吸收古今中外优秀文化成果,提升思想文化修养,建立文化自信,德智体美劳得到全面发展。"[②]小学语文学科全息育人要立足学生核心素养发展,充分发挥语文课程的育人功能,使学生掌握语文学习的基本规律,在自主、合作、探究的学习方式中,习得听、说、读、写、思的基本能力,紧密联系生活,实现知识与能力、过程与方法、情感态度与价值观的整体发展。

三、有利于更新语文教师的学科育人理念

语文学科的功能是多维而统一的。小学语文学科的功能涵盖发展语言这一基本功能,还包括认识世界、获得学习方法的认知功能,提高思想品德、陶冶情感和发展思维的功能。教学中,教师只有发挥小学语文学科的整体育人功能,才能全面提高学生

---

① 中华人民共和国教育部. 义务教育语文课程标准(2022年版)[S]. 北京:北京师范大学出版社,2022:4-5.
② 中华人民共和国教育部. 义务教育语文课程标准(2022年版)[S]. 北京:北京师范大学出版社,2022:2.

的素质。

2019年秋季,我国九年义务教育阶段全面推行部编版语文教材,是国家解决一纲多本教材使用问题的一个重大举措,具有很强的针对性,更具有鲜明的时代特征。部编版语文教材的课文选编强调经典性、文质兼美、适宜教学,此外还适当兼顾时代性,重视对学生兴趣和习惯的培养。教材回到"守正"的立场,增大了传统文化篇目的内容(据2019年秋季部编版小学语文教材统计),小学一年级就有古诗文,整个小学6个年级12册共选优秀古诗文124篇,占所有选篇的30%。新出现的"习作"和"阅读"策略单元,更注重关键能力、关键素养的训练和提升。教材的变化,强调人的全面发展,为母语学科——语文教育提供了新的发展空间。部编版语文教材将"立德树人"作为教材编写的宗旨,温儒敏教授提出的"整体渗透、润物无声"的策略,目的是在语文教育中落实"立德树人"的育人总目标。教师需树立全面育人的观念,在心中扎下为党育人、为国育才的种子,深入研读教材,用实用好教材,促进学生语文素养的全面提升。

四、有利于学科课堂教学的优化实践

课堂是教学理念的实施地,是学科全息育人的主战场。小学语文学科全息育人研究对课堂教学全过程具有优化作用,主要体现在以下三个方面:其一,小学语文学科全息育人有利于整合与重组教学内容,解读与明晰部编版语文教材的编写意图,基于各类要素与各育人点的结合,实践全息育人理念,教师在全面解读教材的同时充分考虑不同阶段学生的学情,重组教学内容,强调知识之间的内在逻辑和系统性,建立单元课文的内在联系,进行大单元教学架构,树立课堂教学的整体观。其二,小学语文学科全息育人有利于教师在课堂中进行"五育"融合和育人价值的引领,实现教材育人、学科育人的目的。全息育人不是单个要素、单个方面的育人,而是全员育人、全过程育人和全方位育人,因此语文教师在课堂中应注重各育人点之间的内在联系,打破育人壁垒,推进"五育"融合,让学生在"育人场"内获得全面而充分的发展。其三,小学语文学科全息育人有利于发展多元评价方式,让教师明白语文教学及其评价要回到"人"本身,回到教育的本质,以全息的角度看待教学过程和教学评价内容,进而实现"备、教、学、评"一致的教学愿景,实现《总体方案》教学评价的价值观。

第二章 小学语文学科全息育人点导引

本章从小学语文学科全息育人点设计的依据、整体框架、育人点导引三方面进行阐释。小学语文学科全息育人点设计立足《课标》、部编版小学语文教材的要求，从"学科认知、德性育人、审美育人、健康育人、劳动育人"五个维度进行了建构。本章以教材为依据，着眼学生核心素养的发展，梳理了部编版小学语文教材1—6年级每个单元的育人点，给学校教学管理和教师课堂教学提供参考。

第一节　小学语文学科全息育人点设计的依据

一、语文课程的性质

语文课程是一门学习国家通用语言文字运用的综合性、实践性课程。工具性与人文性的统一，是语文课程的基本特点。①义务教育阶段的语文课程，应使学生初步学会运用祖国语言文字进行交流沟通，吸收古今中外优秀文化，提高思想文化修养，促进自身精神成长。

不少学者对"语文"一词进行了解读。1903年，邓实在《鸡鸣风雨楼独立书》一文中说道："一国有一国之语言文字，其语文亡者，则其国亡；其语文存者，则其国存。语言文字者，国界种界之鸿沟，而保国保种之金城汤池也。"②由此可见，语文是传递祖国文化、民族精神的重要载体。

吕叔湘认为："语言文字本来只是一种工具，日常生活中少不了它，学习以及交流各科知识也少不了它。"③张志公也说："语文是个工具，进行思维和交流思想的工具，因而是学习文化知识和科学技术的工具，是进行各项工作的工具。"④两位都肯定了语文是人们学习知识和交流思想感情的工具，即人文性和工具性是相互融合，不可分割的。

于漪也提出："语言文字不是抽象符号，而是表情达意的工具，文章的语言文字与思想内容是有机结合的。"⑤因此，语文教材作为传承民族文化和民族精神的重要资料，蕴含着对学生进行思想情感、道德意志等精神陶冶的丰富内容。

---

① 中华人民共和国教育部.义务教育语文课程标准(2022年版)[S].北京:北京师范大学出版社,2022:1.
② 邓实.鸡鸣风雨楼独立书·语言文字独立[N].政艺通报,1903(23):1.
③ 吕叔湘.叶圣陶语文教育论集(序)[C]//叶圣陶.叶圣陶语文教育论集.北京:教育科学出版社,1980:1.
④ 张志公.张志公自选集[M].北京:北京大学出版社,1998:206.
⑤ 于漪.于漪语文教育论集[M].北京:人民教育出版社,1996:24.

小学语文学科全息育人研究以课堂为主阵地,充分挖掘教材中的育人点,营造民主和谐的课堂氛围,开展丰富的语文实践活动,提升学生语文素养,端正其品德,健康其情感。

二、《课标》的要求

课程标准是国家课程的纲领性文件,是教材、教学和评价的出发点与归宿。《课标》强调聚焦学生发展核心素养,培养学生适应未来发展的正确价值观、必备品格和关键能力,引导学生成长为德智体美劳全面发展的社会主义建设者和接班人。因此,我们要坚持德育为先,全面落实立德树人要求;突出学科认知,全面提升学生语文学科素养;反映时代精神,全面促进"五育"融合。

(一)坚持德育为先,全面落实立德树人要求

《课标》在课程内容的"主题与载体形式"中提出:"围绕创造性转化和创新性发展要求,确定中华优秀传统文化内容主题,注重弘扬讲仁爱、重民本、守诚信、崇正义、尚和合、求大同等核心思想理念";"围绕伟大建党精神,确定革命文化内容主题,注重反映理想信念、爱国情怀、艰苦奋斗、无私奉献、顽强斗争和英勇无畏等革命传统";"围绕社会主义核心价值观,确定社会主义先进文化内容主题,突出爱党、爱国、爱社会主义相统一"。①

人无德不立,德育为立人提供德性支持。小学语文学科全息育人研究抓住语文学科"人文性"的课程性质,结合部编版教材统筹安排的德性育人内容,整合主题阅读、项目式阅读、任务群阅读等方式,让学生在相对集中的学习中,有机渗透社会主义核心价值观和中华优秀传统文化,引导学生树立远大理想和崇高目标,增强学生的社会责任感,为学生形成正确的世界观、人生观、价值观打好基础,全面落实立德树人根本任务。

(二)突出学科认知,全面提升语文学科素养

《课标》明确了语文课程核心素养的内涵,但在教学实践中,有些教师尚不清楚"识字与写字""阅读与鉴赏""表达与交流""梳理与探究"等方面在不同学段的具体要求,以及这些要求应如何落实到小学语文教材的每个年级、每个单元、每篇课文之中,以及它们之间的联系与差异如何等。为了避免降低或拔高教学要求的情况出现,小学语文学科全息育人研究在充分研读教材的基础上,以学科认知为基础,蕴含了德性育人、健

---

① 中华人民共和国教育部.义务教育语文课程标准(2022年版)[S].北京:北京师范大学出版社,2022:18-19.

康育人、审美育人、劳动育人五大板块,以单元导引的形式呈现,将《课标》要求细化到每个单元中,让教师的教学目标更准确、全面,为提升学生语文学科核心素养做好保障。

(三)反映时代精神,全面促进"五育"融合

《课标》提出:"语文课程是一门学习国家通用语言文字运用的综合性、实践性课程。""语文课程致力于全体学生核心素养的形成与发展,为学生学好其他课程打下基础;为学生形成正确的世界观、人生观、价值观,形成良好个性和健全人格打下基础;为培养学生求真创新的精神、实践能力和合作交流能力,促进德智体美劳全面发展及学生的终身发展打下基础。"[①]

2019年9月,全国统一使用的部编版小学语文教材,充分体现《课标》要求,强调时代精神,突出现代社会发展和科学进步的新成果,注重与学生生活的联系,以学生学会学习为核心,特别重视学生创新精神和实践能力的培养。教材的编排立足中国国情,展望国际,将语文知识、语言积累、思想情感、思维品质、审美情趣、学习方法、学习习惯等进行了有机融合。小学语文学科全息育人研究正是依据《课标》要求,在教材中从"五个维度"挖掘出学科全息育人点,引导教师在教学中逐一落实。

三、部编版小学语文教材的编写特点

2019年,部编版语文教材的使用,结束了"一纲多本"的历史,体现了国家意志,意味着对学生培养内容与培养目标的转变,即落实立德树人根本任务,培养具有社会主义核心价值观的公民。与以往的教材相比,部编版教材立意更加深远,旨在培养学生成为中国特色社会主义事业的建设者和接班人。

语文学科不仅传授语文知识,更注重培养道德情操、提升审美能力、健康体魄与心理、体会劳动快乐,使学生树立正确的价值观。部编版小学语文教材,注重"文道统一",教师需要引领学生掌握教材知识,传承中华优秀传统文化、弘扬革命文化、发展社会主义先进文化,从多角度实现语文学科育人目标。

(一)部编版小学语文教材注重整体性

1.单元导语的整体性

从三年级开始,每个单元都编排了独立的导语页。单元导语既揭示了单元人文主题,又明确了本单元学生应掌握的语文要素。这样的单元导语贯穿了全套教材,由浅

---

① 中华人民共和国教育部.义务教育语文课程标准(2022年版)[S].北京:北京师范大学出版社,2022:1.

到深、山易及难,整体规划、螺旋上升,将小学阶段应学习的语文知识、语文方法、语文习惯等分解到各个年段、各个单元,相互之间既有关联又有难度的层级区分,体现了整体性。

2.课文编排的整体性

部编版小学语文教材课文的编排围绕单元人文主题和语文要素双线组元,体现了整体性。以三年级下册第八单元为例,该单元紧紧围绕"有趣的故事"这个人文主题编排了《慢性子裁缝和急性子顾客》《方帽子店》《漏》《枣核》四篇课文。课文内容不一样,但都易于用来落实"复述"这一单元语文要素。

3.课后习题的整体性

根据单元整体要求,每篇课文的课后习题都有与语文要素相关联的题目。纵观全套部编版小学语文教材,同一个知识点会因为学生学段的不同有不同的难易程度区分。如围绕"复述"这个训练点:一年级下册《一分钟》的课后习题要求根据课文内容说一说;二年级上册《风娃娃》的课后习题要求根据提示讲故事;三年级上册《在牛肚子里旅行》的课后习题要求学生自己画出路线图,再把这个故事讲给别人听;三年级下册则是根据表格复述课文,到了高段则要求创造性地复述。由此可见,课后习题隐含着语文要素的纵向进阶,教师要多关注课后习题的整体性,才能科学落实育人目标。

(二)部编版小学语文教材注重革命文化

1.国家意志

部编版小学语文教材体现立德树人的国家意志。这样的编排旨在教育学生从小知晓国旗、国歌,了解国土是一个主权国家管辖下的地域空间,知道自己的祖国是中华人民共和国,明白作为中国人应当始终拥护中国共产党的领导,了解社会主义制度的优越性并为之感到骄傲和自豪。

2.民族精神

中华民族是一个勤劳、勇敢且自强不息的民族。部编版小学语文教材注重体现民族精神,编者编排了体现爱国主义精神、井冈山精神、长征精神、延安精神、西柏坡精神、脱贫攻坚精神等精神的课文。

3.榜样力量

部编版小学语文教材所选课文涉及的人物很具有代表性,其中有领袖人物、历史人物、英雄人物等,这些人物具有的自强不息、扶危济困、见义勇为、孝老爱亲、无私奉献等品质可作为学生成长中的榜样。在学生价值观形成的关键时期,能常常在语文课堂上接触到这些正能量的人物以及他们传递出来的积极健康的信息,有利于学生受到正面思想的引导,落实立德树人的根本任务。

(三)部编版小学语文教材注重中华优秀传统文化

1.选文内容

部编版小学语文教材从学生的发展需求出发,增加了大量的蒙学读物、汉字文化、文学作品等中华优秀传统文化,内容丰富且覆盖面广,对引导学生感受中华优秀传统文化的精神内涵,提高审美能力不无裨益。如一年级下册的唐诗《锄禾》,培养学生从小珍惜劳动成果的意识;三年级下册的综合性学习《中华传统节日》,引导学生了解节日的风俗习惯;五年级下册的《遨游汉字王国》,引导学生感受汉字的魅力,了解汉字文化……这些都体现了学科知识与中华优秀传统文化的融合。

2.阅读链接

"阅读链接"是部编版小学语文教材课文正文内容后设置的一个与课文内容、思想相关联的补充资料,以此开阔学生视野,拓宽知识面。特别是中华优秀传统文化在这个板块中补充较多,如中国历史、革命故事、民风民俗等,教学时教师可借助"阅读链接"帮助学生更好地理解课文内容,传承中华优秀传统文化。

3.教材插图

部编版小学语文教材的插图编排科学、内容丰富、画风古朴、图文贴切,突显了时代特色,渗透了核心素养,弘扬了传统文化,体现了儿童趣味。教材的插图是为主题而服务的,具有形象生动、贴近生活的特点。同时,无论是风格的选用,还是色彩的搭配,都体现了审美育人的特点。

第二节 小学语文学科全息育人的整体框架

重庆市北碚区作为全国"两基"工作先进地区、国家级基础教育课程改革实验区、国家中小学教育质量综合评价改革试验区,一直追求基础教育高质量与特色发展。北碚区小学语文学科全息育人课题组按照总课题组要求,注重"学科认知、德性育人、审美育人、健康育人、劳动育人""五育"融合,以学科教学内容为载体,以课堂为平台,创新教学方式,实施课前、课中、课后一体化设计,实现"备、教、学、评"四统一,有机地把德智体美劳融合起来,把社会主义核心价值观、中国学生核心素养与学科课程标准、教科书结合,实现全面育人的功能。具体建构如下。

一、学科认知

小学语文学科中的"学科认知"分为语文知识、语文方法和语文思维三个方面。

(一)语文知识

语文知识既包含拼音、字词、篇章、文体、文学等工具性知识,也包含美好的品质、优秀的文化等人文性知识。小学语文学科全息育人研究,以《课标》为依据,以部编版小学语文教材为研究对象,重点研究单元导读、课后习题,挖掘教材中的语文要素,从识字与写字、阅读与鉴赏、表达与交流、梳理与探究等方面梳理小学语文需要掌握的必备知识。

1.识字与写字

识字与写字指学生应学会的拼音与字词。在小学语文学科全息育人中,教师要让学生学会正确的书写姿势,熟练地使用硬笔和毛笔,感受汉字文化。

2.阅读与鉴赏

阅读与鉴赏指学生应学会的阅读文字作品的方法及对文字作品的鉴定与欣赏。在小学语文学科全息育人中,教师要让学生能熟读、背诵好文佳句,积累文学常识;把握文章主要内容,复述故事;阅读不同文体的作品和整本书,注重情感体验。

3.表达与交流

表达与交流指学生将自己的思考所得用语言的方式表现出来并能与别人进行信息的共享。在小学语文学科全息育人中,教师要让学生流利地使用普通话,认真倾听他人所言并给予正确的回应;留心生活,观察世界,并将观察所得用语言进行表达;正确使用标点符号和修改符号。

4.梳理与探究

梳理与探究指学生整理信息,探索与研究周围的世界,并能以多种方式反映探究所得。在小学语文学科全息育人中,教师要让学生学会分类整理语文知识;有目的地搜集运用多种方法搜集资料,进行简单的策划,开展实践活动。

(二)语文方法

语文方法指为更好地掌握语文学科知识,通过探索、实践而总结出来的步骤、手段等。小学语文学科全息育人通过语文方法让学生能正确理解和使用祖国的语言文字。语文方法分为识字方法、阅读方法和表达方法。

1.识字方法

识字方法指知晓字音字义,将具象的事物与抽象的文字关联起来的方法。在小学语文学科全息育人中,要让学生通过归类、联想、猜想、看图、查字典等方法,逐步掌握独立识字的能力。

2.阅读方法

阅读方法指利用文字、图表等材料获取信息、认识世界的方法。在小学语文学科全息育人中,要让学生在课堂活动中学会浏览性阅读、有目的性阅读、批注式阅读等方法,从而养成主动阅读的习惯。

3.表达方法

表达方法指将自己的所思所想用书面或口头语言清晰地呈现出来的方法。在小学语文学科全息育人中,要让学生在学习和生活中,学会说话,表达时善用修辞、准确用语、清楚连贯,并适当辅以表情和动作。

(三)语文思维

语文思维是指运用语文学科知识解决语文学科问题过程中体现的学科特质。小学语文学科全息育人鼓励学生以多种方式发现和探究语文学习过程中的问题,并能以客观的立场对其进行思考和解决。小学语文学科思维可分为独立性思维、批判性思维、创新性思维三个方面。

1.独立性思维

独立性思维指能依靠自己的能力和已有的经验成果,进行更多更新的探索。在小学语文学科全息育人中,要鼓励学生大胆提出问题并阐述自己的想法,通过多种方式实践自己的想法并最终能解决问题。

2.批判性思维

批判性思维指能对学习和生活中的现象与事物时刻保持好奇,能反思和发表新的看法。在小学语文学科全息育人中,要鼓励学生敢于质疑和思考,清晰有条理地对事件发表自己的见解,并在实践中验证自己的看法。

3.创新性思维

创新性思维指综合运用多种方法和多学科知识,从整合的角度朝更新的方向尝试更多的可能性。在小学语文学科全息育人中,要鼓励学生整合资源、拓展思维,拓宽语文学科知识的运用领域。

二、德性育人

小学语文学科全息育人以立德树人为根本任务,大力培育和践行社会主义核心价值观,让学生形成正确的世界观、人生观、价值观,培养德智体美劳全面发展的社会主义建设者和接班人。小学语文学科全息育人中的德性育人包括国家意识、社会参与、个人修养三个方面。

(一)国家意识

国家意识指学生对国家的认知、认同等情感与心理的总和,是学生个体基于对自己祖国的历史、文化、国情等的认识和理解,逐渐培养他们的责任感、自豪感和归属感。小学语文学科全息育人中的国家意识包括文化传承、国家认同、国际理解三个方面。

1.文化传承

文化传承指学生对人类文化的传递和承接。在小学语文学科全息育人中,教师要让学生具有继承和弘扬中华优秀传统文化、革命文化、社会主义先进文化的意识,增强民族文化认同感,培养民族凝聚力和创造力。

2.国家认同

国家认同指学生对自己祖国的认同。在小学语文学科全息育人中,教师要让学生认识中华文化的丰厚博大,吸收民族文化智慧,培植热爱祖国语言文字的情感,激发和培养爱国主义思想、社会主义道德品质,践行社会主义核心价值观。

3.国际理解

国际理解指学生通过学习、掌握和传播各国政治、经济、文化和地理等知识,适应日益扩大的国际交往的需要,与各国及其人民之间相互理解和相互关心。在小学语文学科全息育人中,教师要让学生初步了解国际知识,引导学生认识世界各国文化,尊重各民族风土人情。

(二)社会参与

社会参与是指学生以某种方式参与、干预、介入社会生活、文化生活和社区公共事务,并且产生一定影响。小学语文学科全息育人中的社会参与包括规则意识、责任意识、合作意识三个方面。

1.规则意识

规则意识指学生个体发自内心、以规则为自己行动准绳的意识。在小学语文学科全息育人中,教师要让学生在与他人、与集体相处中学会遵守规则,在学习活动中认识自我、规范自我、完善自我。

2.责任意识

责任意识指一种自觉意识,是学生对国家、社会、集体、家庭、他人和自己主动施以有益作用的意识。在小学语文学科全息育人中,教师要培养学生自觉、认真、积极地参加学习活动,主动完成学习任务的意识。

3.合作意识

合作意识指学生个体对共同行动及其行为规则的认知与情感,是合作行为产生的基本前提和重要基础。在小学语文学科全息育人中,教师要积极倡导自主、合作、探究的学习方式,培养学生合作的习惯和精神。

(三)个人修养

小学语文学科全息育人的个人修养是指学生初步学会运用祖国语言文字进行交流沟通,吸收古今中外优秀文化,提高思想文化修养,促进自身精神成长。小学语文学科全息育人中的个人修养包括学习态度、行为习惯和人文情怀三个方面。

1.学习态度

学习态度指学习者对学习较为持久的肯定或否定的行为倾向或内部反应的准备状态。在小学语文学科全息育人中,教师要开展各种学习活动增强学生学习语文的自信心,让学生喜欢学习语文。

2.行为习惯

行为习惯是行为和习惯的总称,良好的行为习惯让人终身受益。在小学语文学科全息育人中,教师要引导学生养成良好的语文学习习惯,掌握学习语文的基本方法,努力养成良好的写字、阅读、表达等习惯。

3.人文情怀

人文情怀指具有以人为本的意识,表现为对人的尊严、价值、命运的维护、追求和关切,对文本中包含的精神文化现象的高度珍视。在小学语文学科全息育人中,教师要培养学生自我认同、热爱生命、尊重他人、主动与人交流、关爱社会、向往和追求幸福的生活等美好品质。

三、审美育人

审美育人是运用自然界、社会生活、物质产品与精神产品中一切美的形式给人们以耳濡目染、潜移默化,以达到美化人们心灵、行为、语言、体态,提高人们道德与智慧的目的。小学语文学科全息育人中的审美育人指学生在语文学习过程中,通过语言美、结构美、情意美三个方面受到美育熏陶和感染,培养健康的审美情趣,逐步形成良好的个性和健全的人格,促进道德与智慧同步提升。

(一)语言美

在小学语文教材中,汉字的音韵、文辞的表达、语言风格的变化都能让学生感受到语言之美。学生对这些文本的学习与理解,不仅能扩展知识,更能潜移默化地感受到文辞的音韵美,表达的准确美,语言风格的灵动美,从而提高审美能力。

1.音韵美

汉字的读音是声、韵、调三者的结合,其本身就具有音韵美。不同声调语汇的排列组合,如双声词、叠韵词、拟声词等读起来朗朗上口,更丰富了语言的音韵美。不同文体朗读时语气、语调、语速等展现出来的轻重缓急、抑扬顿挫、合辙押韵,会让学生感受到文辞的音韵美、节奏美。

2.准确美

准确是语言表达最基本的要求,包括用词恰当、句式规范、合乎情境等,即明确而合理地表情达意。在小学语文学习活动中,学生可通过联系上下文和生活实际,以及自己的积累,理解词句的意思,体会课文中关键词句表情达意的作用及其表达效果,辨别词语的感情色彩,感受语言表达的严谨与科学,感悟语言的准确美。学生还可以在口语交际或习作表达中,将感受到的语言进行准确的运用。

3.灵动美

教材中文本的语言风格灵动多变,或含蓄内敛,或清新自然,或典雅华美,或幽默风趣,或简洁凝练,不同表达风格展现出语文学科独特的语言之美。语文教学中,依托教材中语言文字这一土壤,学生可以品味语言,想象画面,感受表情达意之精妙,体会不同语言风格的灵动美。

(二)结构美

小学语文学科审美育人中的结构美,包括字词结构之美、句段结构之美和篇章结构之美。

1.字词结构之美

汉字结构主要体现在整体形状和结构特点上。汉字的形状多种多样,正方形、瘦高形、扁宽形……无论什么形状都活泼生动、各具特点;汉字的结构也多,左右结构、上下结构、半包围结构,无论哪种组合都错落有致、各占其位、协调和谐。在小学语文的写字教学中,学生感受着汉字笔画长短参差、粗细匀称、笔锋婉转等形态美;感悟疏密有致、左右避让、上下呼应的结构美。

2.句段结构之美

句段结构指句子与句子之间、段落与段落之间的结构组合。句段结构之美,如诗句中字数相同,主要词汇实词对实词、虚词对虚词展现出的结构对称之美;如宋词中的长短句体现出的错落之美;如排比句中,三个及以上意义相关、内容相近、语气相同的分句排列在一起,展现出的整齐之美。另外,如不同结构的句子体现出的句段独特而丰富的结构之美也属于句段结构之美。

3.篇章结构之美

篇章结构指文章各部分之间的组织安排。文体不同,篇章结构也不同。叙事性作品的结构常常按照时间、空间、人物、事件、情感等顺序安排结构。说明性文章常常按时间、空间、逻辑等顺序安排结构。议论类文章一般是按照提出问题、分析问题、解决问题的顺序安排结构。诗歌的结构往往讲究起、承、转、合。小学语文教材中的文本无不注重结构严谨匀称、自然灵动,并富于变化。学习过程中,学生可以通过抓中心句、过渡句,抓表示结构的标志性语言,划分段落层次,把握主要内容,了解事件梗概,感受文本篇章结构的完整性、连贯性、严密性、灵活性,体味篇章结构之美。

(三)情意美

基于小学语文教材的文本类型和特点,小学语文学科审美育人的情意美,包括作者情感、人物情感和读者情感。

1.作者情感

作者情感指作者在创作文本时所表达的对真善美的追求、对假恶丑的批判。教材中有很多文章是节选而非原文,教学中,教师不仅要引导学生从文本内容的角度去感悟情感,更要从作者创作的角度、原文的角度去体会表达的情意,以及展现出来的对现实环境中假恶丑的批判。

2.人物情感

人物情感指文本中人或物所表现出来的真善美、情意境,包括文本所蕴含的思想感情中健康、高尚、纯洁、真挚等肯定性的审美属性;诗歌散文等文学性作品中意与境、情与景、心与物交融契合的审美境界。语文教学中,教师要引导学生在人物的真善美中感受情意,在景与物中感受意境。

3.读者情感

读者情感指读者通过阅读文本,在道德认知、心理需求、情感认知和表达等方面感受到的情感体验。《课标》提出了具体的要求:有感情地朗读课文,阅读叙事性作品,关心人物的命运和喜怒哀乐,说出自己的喜爱、憎恶、崇敬、向往、同情等感受,受到优秀作品的感染和鼓励,向往和追求美好的理想,诵读优秀诗文等,这些都是需要教师在教学中引导学生作为读者去感悟的情意美。

四、健康育人

小学语文教学中的健康育人是在学习活动中培养学生健康的身体和心理,营造和谐的课堂氛围,促进学生健康成长,主要包括身体健康、心理健康和课堂和谐三个方面。

(一)身体健康

小学语文教学中的身体健康是指姿势端正、正确用眼、正确用嗓,养成良好的坐、立、读、写习惯,促进身体健康成长。

1.姿势端正

坐姿端正:在小学语文课堂中,要求学生做到读书、写字正坐在书桌前,双脚与大腿平行,小腿与地面垂直,身体挺直(即头正、身平、脚端);胸离桌子一拳头,眼离书本一尺远。

站姿端正:学生起立回答问题、上台演讲等,站立端正,平视前方,面带微笑。

握笔姿势端正:写字教学中,要求学生做到手离笔尖一寸远,培养正确的写字姿势。

2.正确用眼

合理用光,不在太强或太弱的光线下阅读;保证端正的读书姿势,眼睛与书本保持30—35厘米的距离;保证眼睛的间隔休息,长时间读书后要做眼保健操或眺望远处,保持良好的视力。

3.正确用嗓

《课标》要求学生用普通话正确、流利、有感情地朗读课文。在学生回答问题、朗读课文时,要求学生正确用嗓,学习用恰当的语气、语调朗读,即运用胸腹式呼吸、喉头向下挡气发音、共鸣、准确咬字、吐字等方法,正确发音,做到"不唱、不拖、不吼",提高朗读水平,保护身体健康。

(二)心理健康

小学语文教学中的心理健康是指学生在学习活动中自信大方、乐于表达和善于交流。

1.自信大方

自信大方是指学生课上积极发言,声音洪亮,语言流畅,表情自然;敢于表达自己的观点,并能对他人的观点合理评价,同时接受别人对自己的评价。教师要运用激发兴趣、赏识鼓励、提供展示机会等策略,帮助学生建立自信。

2.乐于表达

乐于表达是指学生愿意把自己的思考、感悟与同学交流,分享学习收获,愿意听取别人的意见,取长补短。乐于表达,在口语交际中表现为乐于交流、语言文明、尊重对方、学会倾听、懂得欣赏、懂得赞扬;在写作活动中表现为懂得写作是为了自我表达和与人交流,乐于书面表达。

3.善于交流

善于交流指学生能清楚地表述自己的想法,倾听同学的发言,并及时做出回应。在交流中得到别人的认同,吸取同伴的优点,使学习团队得到共同进步。善于交流在口语交际中表现为语言得体、讲述清楚、表达流畅;在书面表达中表现为擅长用语言文字与人交流,享受交流的成功与乐趣。

(三)课堂和谐

小学语文教学活动中的课堂和谐是指学生生命自然生长的态势,主要表现为师生平等、氛围和谐和方式有效。

1.师生平等

师生平等指教师与学生民主交流,尊重学生的个性发展。教师在教学活动中要以学生为主体,蹲下身用学生的眼光看世界,放慢脚步等待学生成长,尊重学生差异、平等交流、适时点拨、润物无声。

2.氛围和谐

氛围和谐指学生在课堂学习活动中敢于发表不同见解。教师要努力营造和谐的学习氛围,善于接纳学生的不同意见,理解和尊重学生的自我评价与相互评价,引导每个学生健康发展。

3.方式有效

方式有效指学习活动中不同层次的学生学有所获,能力增长显而易见。教师要基于学生的生活经验开展教学活动,根据学情,选择自主学习、实践探究、合作生成、交流提升等学习方式,使每位学生都有不同的进步。

五、劳动育人

小学语文教学中的劳动育人指在识字、阅读、习作、口语交际、综合性学习等学习活动中培养学生的劳动情感、劳动品质和劳动能力。

(一)劳动情感

小学语文教学中的劳动情感是指孩子对劳动的喜好,具体表现为热爱劳动、尊重劳动成果、尊重劳动人民。

1.热爱劳动

劳动是宝贵的人生财富,是成长和进步的起始。劳动可分为体力劳动和脑力劳动,学生利用学习资料,通过自身的努力学习,提升自己的学识修养,从某种意义上讲,可将其视为一种脑力劳动。在小学语文课程中,热爱劳动是指学生在识字、阅读、习作、综合性学习等学习活动中,喜欢参加学习活动,在学习中体会乐趣。

2.尊重劳动成果

劳动创造财富。在语文课堂中通过诵读、看图、联系生活等形式,了解劳动成果来之不易,尊重、珍惜劳动成果。如在《悯农》、《田园四时杂兴》(其三十一)等古诗的学习中,懂得劳动的艰辛,在生活中不浪费粮食;在《那个星期天》《慈母情深》等文章中感受父母劳动的艰辛,珍惜当下的生活;在《真理诞生于一百个问号之后》《纳米技术就在我们身边》等文章中感受科学家们研究的艰辛,致敬科学家,尊重劳动成果。

3.尊重劳动人民

在语文课堂的阅读、综合性学习等活动中,了解劳动人民的勤劳、智慧,以劳动人民为榜样,学习他们的优良品格。如阅读《朱德的扁担》《赵州桥》《万里长城》等课文,培养学生热爱劳动的情感,让他们懂得要尊重劳动人民,亲近劳动人民。

(二)劳动品质

通过课堂活动、综合性学习等途径,在小学语文学习中培养学生的劳动品质。劳动品质具体包括劳动意识、劳动态度和劳动精神。

1.劳动意识

劳动意识指在语文课堂学习中,通过朗读、表达、综合性学习等活动,让学生感受劳动的光荣,培养积极的劳动态度。如在《拔萝卜》《胖乎乎的小手》《妞妞赶牛》等诵读儿歌的活动中,培养学生的劳动意识,让学生感受劳动的快乐。

2.劳动态度

劳动态度指在语文学习过程中,让学生以积极的心态对待劳动,把劳动看作光荣的活动,积极参加劳动实践。如在综合性学习中,通过调查、访问、撰写报告等培养学生热爱劳动、积极参与劳动的态度。

3.劳动精神

劳动精神是学生在劳动实践过程中展现出来的精神风貌,如在学习过程中不断探索、积极思考的学习精神;在诵读中表达对劳动的热爱,对劳动人民的赞扬,弘扬劳动精神;在拓展活动中积极参与劳动等实践劳动精神。

(三)劳动能力

劳动能力是学生在进行劳动实践过程中形成的能力,包括劳动知识、劳动习惯和劳动技能。

1.劳动知识

学生在阅读、口语交际、综合性学习活动中,增加劳动知识,增长劳动智慧。如在"和大人一起读""识字加油站"等学习活动中,教师要渗透劳动意识,增长学生的劳动知识,让他们感受劳动的快乐。

2.劳动习惯

劳动习惯指学生在较长一段时间内坚持参加劳动实践,养成积极参与劳动的习惯。教学中,教师要让学生明白学习本身也是劳动,如在语文预习与复习、整理错题本、课外阅读、综合性学习等活动中,坚持学习,学以致用,就是在养成良好的劳动习惯。

3.劳动技能

劳动技能本质上是人的劳动能力。在语文习作、综合性学习等学习实践中,教师要让学生动手操作,训练学生的劳动技能。如在习作《我学会了》中,学生进行买菜、洗衣、打扫房间、炒菜等劳动,可以培养做家务的能力等。

第三节　小学语文学科全息育人点导引

一、单元育人点导引

根据小学语文学科全息育人整体框架,课题组教师经过反复研讨,初步梳理了部编版《语文》一至六年级共十二册教材(由于近年部编版教材内容略有变动,本书主要选取有代表性的版印次,仅作育人点的参考)每个单元的育人点导引,以便一线教师在教学过程中准确把握"德智体美劳"各育人点,做好"五育"融合,实现学科全息育人目标。

表2-1　部编版《语文》一年级上册单元育人点

第一单元	识字　1天地人　2金木水火土　3口耳目　4日月水火　5对韵歌 口语交际:我说你做　语文园地一　快乐读书吧
学科认知	1.学习运用语境、图画、字理、联系生活等多种识字方法,认识35个生字,会写15个生字和10个笔画。 2.在认读中初步感受汉字的特点,了解汉字文化。掌握汉字"从上到下""先横后竖"的笔顺书写规则,注意笔画在田字格中的占位。 3.学习用普通话正确朗读课文。背诵《金木水火土》《对韵歌》《咏鹅》。和大人一起阅读《读书真快乐》。
德性育人	1.激发热爱祖国语言文字、主动识字的兴趣。 2.增强对民族文化的认同感。 3.具有规则意识和合作意识。
审美育人	1.感受汉字的形态美和音韵美。 2.看图想象画面,感受意境美。
健康育人	1.保护人体器官,坐、立、行、卧等姿势正确。 2.初步养成良好的学习习惯。学习正确使用学习用具。具有专心听、大声说的意识。读书写字做到"三个一"。 3.课堂氛围好,拥有良好的学习状态。
劳动育人	1.学习制作生字卡片。 2.把教室的一角布置成"快乐读书吧"。
第二单元	汉语拼音　1ɑoe　2iuüyw　3bpmf　4dtnl　5gkh 6jqx　7zcs　8zhchshr 语文园地二
学科认知	1.要求学会6个单韵母,21个声母,y和w2个隔音字母,读准音,记住形,能在四线格中正确书写。认识整体认读音节。记住声母顺序。 2.认识声调,初步掌握声调的正确读法及写法,学习标调方法。 3.学习拼读音节及音节词,初步学会两拼音和三拼音的拼读方法,能在四线格中正确书写音节。 4.学说普通话,学习借助拼音认识21个汉字,朗读儿歌和绕口令。
德性育人	1.具有爱护学习用品、值日有责任心的意识。 2.具有爱护动物、保护益虫、爱护环境的意识。

(续表)

审美育人	1.喜欢学习汉语拼音。在认读字母及音节中初步感受音韵美。在书写中感受字母的形态美。 2.朗读儿歌和绕口令,感受语言之美。 3.观察图画,感受情景美。
健康育人	1.养成良好的学习习惯。读书写字做到"三个一"。 2.养成良好的课间休息和饮食习惯,养成健康的生活方式。 3.形成良好的课堂氛围,拥有良好的心理状态。
劳动育人	1.和家长一起制作字母卡片。 2.干一些力所能及的劳动,具有爱劳动的意识。
	第三单元 汉语拼音 9 ai ei ui 10 ao ou iu 11 ie üe er 12 an en in un ün 13 ang eng ing ong 语文园地三
学科认知	1.要求学会复韵母、鼻韵母和一个特殊韵母,读准音,记住形,能在四线格中正确书写。 2.掌握标调规则。 3.继续学习拼读音节,基本掌握拼读方法,继续认识整体认读音节,能正确拼读和书写音节词、句。 4.学说普通话,学习借助拼音认识16个汉字,朗读儿歌,积累语言。和大人一起读书。 5.读记字母表,能区分声母、韵母、整体认读音节。
德性育人	1.具有爱国意识和谦让意识,了解台湾是中国的一部分。 2.感受家的温暖,学习关心亲人。
审美育人	1.喜欢学习汉语拼音。在认读字母及音节中初步感受音韵美。在书写中感受字母的形态美。 2.朗读儿歌,感受语言之美。 3.观察图画,感受情景美。
健康育人	1.养成良好的学习习惯。读书写字做到"三个一"。 2.具有热爱体育运动的意识。 3.形成良好的课堂氛围,拥有良好的心理状态。
劳动育人	和家长一起制作字母卡片。
	第四单元 课文 1 秋天 2 小小的船 3 江南 4 四季 口语交际:我们做朋友 语文园地四
学科认知	1.尝试在生活、课本中借助拼音等多种识字方法认识38个生字,其中14个会写,做到书写正确、工整、规范,并尝试口头组词,仿说短语和句子。认识9个偏旁,感知偏旁表意的特点。认识1个多音字和6个基本笔画。认识反义词。 2.认识自然段,学习朗读课文,读准字音,不添字、不漏字,读出轻声和儿化,注意"一"的不同读音。努力做到读流利、连词读,能正确停顿。能借助插图了解课文内容,初步了解四季及江南的特点,背诵课文,积累俗语。 3.和大人一起读《小松鼠找花生》,培养想象能力。
德性育人	1.学习基本的交际礼仪:说话时,看着对方的眼睛。 2.知道时间珍贵,培养珍惜时间的品德。
审美育人	1.在书写中感受汉字的形态美。 2.在朗读和背诵课文中感受儿童诗和乐府诗的音韵美和节奏美。 3.借助插图朗读课文,初步感受语言的形式美,发挥想象感受图画美。
健康育人	1.养成良好的学习习惯。读书写字做到"三个一"。 2.课堂氛围好,初步培养良好的心理状态。
劳动育人	了解农作物的生长特点,了解一定的劳动常识。

(续表)

	第五单元　识字　1画　2大小多少　3小书包　4日月明　5升国旗 语文园地五
学科认知	1.学习反义词识字、会意字识字、归类识字三种主要识字方法,利用已有生活经验,认识55个生字和9个偏旁,会写23个生字和2个笔画。积累词语,尝试运用量词和反义词。 2.了解汉字偏旁表意的特点及文化内涵。了解汉字"从左到右""先撇后捺"的笔顺书写规则,能在田字格中正确书写。 3.学习用普通话正确朗读古诗、儿歌、韵文,注意分清鼻边音、平翘舌音。背诵课文《画》《大小多少》《升国旗》和古诗《悯农》。 4.和大人一起读《拔萝卜》。
德性育人	1.培养热爱祖国的语言文字的情感。 2.培养尊重国旗、热爱国旗的情感,增进爱国情感。 3.养成团队合作意识,了解团结协作力量大的道理。
审美育人	1.喜欢汉字,感受汉字的形态美和音韵美。 2.看图想象,体会诗歌、儿歌的语言美和意境美。
健康育人	1.养成良好的学习习惯。读书写字做到"三个一"。 2.课堂氛围好,拥有良好的心理状态。
劳动育人	1.树立珍惜劳动成果的意识。 2.学习摆放文具,整理书包。初步明白自己的事自己做。
	第六单元　课文　5影子　6比尾巴　7青蛙写诗　8雨点儿 口语交际:用多大的声音　语文园地六
学科认知	1.认识43个生字、10个偏旁和2个多音字,会写17个生字和3个笔画。了解汉字的结构,积累由生字拓展的新词,学习在生活中识字。 2.能借助图画、联系上下文寻找文中的关键信息。关注自然常识,辨别方位,认识逗号、句号,初步建立句子的概念。仿照课文句式,积累一问一答的语言表达方式。 3.学习用普通话正确朗读课文,读准字音,读好停顿,分角色读好人物说话的语气。背诵课文《比尾巴》和《古朗月行》。和大人一起读《谁会飞》。
德性育人	1.具有热爱自然、热爱生活的意识。 2.具有场合意识,学习在不同的场合控制音量的大小。
审美育人	1.喜欢阅读,感受课文的音韵美、灵动美和语言的形式美。 2.结合课文内容,发现生活之美。
健康育人	1.养成良好的学习习惯。读书写字做到"三个一"。 2.课堂氛围好,拥有良好的心理状态。
劳动育人	感受劳动带来的快乐。
	第七单元　课文　9明天要远足　10大还是小　11项链 语文园地七
学科认知	1.认识34个生字、5个偏旁,会写11个生字。继续了解汉字偏旁表意的特点。区分并能正确书写形状相近的笔画。 2.学习用普通话正确朗读课文,了解课文大意,能借助图画、联系上下文寻找文中的关键信息。联系生活体会儿童的内心。 3.积累语言,特别是表示亲属称谓的词语和成语。借助图画,初步学习"的"字词语的合理搭配。 4.看图写词语,能根据图意说一两句话。
德性育人	通过成语,了解一些简单的道理。

(续表)

审美育人	1.感受故事的乐趣,体会矛盾心理,向往美好的生活。 2.看图想象,体会课文的语言美和意境美。
健康育人	1.养成良好的学习习惯。读书写字做到"三个一"。 2.课堂氛围好,拥有良好的心理状态。
劳动育人	初步树立会劳动才会成长的意识。
	第八单元　课文　12雪地里的小画家　13乌鸦喝水　14小蜗牛 口语交际:小兔运南瓜　语文园地八
学科认知	1.尝试运用已学的识字方法和学习借助图画猜一猜的识字方法,认识33个生字、1个偏旁和1个多音字,会写13个生字和1个笔画。了解汉字"先中间后两边""先外后内"的笔顺书写规则,在田字格中正确书写。 2.学习用普通话正确朗读课文,借助图画,自主阅读不全文注音的课文。认识自然段。找出课文明显信息,初步了解动物和四季的特点,明白遇到问题肯动脑筋的道理,背诵儿歌《雪地里的小画家》和古诗《风》。和大人一起读《春节童谣》。 3.培养解决问题的能力。与人交流,能大胆说出自己的想法。
德性育人	培养观察生活,热爱生活的兴趣。
审美育人	1.喜欢汉字,感受汉字的形态美和音韵美。 2.看图想象,体会故事的意境美。
健康育人	1.养成良好的学习习惯。读书写字做到"三个一"。 2.课堂氛围好,拥有良好的心理状态。
劳动育人	树立在劳动中只有开动脑筋想办法,才会有更好收获的意识。

表2-2　部编版《语文》一年级下册单元育人点

	第一单元　识字　1春夏秋冬　2姓氏歌　3小青蛙　4猜字谜 口语交际:听故事,讲故事　语文园地一　快乐读书吧
学科认知	1.认识55个生字和8个偏旁。学写两个新笔画。会写28个生字。 2.运用学到的看图识字、韵语识字、字族文识字、猜字谜识字等识字方法,不断提高自主识字的能力。利用已有的生活经验,结合儿歌,了解"青"字族汉字的特点,体会形声字构字规律,感受形声字音形义之间的联系。 3.了解全包围结构的字"先外后内再封口"的笔顺书写规则,在田字格中正确书写。 4.认识《汉字拼音字母表》,能熟记字母表顺序,大小写相对应。 5.朗读并积累描写春天的词语。尝试自主阅读童谣和儿歌。
德性育人	1.了解传统姓氏文化,对中华优秀传统文化产生喜爱之情。 2.感受祖国大好河山,产生对祖国大好河山的喜爱之情。 3.喜欢小青蛙,有自觉保护青蛙的意识。
审美育人	1.感受儿歌、童谣的节奏感和韵律美。 2.探索形声字构字规律,感受形声字音、形、义和谐统一的美。 3.通过朗读,借助图片,感受四季的美好。感受与小伙伴友好相处的美好情感。
健康育人	1.认真听别人讲故事,听明白故事内容。 2.借助图片讲故事,做到声音响亮。 3.乐于展示阅读成果,与同伴分享书籍,学会分享,学习合作。
劳动育人	自觉保护小青蛙,爱惜禾苗,珍惜农民的劳动成果。

（续表）

第二单元　课文　1 吃水不忘挖井人　2 我多想去看看　3 一个接一个　4 四个太阳 语文园地二	
学科认知	1.认识56个生字和5个偏旁,读准1个多音字。会写27个生字和3个笔画。 2.通过独体字加部件成新字的练习,巩固识字方法;展示从其他学科中学到的生字,激发自主识字的兴趣。 3.学习读好词语和句子的节奏,读好"的"字短语、长句子和感叹句。 4.读懂课文内容,学习根据问题找出课文中明显的信息的方法。 5.积累量词,初步学习正确使用量词;尝试将积累的词语运用到表达中。 6.朗读并积累古诗《春晓》,和大人一起读《阳光》。
德性育人	1.对外面的世界产生向往,培养积极向上的生活态度。 2.感受祖国的幅员辽阔,向往祖国的大好河山,激发爱国之情。 3.了解毛泽东及其挖井的故事,对革命领袖产生敬爱之情。
审美育人	1.体会诗歌中蕴含的意境美,感受童年的美好。 2.感受奇思妙想,体会儿童愿望的美好。
健康育人	1.乐于与小伙伴交流阅读感受。 2.敢于交流,认真倾听。
劳动育人	结合相关图片,感受挖井后给乡亲们带来的方便,体会劳动带来的生活便利。
第三单元　课文　5 小公鸡和小鸭子　6 树和喜鹊　7 怎么都快乐 口语交际:请你帮个忙　语文园地三	
学科认知	1.认识33个生字、4个偏旁和4个多音字,会写20个生字。 2.学习联系上下文了解词语的意思的方法。通过朗读对比,了解"偷偷地、飞快地"等词语的用法。 3.积累意思相对的词语和表示游戏活动的词语。 4.读好"不"字的变调;练习读好角色的对话,读出不同角色说话的语气;朗读并背诵《赠汪伦》,大致了解古诗的意思。和大人一起读《胖乎乎的小手》。 5.遇到困难,寻求别人帮助时,能大致把要求说清楚。 6.学习用音序查字法查字典。
德性育人	1.学习小伙伴之间互相帮助的精神,细细体味伙伴之间的情谊,产生努力融入班集体的愿望。 2.学习独立识字,养成勤查字典的习惯。 3.懂得遇到困难时可以寻求帮助。在不同情境下会使用合适的礼貌用语。
审美育人	1.加上描述动作情状的词语,感受句子的生动美。 2.结合课文插图,感受词语反复运用的语言节奏美及文字传递的情感美。 3.联系生活实际朗读诗歌,感受诗歌的情趣美、节奏美。 4.感受伙伴之间的情谊美。
健康育人	感受到生活中处处有快乐,事事有快乐,独处时可以快乐,与人相处时也可以很快乐,产生积极乐观的生活态度。
劳动育人	1.帮助小伙伴或家人做事情。 2.知道要帮助大人做力所能及的事。

(续表)

	第四单元　课文　8静夜思　9夜色　10端午粽　11彩虹
	语文园地四
学科认知	1.认识46个字、5个偏旁，归类识记带有月字旁的字，会写28个生字。 2.能读好轻声词、长句子及问句，注意停顿，读懂句子所表达的意思。 3.通过图文结合、联系上下文和生活实际的方法理解词语的意思，并积累词语。 4.背诵《静夜思》《寻隐者不遇》。 5.根据信息作简单推断，并联系生活实际进行表达。 6.学写带有笔画"点"的字，了解"点"的位置不同，书写先后不同的笔顺特点。
德性育人	1.初步懂得"克服胆小，做个勇敢的人，能收获美好"的道理。 2.了解端午节的习俗，了解、热爱中华传统节日文化。 3.和大人一起读《妞妞赶牛》，边读边想画面，感受绕口令的趣味。
审美育人	1.学习读出五言诗的节奏，感受诗歌的节奏美。 2.想象古诗(《静夜思》《寻隐者不遇》)所描绘的画面，感受诗歌描绘的意境美。 3.感受纯真的想象世界，体会关爱家人的美好情感。 4.了解带有"点"的字的笔顺书写规则，感受汉字的结构美。
健康育人	1.克服怕黑的恐惧心理。 2.继续培养学生"一看二写三对照"的良好书写习惯。 3.勇于表达，联系生活实际将自己的经历和想法说开去。
劳动育人	1.为家人做一做力所能及的家务事，如：擦桌子、洗袜子、扫地等。 2.学习包粽子，与家人挂艾草、看划龙舟等，感受端午节的氛围。
	第五单元　识字　5动物儿歌　6古对今　7操场上　8人之初
	口语交际：打电话　语文园地五
学科认知	1.继续了解形声字的构字规律，能运用这一规律自主识字，了解形声字音、形、义之间的关系；通过归类识字、比较识字、看图识字、韵语识字等方法，提高识字能力；认识57个生字和火字旁，会写28个生字。 2.会读"蜻蜓展翅、和风细雨"等词；能正确、流利地朗读课文；学习用不同的节奏诵读不同形式的韵语，培养语感；背诵《古对今》《人之初》。 3.运用音序查字法查生字，查字典的速度有提高。 4.积累歇后语，了解歇后语的特点。
德性育人	1.了解动物的特点，感受校园生活的丰富多彩，明白简单的处世之道，让学生热爱生活、热爱自然，保持探索自然的好奇心。 2.了解中华传统文化《三字经》。 3.和大人一起读《狐狸和乌鸦》，初步明白爱听奉承话，容易上当的道理。
审美育人	1.进一步探索形声字的构字规律，感受形声字构字的特点美。 2.感受童谣、儿歌、对子等不同形式韵语的节奏美。 3.积累生动有趣的语言，感受语言的意境美。
健康育人	1.通过对《操场上》的学习，能热爱运动，养成每天坚持锻炼身体的好习惯。 2.了解打电话的一般步骤，初步学会独立打电话和接电话，注意使用礼貌用语。
劳动育人	观察小动物，感受蚯蚓、蚂蚁等动物的勤劳。

(续表)

	第六单元　课文　12古诗二首　13荷叶圆圆　14要下雨了 语文园地六
学科认知	1.认识37个生字和身字旁,读准多音字"空",会写21个生字。 2.能联系生活实际,结合图片理解词语的意思。 3.读好带有"呢、呀、吧"的问句和感叹句;能读出古诗的节奏和儿童诗的韵味;能分角色读好文中的对话;尝试依据课文句式相近、段落反复的结构特点背诵课文《荷叶圆圆》;背诵古诗《池上》《小池》;积累文中的比喻句和"日积月累"中的气象谚语。 4.学习"荷叶圆圆的,绿绿的"这类句子的多样表达;通过扩写句子学习把一个简单的句子写具体。 5.能正确使用逗号、句号、问号、感叹号,能正确抄写句子。
德性育人	1.吟诵古诗,感受诗画的清新雅致,意境悠远,感受传统诗词文化。 2.和大人一起读《夏夜多美》,体会夏天的美好与同伴互助的温暖。
审美育人	1.感受夏天的美好。 2.吟诵古诗《池上》《小池》,结合课文插图,感受诗画结合的意境美。 3.通过朗读,体会富有节奏感的语言的优美。 4.感受陈述句、疑问句、感叹句等不同语气,感受句号、问号、感叹号的形状与语气之间的联系,发现句子的不同语气之美。
健康育人	1.知道快下雨时的自然现象,了解夏天天气的常识。 2.乐于将自己读文的收获与他人交流,能认真倾听别人的发言。 3.通过认识食品包装识字,乐于与他人交流识字的收获与感受。
劳动育人	搜集身边的小动物在天气变化时的特殊行为,和大人一起记录下来。
	第七单元　课文　15文具的家　16一分钟　17动物王国开大会　18小猴子下山 口语交际:一起做游戏　语文园地七
学科认知	1.认识59个生字和"斤、刂、牛"3个偏旁,会写27个生字;掌握"加一加、减一减"的识字方法,掌握左上包围和右上包围的字"先外后内"的笔顺书写规则,并能在田字格中正确书写。 2.根据课文信息作简单推断,培养学生的逻辑思维能力。 3.继续练习朗读,在正确、流利的基础上,能分角色读好对话,读好疑问句和祈使句;朗读、积累关于学习的名言。 4.运用学过的方法理解词语;能用组词法积累词语,能用"掰、扛、扔"等动词说话。 5.借助插图、故事情节反复的特点读懂长课文,了解告知一件事情时,需要说时间、地点等要素。
德性育人	1.学会管理自己的文具,教会学生要整理、保管好自己的文具。 2.初步学会管理时间,渗透责任意识。 3.明白做事要有明确的目标,培养目标意识。 4.在活动情境中明白游戏规则,初步树立规则意识。
审美育人	1.感受半包围结构字的形态美。 2.通过动作演示,感受动词的丰富。 3.关注语言的前后联系,感受故事情节反复的结构美。 4.体会与家人、小伙伴之间的情感美。 5.和大人一起读《孙悟空打妖怪》,读出韵文的节奏,感受共读的乐趣。
健康育人	1.树立正确使用文具的意识,注意文具使用安全。 2.能积极主动地邀请小伙伴一起做游戏。 3.初步养成乐于交往、友善待人的交往意识和行为习惯。
劳动育人	亲身体验一分钟时间长度,在一分钟内做不同的事,并记录下来与大家交流。

(续表)

	第八单元　课文　19棉花姑娘　20咕咚　21小壁虎借尾巴 语文园地八
学科认知	1.认识46个字和"疒、户、车"3个偏旁,会写21个字,在生活情境中积累与卫生间相关的11个词语;能用不同的方法去猜字、识字,发展独立识字能力;继续巩固半包围结构字的笔顺书写规则。 2.正确、流利地朗读课文,体验角色读好对话,学习读出祈使句的语气,朗读、背诵古诗《画鸡》。 3.联系上下文和生活实际理解词语的意思,积累"ABAB"结构的短语。 4.借助连环画理解课文内容,说说故事的主要情节。能带着问题边读边思考,继续培养根据信息作简单推理的能力,培养阅读习惯和能力,了解与动物有关的科学常识。 5.巩固形声字形旁表意的知识。 6.根据生活情境体会不同的心情,并进行说话写话练习。 7.和大人一起读《小熊住山洞》,并能说出自己的想法。
德性育人	1.初步懂得遇事要思考,不盲目跟从。 2.懂得对人要有礼貌。 3.了解动物的习性和作用等,对动物产生兴趣,树立保护动物的意识。
审美育人	1.感受猜字、识字的乐趣以及汉字的形态美。 2.读好祈使句及人物对话,感受朗读中不同语气之美。 3.图文结合,感受故事趣味性,发现连环画故事图文之美。
健康育人	感受"请、对不起"等礼貌用语在交往中的作用。
劳动育人	1.观察益鸟益虫,了解它们的生活习性等,用图文结合的方式作好记录。 2.通过查资料或向别人请教等方式了解动物尾巴的作用,作好记录。

表2-3　部编版《语文》二年级上册单元育人点

	第一单元　课文　1小蝌蚪找妈妈　2我是什么　3植物妈妈有办法 口语交际:有趣的动物　语文园地一　快乐读书吧
学科认知	1.认识41个字,读准4个多音字,会写30个生字和27个词语。写好左右结构的字。 2.能正确、流利地朗读课文,分角色朗读课文,背诵课文。 3.能借助图片或关键词,了解课文内容。能提取明显的信息,再交流。 4.积累并运用表示动作的词语;讲有趣的动物,能仿照例句说句子。 5.能自主阅读自己喜欢的故事,了解故事的主要内容。认识书的封面,了解书名、作者等基本信息。
德性育人	1.从小蝌蚪成长过程中,学习从小要养成独立生活、遇事主动探索的习惯。 2.从水的不同形态变化中,明白只有合理地利用水资源,才能造福于人类的道理。 3.初步养成爱护图书的好习惯。
审美育人	1.通过有感情地朗读课文,领略大自然的美丽和神奇,激发探索自然奥秘的兴趣。 2.感受课外阅读的快乐,乐于与大家分享阅读成果。
健康育人	通过口语交际的学习,懂得在与人交流时要认真倾听、不随意插话。
劳动育人	通过"快乐读书吧"的学习初步养成爱护图书的习惯。

(续表)

	第二单元　识字　1 场景歌　2 树之歌　3 拍手歌　4 田家四季歌 语文园地二
学科认知	1.认识54个生字,读准2个多音字,会写40个生字,认识"隹"部,知道它与鸟类有关,能用部件归类法识字,会写25个词语。 2.了解数量词的用法并学会运用。 3.学会用部首查字法查字典,建立部首的概念,养成勤查字典的习惯。 4.背诵课文,积累名言。
德性育人	了解不同树木的基本特点和四季农事,懂得动物是人类的朋友,体会大自然的丰富美妙,激发学生对大自然的喜爱之情和探索大自然的好奇心。
审美育人	1.感受韵文的结构美、韵律美、节奏美。 2.欣赏景色的美丽,感受生活的美好。
健康育人	在拍手诵读诗歌的过程中,做到声音洪亮,读出韵律,身心愉快,感受学习的乐趣。
劳动育人	亲近自然,感受农民的辛勤劳作和丰收的喜悦。
	第三单元　课文　4 曹冲称象　5 玲玲的画　6 一封信　7 妈妈睡了 口语交际:做手工　语文园地三
学科认知	1.认识58个生字,读准4个多音字,会写38个生字和32个词语。能正确辨析与运用同音字。 2.能正确、流利地朗读课文,背诵古诗。 3.了解关键词句的意思,能用指定的词语写句子。 4.能借助词句,试着讲故事。能针对问题说出自己的感受或想法。 5.结合做手工,能按照顺序把主要意思说清楚,同时注意倾听并记住主要信息。 6.写写自己喜欢的玩具,学习基本的写话格式。
德性育人	1.学习观察的方法,养成观察的习惯。 2.意识到"只要肯动脑筋,坏事也能变成好事"的道理。 3.感受家人的浓浓亲情,并以乐观的态度面对生活,感受成长的快乐。
审美育人	感受睡梦中妈妈的美丽、温柔与辛劳。
健康育人	1.能按照顺序说话,把主要意思说清楚,大胆表达想法。 2.继续培养专心听、静心听的好习惯。在听的过程中,记住主要信息。
劳动育人	学习制作积累卡,交流课内外积累的词句,初步养成积累的好习惯。
	第四单元　课文　8 古诗二首　9 黄山奇石　10 日月潭　11 葡萄沟 语文园地四
学科认知	1.认识55个生字,读准4个多音字,会写37个生字和32个词语。 2.能联系上下文和生活经验,理解词句的意思。 3.仿写句子,能展开想象,用"像"说生活中的事物。 4.了解留言条的基本内容和格式,并能根据实际情况写留言条。 5.能正确、流利地朗读课文,理解课文内容,背诵课文。
德性育人	1.激发认识家乡、赞美家乡的情感。 2.明白"只有站得高,才能看得远"的道理。
审美育人	初步感受大自然的神奇、壮丽。
健康育人	1.正确用嗓,准确发音,把握语气、语调。 2.说话时讲述清楚,表达流畅。
劳动育人	通过学习,知道劳动带来收获,劳动创造美好生活。

(续表)

	第五单元 课文 12 坐井观天 13 寒号鸟 14 我要的是葫芦 口语交际:商量 语文园地五
学科认知	1.认识35个生字,读准3个多音字,会写26个生字和27个词语。了解汉字"左短右长""右短左长"的间架结构,在田字格中练习书写。 2.朗读课文,读出不同的语气。积累古诗。 3.能联系生活实际,初步体会课文讲述的道理。 4.感受和体会语言表达的多样性,学会表达。 5.和别人商量事情,要用商量的语气,并把自己的想法说清楚。
德性育人	1.知道看问题要全面;做事不能只顾眼前,要有计划有安排;看问题要注意事物之间的联系。 2.懂得要勤劳自勉,不可懒惰、得过且过的道理。
审美育人	了解汉字的间架结构,感受汉字笔画长短参差、疏密匀称等形体美。
健康育人	从贴近生活的交际场景中,学会和别人商量事情要用商量的语气,并把自己的想法说清楚。
劳动育人	学会规范、端正、整洁地书写汉字。
	第六单元 课文 15 八角楼上 16 朱德的扁担 17 难忘的泼水节 18 刘胡兰 口语交际:看图讲故事 语文园地六
学科认知	1.认识49个生字,读准2个多音字,会写30个生字和33个词语。感受形声字"声旁表音"的特点。 2.正确、流利地朗读课文,了解课文内容,能借助词句,讲述课文内容。 3.积累词语,学习动词和名词的搭配。 4.学习在复句中使用逗号、句号、问号、感叹号。 5.观察图画,了解每幅图的意思,能按顺序讲清楚。 6.积累词句,学习动词和名词的搭配。
德性育人	感受革命领袖和革命先烈心系百姓、无私奉献的精神,并对他们产生由衷的敬意。
审美育人	通过学习形声字"声旁表音"的特点,体会汉字的构造之美。
健康育人	养成认真倾听的习惯,知道别人讲的是哪幅图的内容。
劳动育人	培养积极参与劳动的意识。
	第七单元 课文 19 古诗二首 20 雾在哪里 21 雪孩子 语文园地七
学科认知	1.认识39个生字,读准1个多音字,会写24个生字和22个词语。 2.能正确、流利地朗读课文,学习默读,试着做到不出声;背诵指定课文。积累跟自然风光有关的词语等。 3.图文对照,展开想象,大致了解古诗的意思,获得情感体验。 4.复习用部首查字法查字。 5.学习拟人句,通过句子的对比,感受语言表达的具体生动。 6.能观察图画,续编故事。
德性育人	1.亲近自然,感受大自然的美丽、奇特,激发对大自然的喜爱之情。 2.体会雪孩子的勇敢善良、热心助人。
审美育人	通过边读边想象,感受山寺的高耸入云和大草原的苍茫辽阔和壮丽富饶。
健康育人	通过读雪孩子的故事,懂得朋友之间应该互相帮助。
劳动育人	通过描绘草原风光,感受劳动能让生活变得更美好。

(续表)

	第八单元　课文　22 狐假虎威　23 纸船和风筝　24 风娃娃 语文园地八
学科认知	1.认识41个生字,读准两个多音字,会写25个生字和27个词语。能利用形声字的特点猜读拟声词,并根据语境恰当运用。能根据动物的不同种类特点,尝试不同的分类方法。 2.继续学习默读,试着做到不出声。能借助提示,复述课文。 3.积累词语。
德性育人	1.感受友谊带来的快乐,对如何交朋友和维护友谊有所感悟。 2.懂得"做事情光有好的愿望还不行,还要看是不是真的对别人有用"的道理。 3.感受称赞带来的美好与快乐,在生活中学着去发现别人的优点。
审美育人	1.了解汉字中左右宽窄大致相等的书写要点,感受汉字的形态美。 2.感受友谊的美好,学习助人的品质。
健康育人	1.分角色朗读课文、复述故事,自信大方,声音响亮,准确发音,把握语气、语调。 2.养成减少修改次数的书写习惯。
劳动育人	品读课文,懂得帮助别人也能从中得到快乐。

表2-4　部编版《语文》二年级下册单元育人点

	第一单元　课文　1 古诗二首　2 找春天　3 开满鲜花的小路　4 邓小平爷爷植树 口语交际:注意说话的语气　语文园地一　快乐读书吧
学科认知	1.认识63个生字,读准1个多音字,会写36个生字和34个词语。根据提示,写好左上包围和左下包围的字,注意不同部分的伸展关系。 2.能正确、流利地朗读课文,能注意语气和重音。背诵《古诗二首》《赋得古草原送别(节选)》。 3.能用自己的话说出诗句描述的春天美景;了解课文内容,说出找到的春天是什么样;能借助插图,说出邓小平爷爷植树的情景。
德性育人	1.引导学生到大自然中寻找春天、观察春天、探索春天,激发热爱春天的情感。 2.初步了解植树的意义,体会邓小平爷爷做事认真、坚持到底的态度。树立绿化和保护环境的意识。
审美育人	1.朗读时,注意语气和重音,感受课文的音韵美。 2.从课文中发现春天的美景,感受春天的魅力。 3.体会作者对大自然的喜爱与赞美之情,感受人与自然和谐相处的美好。
健康育人	1.通过学习《开满鲜花的小路》,明白只要学会分享快乐,为身边的每一个人送去幸福和快乐,自己会从中得到更多的幸福和快乐。 2.能用恰当的语气与别人交流,避免使用命令的语气。
劳动育人	1.学习邓小平爷爷在劳动中认真、执着的精神品质。 2.培养学生的劳动意识,养成勤动手的好习惯。
	第二单元　课文　5 雷锋叔叔,你在哪里　6 千人糕　7 一匹出色的马 语文园地二
学科认知	1.认识55个生字,读准1个多音字,会写27个生字和34个词语。 2.能正确、流利朗读《雷锋叔叔,你在哪里》,能默读《千人糕》,能试着有感情地朗读《一匹出色的马》。 3.能用多种方法猜测词语意思,并说出了解词语意思的方法,能积累词语。 4.读句子,想画面,能用自己的话说出画面内容。仿照例句,展开想象,把自己喜欢的景物写下来。 5.能根据提示写自己的一个好朋友。
德性育人	1.了解雷锋的先进事迹,感知平凡世界中的不平凡,学习关爱他人、乐于奉献的雷锋精神。 2.懂得关心和帮助他人,与家人相亲相爱。

(续表)

审美育人	1.采用多种形式的朗读,感受诗歌流畅的音韵美。 2.通过了解米糕是经过哪些劳动做成的,体味劳动之美。
健康育人	1.懂得帮别人,就能快乐自己。 2.明白任何东西都是大家劳动的成果,我们只有共同努力,互相合作,才能使社会更美好。
劳动育人	感受劳动成果的来之不易,知道珍惜粮食、珍惜劳动成果,乐于参加劳动。
	第三单元　识字　1神州谣　2传统节日　3"贝"的故事　4中国美食 口语交际:长大以后做什么　语文园地三
学科认知	1.认识70个生字,读准两个多音字,会写35个生字和38个词语。 2.能在语言环境中初步感受"奔、涌""长、耸"的表达效果。能说出"炒、烤、烧"等方法制作的美食。 3.朗读《神州谣》,能背诵《传统节日》,初步感受祖国山河的壮美和文化的悠久。 4.能把自己长大后想干什么说清楚,简单说明理由。
德性育人	感受传统文化的魅力,培养学生爱祖国、爱中华民族的情感。
审美育人	感受祖国悠久的历史和灿烂的文化。
健康育人	能清楚地表述自己的想法,倾听同学的发言,并及时回应。
劳动育人	搜集有关传统文化的图片或文字资料,并分类整理、制作小报。
	第四单元　课文　8彩色的梦　9枫树上的喜鹊　10沙滩上的童话　11我是一只小虫子 语文园地四
学科认知	1.认识62个生字,读准两个多音字,会写34个生字和40个词语。能根据提示,写好半包围、全包围结构的字。 2.能正确、流利地朗读课文,默读课文。能用自己的话与同学交流自己感兴趣的内容。 3.运用学到的词语把想象的内容写下来。
德性育人	1.通过阅读诗歌、童话,让孩子受到真善美的熏陶,感受童年生活的幸福和快乐。 2.体会作者对大自然的热爱之情,感受人与自然和谐共生的美好。
审美育人	1.通过识字写字,感受汉字的音韵美、形态美。 2.采用多种形式的朗读,边读边想象,感受课文的画面美、意境美、语言美。
健康育人	通过学习课文,体会童年生活的快乐,学习作者奋发向上、积极进取、自信、热爱生活的精神。
劳动育人	培养学生勇于探索、善于观察的能力。
	第五单元　课文　12寓言二则　13画杨桃　14小马过河 口语交际:图书借阅公约　语文园地五
学科认知	1.认识52个生字,读准两个多音字,会写26个生字和28个词语。 2.能正确、流利地朗读课文,读出恰当的语气。分角色朗读《小马过河》。 3.能根据课文内容,说出自己的简单看法。比较句子的不同,能体会句子加上"赶紧""焦急地"等修饰词语后的好处。 4.能主动发表关于图书角管理方法的意见。 5.背诵《弟子规》节选的内容。
德性育人	1.明白违反事物发展的客观规律,急于求成,反而会把事情弄糟的道理。 2.懂得做错了事,只要肯接受意见,认真改正,就为时不晚。 3.知道做事、看问题要实事求是,不要轻易下结论。
审美育人	1.运用、积累词语,深入品味语言文字的美。 2.引导学生朗读《弟子规》,感受节奏美。
健康育人	1.鼓励学生勇敢表达自己,拓展思维。 2.激发学生书写规范字的欲望和兴趣,培养良好的写字习惯。 3.引导学生积极参与讨论,鼓励主动发表意见。
劳动育人	1.参与制定班级《图书借阅公约》。 2.积极争当管理员。

43

(续表)

	第六单元 课文 15 古诗二首 16 雷雨 17 要是你在野外迷了路 18 太空生活趣事多 语文园地六
学科认知	1.认识54个生字,读准1个多音字,会写34个生字和34个词语。认读有关场所名称的词语,学习利用场所名称识字。 2.能说出诗句描绘的画面;能积累词语,抄写句子。 3.读课文,能提取主要信息。 4.能仿照例子,把自己对大自然的疑问写下来。 5.能背诵《古诗二首》《雷雨》《悯农(其一)》。
德性育人	1.感知诗歌大意,感悟诗人对大自然的赞美之情。 2.感受航天技术的无限魅力,激发学生对太空生活的无限向往之情。 3.热爱图书,热爱阅读。
审美育人	1.通过品词析句,让学生感受诗歌语言的美,增强语文学习的兴趣。 2.通过阅读课文,感受自然景观的美。
健康育人	1.引导学生联系生活实际,大胆说一说自己心中的"为什么"。 2.分享自己的图书,组织学生积极参与讨论、发表意见。
劳动育人	1.制作问题卡片。 2.共同创建班级图书角,能自觉维护班级图书,保护图书。
	第七单元 课文 19 大象的耳朵 20 蜘蛛开店 21 青蛙卖泥塘 22 小毛虫 语文园地七
学科认知	1.认识65个生字,读准5个多音字,会写33个生字和37个词语。 2.能正确、流利地朗读课文,读好文具名称,能分角色表演《青蛙卖泥塘》的故事;能借助提示讲故事。 3.会用多种方法猜字的读音和意思,并查字典验证。 4.能写清楚自己想养小动物的理由。 5.背诵《二十四节气歌》。
德性育人	1.懂得"遇到问题要联系实际,适合自己的就是最好的"这个道理。 2.明白做事要持之以恒。 3.知道每个人都有自己该做的事,万事万物都有自己的规律。
审美育人	学习《青蛙卖泥塘》,感受青蛙虚心、勤劳、勇敢的优秀品质。欣赏课文插图,感受动物之美、大自然之美。
健康育人	根据自己的生活经验,谈谈自己喜欢的动物是什么样子及理由,会用正确流利的句子清楚表达。
劳动育人	1.学习《青蛙卖泥塘》,感悟美好的环境要靠我们的双手来创造,树立劳动意识、环保意识。 2.学习《蜘蛛开店》,感受做每份工作的不容易。
	第八单元 课文 23 祖先的摇篮 24 羿射九日 25 黄帝的传说 口语交际:推荐一部动画片 语文园地八
学科认知	1.认识44个生字,读准1个多音字,会写25个生字和36个词语。能借助形声字构字规律识字。 2.能结合语境体会表示动作的词语的恰当运用。 3.能根据课文内容,展开想象。 4.默读课文,根据表格提示讲故事,能就自己觉得神奇的内容和同学交流。 5.推荐一部动画片,注意说话的速度。 6.背诵古诗《周夜书所见》。
德性育人	1.培养学生热爱大自然和热爱生活的美好情感。 2.通过读故事,体会上古时代人类渴望征服自然的美好愿望。

(续表)

审美育人	1.感受儿童诗语言的精美、凝练。 2.了解中国古代的神话故事,感受中国特有的文化。
健康育人	口语交际时,能注意说话的速度,让别人听清楚讲的内容。作为听众,能认真听讲,了解别人讲的主要内容。
劳动育人	书写汉字,安排好字的间架结构,逐步培养良好的书写习惯。

表2-5 部编版《语文》三年级上册单元育人点

	第一单元 1大青树下的小学 2花的学校 3* 不懂就要问 口语交际:我的暑假生活 习作:猜猜他是谁 语文园地
学科认知	1.认识24个生字,读准3个多音字,会写26个生字和28个词语。 2.能正确、流利地朗读课文,能边读边想象画面。背诵《所见》。 3.默读课文《不懂就要问》,能初步了解略读课文的基本学习要求,了解课文的主要内容。 4.能关注、积累课内外阅读中遇到的有新鲜感的词句,并与同学交流。 5.能选择暑假生活中的新鲜事,把经历讲清楚。 6.能选择一两点印象深刻的地方,写几句话或一段话向同学介绍。
德性育人	1.在阅读中激发对学校生活的向往和热爱,对大自然的喜爱。 2.在阅读中激发对孙中山勤学好问精神的敬佩之情。
审美育人	1.通过朗读体会边疆学校、牧童生活的自然美。 2.引导学生看图想象画面,感受散文诗的语言美、意境美。
健康育人	1.在交流活动中介绍劳动的过程、感受等,初步培养劳动品质和劳动能力。 2.在诵读古诗中,感受劳动的乐趣,激发对劳动的向往。
	第二单元 4古诗三首 5铺满金色巴掌的水泥道 6秋天的雨 7* 听听,秋的声音 习作:写日记 语文园地
学科认知	1.认识35个生字,读准1个多音字,会写38个生字和29个词语。 2.运用多种方法理解难懂的词语,借助注释理解诗句的意思,摘抄、积累喜欢的词句。 3.有感情地朗读课文,了解课文的主要内容,背诵、默写指定的段落。 4.能仿照课文或"阅读链接",写出自己看到的景色。 5.借助例文并结合生活经验,了解写日记的好处、日记可写的内容及日记的基本格式,用日记记录自己的生活。
德性育人	在阅读中感受金秋的别样景色,表达对祖国大好河山的热爱之情。
审美育人	1.通过识字写字,感受汉字的音韵美、形态美。 2.借助教材的图画,感受金秋时节的美丽风光。 3.通过有感情的朗读,想象画面,感受课文的语言美、意境美。
健康育人	1.正确使用钢笔,坐姿端正、握笔正确、书写规范。 2.学习用乐观的心态接纳季节的变化,欣赏季节的美好。
劳动育人	1.在阅读诗歌的过程中体会劳动创造了秋天的美好景象。 2.积累秋天的词语,懂得付出劳动才会有收获。

(续表)

第三单元　8卖火柴的小女孩　9*那一定会很好　10在牛肚子里旅行　11*一块奶酪 习作：我来编童话　语文园地　快乐读书吧	
学科认知	1.认识40个生字，读准8个多音字，会写26个生字和32个词语。 2.默读课文，了解故事的主要内容，并能对文中的人物作出简单的评价。 3.能展开想象，体会人物心情的变化。分角色朗读课文，能读出相应的语气。 4.能把《在牛肚子里旅行》等故事讲给别人听，能体会故事中朋友之间的真挚情谊。 5.能借助教材提示的内容，发挥想象，试着编写童话故事，并尝试用改正、增补、删除等三种符号修改自己的习作。 6.能自主阅读《安徒生童话》《稻草人》《格林童话》，了解故事内容，边读边想象，感受童话的奇妙。
德性育人	1.在阅读童话故事的过程中，树立克服困难、乐于奉献的美好品格。 2.在阅读中学习青头在危急关头珍惜友情、勇敢无畏的可贵精神。 3.在阅读中学习蚂蚁队长严于律己、以身作则的品质，学会爱护幼小。
审美育人	1.在阅读中感受童话的语言美、思想美、意境美。 2.在阅读、朗读中受到童话故事中人物美好品格的熏陶。
健康育人	1.学习大树面对现实，积极向上的阳光心态。 2.了解牛吃食的特点，学会健康饮食。
劳动育人	1.体会农夫用勤劳不断创造美好的生活。 2.学习蚂蚁的勤劳、团结。
第四单元　12总也倒不了的老屋　13*胡萝卜先生的长胡子　14*小狗学叫 口语交际：名字里的故事　习作：续写故事　语文园地	
学科认知	1.认识23个生字，读准5个多音字，会写13个生字和14个词语。 2.能一边阅读一边预测，将自己的预测与实际内容进行比较，及时修正想法；知道预测有不同的角度，预测要有一定的依据，预测的内容跟实际内容可能一样，也可能不一样，初步感受预测的好处和乐趣。 3.阅读《胡萝卜先生的长胡子》《小狗学叫》等不完整的故事，能预测故事的结局，并在课外阅读中自觉运用预测策略。 4.能了解自己或他人名字的含义或来历，把了解到的信息讲清楚。 5.能根据插图和提示尝试续写故事，运用改正、增补、删除等修改符号，修改有明显错误的内容。
德性育人	在阅读中感受童话人物乐于奉献的可贵品质。
审美育人	1.感受童话的语言美、意境美。 2.感受童话故事中人物的美好品格。
健康育人	1.在阅读中感受老屋乐观面对现实的阳光心态。 2.在讲述名字故事的活动中，大方自信。
劳动育人	培养不断探索的学习精神。
第五单元　15搭船的鸟　16金色的草地　习作例文：我家的小狗　我爱故乡的杨梅 习作：我们眼中的缤纷世界	
学科认知	1.认识10个生字，读准1个多音字，会写25个生字和25个词语。 2.能结合课文内容，体会作者是怎样留心观察周围事物的，体会留心观察的好处。 3.初步了解可以调动多种感官进行观察。 4.仔细观察一种动物、植物或一处场景，把观察所得写下来，并与同伴分享观察感受。
德性育人	一边读一边想象课文描写的画面，激发对家乡的热爱之情。
审美育人	1.借助教材的图画，感受大自然的美丽景色。 2.体会描写翠鸟、蒲公英的语句，感受大自然中动物、植物的美好。
健康育人	用接纳的心态观察世界，欣赏大自然。
劳动育人	培养勤于观察的实践精神。

(续表)

	第六单元　17古诗三首　18富饶的西沙群岛　19海滨小城 20美丽的小兴安岭　习作:这儿真美　语文园地
学科认知	1.认识36个生字,读准6个多音字,会写52个生字和46个词语。 2.能结合注释,想象古诗中描绘的景色,用自己的话说出诗句的意思。背诵古诗《望天门山》《饮湖上初晴后雨》《望洞庭》《早发白帝城》,默写《望天门山》。 3.能借助关键语句理解一段话的意思,总结一段话中关键语句可能的位置及作用,并能围绕关键语句说一段话。 4.能仔细观察一处景物,围绕一个意思用一段话写下来,能主动运用平时积累的描写景物的词语,并乐于和同伴分享观察到的美景。
德性育人	有感情地朗读课文,激发对祖国大好河山的热爱之情。
审美育人	借助教材的文字和图画,感受祖国的美丽风光。
健康育人	用接纳的心态欣赏大自然。
劳动育人	培养仔细观察的习惯。
	第七单元　21大自然的声音　22读不完的大书　23父亲、树林和鸟 口语交际:身边的"小事"　习作:我有一个想法　语文园地
学科认知	1.认识25个生字,读准1个多音字,会写39个生字和47个词语。 2.能正确、流利地朗读课文,背诵《大自然的声音》第二、三自然段,背诵古诗《采莲曲》。 3.能借助图表理解课文的大致内容。 4.默读课文,感受课文生动的语言,积累喜欢的语句,能说出"我真高兴,父亲不是猎人"这句话的含义。 5.能在"口语交际"小组交流中,简单讲述身边的不文明或令人感到温暖的行为,并清楚地表达自己的看法,汇总意见时能尽量反映每个人的想法。 6.留心生活,能清楚地写下生活中的某种现象及自己的想法,并主动用书面的方式与别人交流。
德性育人	朗读课文,激发对鸟儿、大自然的喜爱之情。
审美育人	1.能工整地书写汉字,把撇、捺写得舒展,字形优美。 2.借助教材的图画,感受大自然的美丽风光。
健康育人	培养学生健康生活的意识。
劳动育人	在阅读童话、诵读诗歌的过程中,体会劳动的乐趣。
	第八单元　24司马光　25灰雀　26*一个粗瓷大碗 口语交际:请教　习作:那次玩得真高兴　语文园地
学科认知	1.认识32个生字,读准3个多音字,会写31个生字和29个词语。 2.能正确、流利地朗读课文,背诵《司马光》。 3.能借助注释理解《司马光》的课文大意,并用自己的话讲故事,初步感受文言文的特点,简单说出文言文与现代文的区别。 4.能尝试通过人物的动作、语言等揣摩人物的心理活动。能转换人称复述故事片段。 5.能带着问题默读课文,理解课文内容,体会人物心情的变化。 6.能就自己不好解决的问题有礼貌地向别人请教,不清楚的地方能及时追问。 7.能简单地写一次玩的过程,表达出当时快乐的心情,能和同学交流习作,并学习修改。
德性育人	1.学习司马光冷静机智、爱护同伴的美好品质。 2.学习列宁对男孩的尊重和呵护。 3.学习白求恩对工作极其负责、勇于为革命献身的高贵品质。
审美育人	受到人物美好品格的熏陶、感染。
健康育人	1.认识与"目"相关的字,培养保护眼睛的意识。 2.在玩耍的过程中做健康有益的活动。
劳动育人	主动帮助家人做家务,并能自主分类整理劳动清单,体会分类收纳的好处。

表2-6 部编版《语文》三年级下册单元育人点

	第一单元 1 古诗三首 2 燕子 3 荷花 4* 昆虫备忘录 口语交际:春游去哪儿玩 习作:我的植物朋友 语文园地
学科认知	1.认识44个生字,读准4个多音字,会写36个生字和29个词语。 2.能积累"剪刀似的尾巴"等短语并摘抄。能辨析近义词,在具体语境中能正确选择运用。 3.能仿照例句,写出一种小动物的外形特点。 4.能正确、流利有感情地朗读课文。背诵古诗和指定的课文段落。默写《绝句》。 5.能向同学推荐春游值得去的地方,说清楚好玩之处和可以开展哪些活动。在讨论交流时,能耐心听别人把话讲完,尽量不打断别人。 6.能仿照课文中的片段,写一种自己喜欢的植物。观察一种植物,制作简单的记录卡。能借助记录卡,写清楚植物的样子、颜色等,并写出自己的感受。
德性育人	1.热爱祖国的文字,增强文化自信。 2.懂得热爱大自然,保护植物,保护动物;热爱家乡,增强自豪感。
审美育人	1.朗读背诵时,感受汉字的音韵美、节奏美、意境美。 2.书写时,欣赏汉字的形态美,书面整体的行款美。 3.试着一边读一边想象画面,说出诗中描绘的景象;感受燕子的外形美和春天的光彩夺目,读出对燕子的喜爱之情。体会一池荷花是"一大幅活的画"。 4.能边读课文边想象画面,体会语句的优美和生动。 5.习作时,表达对植物的喜欢之情。
健康育人	1.读书、书写、交流时,姿势端正,正确握笔,科学用眼和用嗓。 2.能说出开展春游等活动时要注意哪些健康安全方面的事项。
劳动育人	1.增强劳动意识;开展劳动实践活动,学习一些劳动技能。 2.试着种植一种植物,培养劳动观念,初步学习种植方面的劳动技能。
	第二单元 5 守株待兔 6 陶罐和铁罐 7 鹿角和鹿腿 8* 池子与河流 口语交际:该不该实行班干部轮流制 习作:看图画,写一写 语文园地 快乐读书吧
学科认知	1.认识31个生字,读准3个多音字,会写34个生字和29个词语。知道横画或竖画较多的字的书写要点,写好"艳、静"等8个字。 2.能发现"源源不断、无忧无虑"等词语的特点,并能写出相同结构的词语。积累"邯郸学步、滥竽充数"等来源于寓言故事的成语。 3.能正确、流利、有感情地朗读课文。背诵《守株待兔》。 4.能借助注释读懂文言文。 5.能结合自己的阅读体验,梳理、总结对寓言的体会和认识。读懂故事,明白道理。能结合生活实际对故事发表自己的看法。 6.能表明自己的观点,并说清楚理由。能一边听一边思考,想想别人讲得是否有道理。 7.能仿照例句写出带有动作、神态描写的提示语。能按一定的顺序观察图画,展开想象。能把自己看到的、想到的写清楚。能与同学分享习作,并能根据同学的意见修改习作。 8.能按照正确的格式写一个通知。 9.能产生阅读《中国古代寓言》《伊索寓言》《克雷洛夫寓言》等书的兴趣,自主阅读。

(续表)

德性育人	1.明白不努力,抱侥幸心理,指望靠好运气过日子,是不会有好结果的道理。 2.懂得每个人都有长处和短处,要善于看到别人的长处,正视自己的短处,相互尊重,和睦相处。 3.知道事物各有自己的价值,不能只凭外表去判断事物的好坏。 4.懂得"才能不利用就要衰退,它会逐渐磨灭;才能一旦让懒惰支配,它就无所为"的道理,受到"不要贪图安逸、虚度年华,应为社会多作贡献,为自己的生命增添光彩"的教育。 5.懂得尊重不同的想法。
审美育人	1.感受横画或者竖画较多的汉字中横画或者竖画的长短和距离之间的美。 2.揣摩描写说话人的神态、动作的语句,感受人物说话时的心情、语气和性格特点。 3.从阅读体会出发,交流对寓言的感受,梳理和总结对寓言的体会与认识。联系生活实际,深入思考生活中的人和事。 4.积极参与讨论,理性思辨。 5.展开想象,感受春天的美好,体会放风筝的乐趣。 6.激发阅读寓言的兴趣。能感受阅读寓言故事的快乐,乐于与大家分享课外阅读的成果。
健康育人	1.读书、书写、交流时,姿势端正,正确握笔,科学用眼和用嗓。 2.阅读寓言,关注"健康"方面的主题;交流时,关注"身心健康"的话题。
劳动育人	1.阅读寓言,关注"劳动"方面的话题,如《守株待兔》中关于"田间劳作"的话题。 2.读书交流,特设"劳动"主题或议题,专题交流,或开展实践活动。
	第三单元　9古诗三首　10纸的发明　11赵州桥　12*一幅名扬中外的画 综合性学习:中华传统节日　语文园地
学科认知	1.认识48个生字,读准7个多音字,会写35个生字和30个词语。了解、积累"文房四宝"等有关中华文化的四字词语。 2.能背诵、默写指定的古诗。抄写指定的课文段落。 3.能根据要求提取段落中的重要信息,并对有关现象或成因作出解释。 4.了解相关段落是怎样围绕一个意思写清楚的,能回顾、梳理"围绕一个意思把一段话写清楚"的具体方法,能说出有关自然段的段式特点并模仿写一段话。 5.能用不同方式搜集并介绍我国传统节日的资料,记录这些节日的相关风俗。能就自己感兴趣的一个传统节日写一篇习作,写清楚过节的过程。 6.以适当的方式展示综合性学习的成果。能对其他小组的展示活动作出评价,提出改进建议。 7.能按活动的步骤,介绍某一手工活动的过程。
德性育人	1.了解中华传统节日中的习俗,了解人们是怎样过这些传统节日的,感受中华优秀传统文化的魅力,激发对祖国的热爱之情。 2.树立传承中华优秀传统文化的信心和意识,在综合性学习中开展实践活动。
审美育人	1.感受中华传统节日习俗中人们的情感,体会中华文化中蕴含的家国情怀。 2.感受中国造纸术对人类社会发展的促进作用,感受我国古代劳动人民的智慧,增强文化自信和民族自豪感。 3.展开想象,感受赵州桥的美观,《清明上河图》的生动精致。
健康育人	1.读书、书写、交流时,姿势端正,正确握笔,科学用眼和用嗓。 2.关注中华传统节日的习俗中,有关食品健康、身心健康的话题。
劳动育人	1.关注中华传统文化中,有关劳动方面的话题,比如《纸的发明》《赵州桥》等。 2.介绍某一手工活动的过程,动手实践,展示作品。

(续表)

	第四单元　13 花钟　14 蜜蜂　15* 小虾 习作:我做了一项小实验　语文园地
学科认知	1.认识26个生字,读准1个多音字,会写24个生字和30个词语。 2.能正确、流利地朗读课文,背诵指定的段落。 3.默读课文,能借助关键语句概括一段话的大意,读懂课文内容。 4.积累课文中生动、准确的词句,能借鉴课文的表达方式仿写句子。 5.能借助图表记录自己做过的一项小实验,能按顺序将实验过程写清楚。能仿照例子,写下自己的观察和思考。 6.能根据要求与同学互评习作;学习"对调"和"移动"两种修改符号,尝试用修改符号修改自己的习作。 7.能借助关键语句或关键句的提示概括一段话的大意,把握关键语句的不同位置。
德性育人	1.培养根据观察到的现象进行探究、分析的科学精神。 2.学习法布尔善于思考、严谨求实的科学态度。 3.增强热爱大自然、保护动植物的意识。
审美育人	1.体会课文中词句的生动、准确。 2.展开想象,感受课文中描写的各种花儿的美好画面。 3.想象蜜蜂的可爱,感受观察和发现的乐趣。 4.想象小虾的有趣和可爱,感受养虾的乐趣。 5.激发对大自然的热爱、对动植物的喜爱之情。 6.体会自己做实验时的心情,感受发现的乐趣。
健康育人	1.读书、书写、交流时,姿势端正,正确握笔,科学用眼和用嗓。 2.体会亲近大自然和动植物对身心健康的积极作用。
劳动育人	1.开展一次种植实验,学习基本的劳动技能。 2.开展一次养殖实验,学习基本的劳动技能。
	第五单元　16 宇宙的另一边　17 我变成了一棵树 习作例文:一支铅笔的梦想　尾巴它有一只猫　习作:奇妙的想象
学科认知	1.认识13个生字,会写24个生字和26个词语。 2.了解课文内容,能和同学交流自己想象的内容。 3.能梳理和回顾课文中的想象故事,交流对大胆想象的体会。 4.能画出想象中的事物,能根据故事开头接龙编故事。 5.大胆想象,写一个想象故事。能欣赏同伴习作并提出修改建议。
德性育人	1.激发对生活的热爱。 2.激发对想象世界的向往。 3.激发习作的热情,获得习作的成就感。
审美育人	1.感受作者大胆和神奇的想象,体会大胆想象的乐趣。 2.能借助习作例文进一步体会神奇的想象。
健康育人	1.读书、书写、交流时,姿势端正,正确握笔,科学用眼和用嗓。 2.体会想象带来的愉悦感,有利于身心健康。
劳动育人	1.积极动脑,体会想象的乐趣,并认真习作。 2.交流习作,尊重同学的劳动成果,提出恰当的修改建议。

(续表)

	第六单元　18 童年的水墨画　19 剃头大师　20 肥皂泡　21* 我不能失信 习作:身边那些有特点的人　语文园地
学科认知	1.认识36个生字,读准1个多音字,会写37个生字和41个词语。学习一组与海岛、港口有关的词语。认识汉语一词多义的语言现象。 2.朗读和背诵4句关于"改过"的名言。朗读课文。背诵《溪边》。 3.能运用多种方法理解难懂的句子。能结合自己的阅读体验,总结理解难懂的句子的方法。能理解课文的主要内容。 4.能说出肥皂泡还有哪些美丽的去处。能说出课文以"剃头大师"作为题目的好处。 5.能仿照例子,围绕一个意思写一段话。写一个人,尝试写出他的特点。能给习作取一个表现人物特点的题目。
德性育人	1.懂得热爱和珍惜自己正在经历的童年生活。 2.学习宋庆龄诚实守信的可贵品质。 3.懂得有错就改、善莫大焉的道理。
审美育人	1.体会作者对童年生活的眷恋,感受童年时光的珍贵。 2.感受童年生活的纯真、美好,丰富自己的情感体验。 3.体会文章丰富的想象。 4.能根据词语想象画面。
健康育人	1.读书、书写、交流时,姿势端正,正确握笔,科学用眼和用嗓。 2.体会自由快乐的童年生活对身心健康的积极作用。
劳动育人	1.感受钓鱼、采蘑菇等劳动场面的快乐。 2.了解理发这种劳动的方法,有条件的可以亲身尝试。 3.亲手制作肥皂水,玩吹肥皂泡的游戏。
	第七单元　22 我们奇妙的世界　23 海底世界　24 火烧云 口语交际:劝告　习作:国宝大熊猫　语文园地
学科认知	1.认识28个生字,读准3个多音字,会写36个字和36个词语。能正确书写笔画较少或笔画较多的字,把"止、露"等8个汉字写规范、写匀称。熟记并背诵4个成语,知道它们的意思。 2.有感情地朗读课文。背诵指定的自然段。 3.了解课文是从哪几个方面把事物写清楚的,理解课文的主要内容。 4.能根据具体情境选择恰当的方式,尝试劝告别人。能采用合适的语气,从别人的角度着想劝告别人。 5.知道怎么围绕一个意思把一段话写清楚。围绕如何在习作中用上平时积累的语言展开交流,增强运用平时积累的语言的意识。了解用问句做文章开头的作用,学习用这种方法说一段话。 6.能体会课文语言表达的好处,能借鉴课文的表达仿写句子。 7.能查找资料,整合信息,围绕提示的问题写一写大熊猫。通过自评和互评,能用修改符号修改不准确的内容并补充新的内容。 8.认识寻物启事的写法,能用正确的格式写一则寻物启事。
德性育人	1.激发对大自然的热爱和好奇心,体会人们看到火烧云时的喜悦之情。 2.培养学生搜集信息、整合信息的良好习惯和基本素养。 3.增强保护环境、保护大熊猫的意识。 4.通过讲道理,让别人接受劝告,改正不良言行。 5.懂得"眼见为实,耳听为虚""近朱者赤,近墨者黑"等道理。
审美育人	1.感受笔画较少或较多的汉字的匀称美。 2.感受语言的优美,体会天地之间的神奇与美好。 3.乐于观察,乐于在平凡的生活中发现美。 4.感受大熊猫的可爱。

(续表)

健康育人	读书、书写、交流时,姿势端正,正确握笔,科学用眼和用嗓。
劳动育人	1.在阅读中了解课文是从哪几个方面把事物写清楚的。 2.认真完成单元习作并认真修改。
	第八单元　25 慢性子裁缝和急性子顾客　26* 方帽子店　27 漏　28* 枣核 口语交际:趣味故事会　习作:这样想象真有趣　语文园地
学科认知	1.认识52个生字,读准9个多音字,会写24个生字和22个词语。 2.正确朗读句子,体会拟声词的作用,能照样子写句子。 3.朗读、背诵古诗《大林寺桃花》。 4.分角色朗读课文,能读出故事中人物对话的语气,体会人物的特点。 5.默读课文,交流自己觉得最有意思的内容。 6.能借助提示,按顺序复述故事,不遗漏重要情节。能总结复述故事的方法。能用自己的话转述别人说的话。 7.能自然、大方地把故事讲给别人听,并能用合适的方法,把故事讲得吸引人。认真听别人讲故事,能记住主要内容。 8.能选择一种动物作为主角,大胆想象它因特征变化带来的生活变化,编写一个童话故事。能模仿例子说几个题目。能用学过的修改符号修改自己的习作。
德性育人	1.懂得不能因循守旧,要敢于创新,勇于接受新事物。 2.明白做贼心虚、干坏事没有好下场的道理。 3.培养认真倾听的态度与习惯。 4.激发对大自然的热爱之情。
审美育人	1.体会人物的心理活动和性格特点。 2.体会故事的趣味。 3.体会大胆想象的乐趣。 4.感受初夏时节的自然美,体会诗人的意外与欣喜之情,体会生活的情趣。
健康育人	1.读书、书写、交流时,姿势端正,正确握笔,科学用眼和用嗓。 2.讲故事、编故事,关注"健康"方面的话题。
劳动育人	1.了解裁缝这种手工劳动,增加对不同职业的认识。 2.讲故事、编故事,关注与"劳动"相关的话题。

表2-7　部编版《语文》四年级上册单元育人点

	第一单元　1 观潮　2 走月亮　3* 现代诗二首　4* 繁星 口语交际:我们与环境　习作:推荐一个好地方　语文园地
学科认知	1.认识28个生字,读准1个多音字,会写30个生字和28个词语。 2.有感情地朗读课文,边读边想象画面,说出印象深刻的画面,感受自然之美。 3.背诵《观潮》第3—4自然段《走月亮》第4自然段和古诗《鹿柴》。 4.能用一两个表示时间短暂的词语描绘所选景物。能从课文中找出优美生动的句子并抄写下来,仿照课文中的相关段落,写自己经历过的某月下情景。 5.推荐一个地方,写清楚推荐理由。
德性育人	1.在阅读中激发对大自然的向往和热爱。 2.留意身边的环境问题,树立环境保护意识。 3.养成提笔就练字的良好习惯。

(续表)

审美育人	引导学生调动多种感官,品味文字之美,透过文字感受自然之美。
健康育人	关注身边存在的环境问题及其对身体健康的危害,找到保护环境简单易行的做法。
劳动育人	到不同的地方,通过不同的途径积极参与关于环境问题的调研。
	第二单元　5一个豆荚里的五粒豆　6蝙蝠和雷达　7呼风唤雨的世纪　8*蝴蝶的家 习作:小小"动物园"　语文园地
学科认知	1.认识35个生字,读准2个多音字,会写43个生字和46个词语。 2.通过阅读,学习从不同角度提出问题,能筛选出对理解课文有帮助的问题。 3.写家里的人,抓住家人与动物的相似之处写出特点。
德性育人	1.实现美好愿望,需要克服困难,顽强生长。 2.关爱小生命,激发学生探索科学的兴趣。
审美育人	感受豌豆的可爱、豆苗的生机与活力、小姑娘的信心与勇气,以及生活的美好。
健康育人	善于发现,从生命的顽强生长中获得战胜疾病的信心和勇气。
劳动育人	主动观察生活中的事物,记录特点,运用教材中的方法从不同角度提出问题并尝试解决。
	第三单元　9古诗三首　10爬山虎的脚　11蟋蟀的住宅 口语交际:爱护眼睛,保护视力　习作:写观察日记　语文园地
学科认知	1.认识22个生字,读准两个多音字,会写38个生字和32个词语。 2.有感情地朗读课文,背诵《暮江吟》《题西林壁》《雪梅》,默写《题西林壁》。 3.借助注释、插图等理解诗句的意思,能用自己的话说出想象的景象。 4.体会文章准确生动的表达,感受作者连续细致的观察,抄写表达准确形象的句子。 5.进行连续观察,学写观察日记。
德性育人	1.渗透哲理思想:当人没有跳出局部从整体观察时,就很难认清事物的真相与全貌。 2.通过细致观察动植物,增强热爱大自然的美好情感。
审美育人	在故事情境和优美的图片中,感受自然之美。
健康育人	1.懂得爱护眼睛、保护视力的重要性。 2.和同学交流分享保护视力的具体措施。
劳动育人	1.在种豆芽、养蚕、养小金鱼等劳动中连续细致观察,发现观察对象的变化,关注细微之处并记录。 2.从蟋蟀修建住宅的过程,感受劳动的伟大、工程的伟大。
	第四单元　12盘古开天地　13精卫填海　14普罗米修斯　15*女娲补天 习作:我和_____过一天　语文园地　快乐读书吧
学科认知	1.认识33个生字,读准两个多音字,会写33个生字和29个词语。 2.能正确、流利地朗读课文,背诵《精卫填海》。 3.了解故事的起因、经过、结果,学习把握文章的主要内容。 4.能选择一个自己喜欢的神话,感受神话中神奇的想象和鲜明的人物形象。 5.选择一个自己喜欢的神话或童话人物,围绕"我和_____过一天"展开想象,写一个故事。
德性育人	1.感受神话中无穷的奥秘,受到文化的熏陶。 2.学习神话故事中盘古勇于献身、精卫坚忍执着、普罗米修斯勇敢不屈、女娲甘于奉献的精神。
审美育人	感受神话故事的语言美、意境美,学习神话人物的勇敢坚定、美丽善良。
健康育人	感受神话故事中的美好形象,懂得在现实生活中要勇敢坚定、甘于奉献。
劳动育人	从神话故事中感受劳动创造了人类,劳动创造了世界。
	第五单元　16麻雀　17爬天都峰 习作例文:我家的杏熟了　小木船　习作:生活万花筒
学科认知	1.认识11个生字,读准1个多音字,会写21个生字和29个词语。 2.明白要把事情说清楚、写清楚需要按一定顺序。 3.写一件事,把事情发展过程中看到的、听到的、想到的等重要内容写清楚。

53

(续表)

德性育人	1.感受奋不顾身、不惜牺牲自己生命也要拯救孩子的爱的力量。 2.生活中树立战胜困难的勇气和信心,要善于从别人身上汲取力量。
审美育人	感受作家高度凝练的语言、准确传神的用词、栩栩如生的形象刻画。
健康育人	懂得同学之间不应当为小事斤斤计较,相互谅解才能增进友谊。
劳动育人	主动参与家务劳动,乐于表达和分享。
	第六单元　18 牛和鹅　19 一只窝囊的大老虎　20 陀螺 口语交际:安慰　习作:记一次游戏　语文园地
学科认知	1.认识28个生字,读准7个多音字,会写43个生字和46个词语。 2.学习用批注的方法阅读。 3.通过人物的动作、语言、神态体会人物的心情。 4.记一次游戏,把游戏过程写清楚。
德性育人	1.懂得不能仗势欺人、欺负弱小。 2.体会"人不可貌相,海水不可斗量"的道理。
审美育人	感受世间万物都有自己独特的魅力。
健康育人	1.能设身处地想被安慰者的心情,能选择合适的方式安慰他人。 2.能借助语调、手势恰当地表达自己的情感。
劳动育人	逛一次菜市场,认识蔬菜,尝试用蔬菜做成美食,了解劳动的不易。
	第七单元　21 古诗三首　22 为中华之崛起而读书　23* 梅兰芳蓄须　24* 延安,我把你追寻 习作:写信　语文园地
学科认知	1.认识30个生字,读准3个多音字,会写22个生字和16个词语。 2.朗读课文,背诵《古诗三首》《别董大》,默写《出塞》《夏日绝句》。 3.关注主要人物和事件,学习把握文章的主要内容。 4.能用正确的格式写一封信,做到内容清楚,正确书写信封。
德性育人	1.学习少年周恩来博大的胸怀和远大的志向,思考读书的意义,树立远大的志向。 2.感受梅兰芳先生蓄须明志的高尚气节。 3.体会自力更生、艰苦奋斗、实事求是、全心全意为人民服务的延安精神。
审美育人	1.感受古诗的韵律美。 2.结合课文插图中的边关、长城、古战场,想象诗歌描写的画面。
健康育人	懂得尊重劳动者的劳动成果,不应该乱扔垃圾。
劳动育人	参与寄信的实践活动,通过邮局寄送或电子邮件发送信件。
	第八单元　25 王戎不取道旁李　26 西门豹治邺　27* 故事二则 口语交际:讲历史人物故事　习作:我的心儿怦怦跳　语文园地
学科认知	1.认识21个生字,读准两个多音字,会写20个生字和12个词语。 2.能正确、流利地朗读课文,背诵《王戎不取道旁李》。 3.结合注释,了解故事情节,能用自己的话简要复述课文内容。 4.能通过描写人物言行的句子,感受人物形象。 5.按一定顺序把事情的经过写清楚,尝试写自己的感受。
德性育人	1.学习王戎善于思考、冷静推断的品质。 2.充分感受西门豹的智慧,体会他正气凛然的精神和造福百姓的实干作风。
审美育人	感知民间故事丰富的想象、曲折的情节、鲜明的人物形象。
健康育人	知道讳疾忌医的后果,懂得要善于听取别人正确的意见。
劳动育人	提取和整理重要信息写在卡片上,借助卡片和使用恰当的语气与肢体语言讲述历史人物故事。人人参与,小组合作,相互评价,不断提高。

表2-8　部编版《语文》四年级下册单元育人点

	第一单元　1古诗词三首　2乡下人家　3天窗　4*三月桃花水 口语交际:转述　习作:我的乐园　语文园地
学科认知	1.认识22个生字,读准两个多音字,会写41个生字和26个词语。 2.有感情地朗读课文,背诵古诗词。 3.积累本单元优美生动的句子,想象画面,体会情境。 4.抓住关键语句,初步体会课文表达的思想感情。 5.学会转述,明白转述时不遗漏主要信息。 6.写喜爱的某个地方,表达自己的感受。
德性育人	1.感受乡村生活的纯朴、独特与美好。 2.调动生活积累,丰富对乡村生活的感受,激发对家乡的热爱之情。
审美育人	1.体会课文优美的语句,感受乡村生活的人文与自然风光之美。 2.感受孩子们的童真童趣和想象之美。
健康育人	1.学会认真倾听,记住别人说话的要点,并准确转述。 2.能读懂通知要求,并根据对象进行转述。
劳动育人	感受乡村劳动人民的劳动智慧。
	第二单元　5琥珀　6飞向蓝天的恐龙　7纳米技术就在我们身边　8*千年梦圆在今朝 口语交际:说新闻　习作:我的奇思妙想　语文园地　快乐读书吧
学科认知	1.认识58个生字,读准3个多音字,会写45个生字和46个词语。 2.准确、流利地朗读课文,背诵《江畔独步寻花》。 3.阅读时能提出不懂的问题,并试着用不同的方式解决问题。 4.能清楚地转述新闻,并发表自己的看法。 5.展开奇思妙想,写一写自己想发明的东西。
德性育人	热爱科学,并乐于关注科技的发展。
审美育人	1.感受科普文语言描述的生动美和准确美。 2.阅读《琥珀》,感受自然之美。
健康育人	树立科学精神,产生阅读科普作品的兴趣。
劳动育人	1.能发挥奇思妙想发明一些神奇的东西。 2.能清楚地介绍自己想要发明的东西。
	第三单元　9短诗三首　10绿　11白桦　12*在天晴了的时候 综合性学习:轻叩诗歌大门　语文园地
学科认知	1.认识29个生字,会写23个生字和17个词语。 2.通过朗读,体会诗歌韵味,并背诵指定篇目。 3.初步了解现代诗的特点,体会诗歌表达的情感。 4.根据需要搜集资料,初步学习整理资料的方法。 5.合作编写小诗集,举办诗歌朗诵会。
德性育人	通过阅读诗歌,感受作者对母亲的依恋及对母爱的赞颂。
审美育人	感受现代诗歌之美,体会现代诗歌的韵味。
健康育人	从诗歌意象中感受生命之美。
劳动育人	1.通过不同途径搜集自己喜欢的现代诗歌,并与同学交流自己搜集的诗歌。 2.尝试创作诗歌,并与同学交流。 3.根据合作编小诗集的分工要求,对自己搜集或创作的现代诗进行分类整理。 4.举办诗歌朗诵会。

(续表)

	第四单元　13猫　14母鸡　15白鹅 习作:我的动物朋友　语文园地
学科认知	1.认识43个生字,读准4个多音字,会写36个生字和46个词语。 2.正确、流利、有感情地朗读课文,学习作家表达对动物感情的写法,感受语言的趣味。 3.背诵古诗《蜂》。 4.写自己喜欢的动物,试着写出特点。
德性育人	1.感受作者笔下的"伟大的鸡母亲"形象,体会其对母爱的赞颂之情。 2.关爱小动物,培养爱心。
审美育人	引导学生观察、关爱身边的小动物,感受人与动物和谐相处的美好境界。
健康育人	有热爱生活的情趣,激发对观察小动物的兴趣。
劳动育人	观察自己熟悉的动物,进一步了解它们各方面的特点。
	第五单元　16海上日出　17记金华的双龙洞 习作例文:颐和园　七月的天山　习作:游_____
学科认知	1.认识10个生字,读准1个多音字,会写24个生字和24个词语。 2.了解课文按顺序写景物的方法,学习作者抓景物特点写清楚景物的方法。 3.学习按游览的顺序写景物。
德性育人	体会作者对自然奇观的喜爱之情。
审美育人	感受自然景观之美。
健康育人	看一次日出,结合自己的体会,说说课文描写日出的精彩之处。
劳动育人	1.按游览顺序写一个地方。 2.能与同伴交换习作,交流评改,并提出修改意见。
	第六单元　18文言文二则　19小英雄雨来(节选)　20*我们家的男子汉　21*芦花鞋 口语交际:朋友相处的秘诀　习作:我学会了_____　语文园地
学科认知	1.认识42个生字,读准5个多音字,会写24个生字和13个词语。 2.速读课文,学习把握长文章的内容。 3.朗读并背诵《独坐敬亭山》《囊萤夜读》。 4.按一定顺序把事情的过程写清楚。 5.能根据讨论的目的,记录重要信息,并分类整理小组意见,能有条理地汇报。
德性育人	1.通过把握文章内容,感受人物美好品质。 2.阅读文言文,培养刻苦、有恒心、有毅力的良好学习品格。
审美育人	通过识字写字,感受汉字的音韵美、形态美。
健康育人	通过学习故事人物美好的品格,健全人格。
劳动育人	学会做一件事,把学做这件事的经历、体会和同学分享。
	第七单元　22古诗三首　23"诺曼底号"遇难记　24*黄继光　25*挑山工 口语交际:自我介绍　习作:我的"自画像"　语文园地
学科认知	1.认识41个生字,读准两个多音字,会写25个生字和30个词语。 2.能准确、流利、有感情地朗读课文,背诵《古诗三首》,默写《芙蓉楼送辛渐》。 3.从人物的语言、动作等描写中感受人物的品质。 4.学会自我介绍,能根据对象和目的的不同,调整自我介绍的内容。 5.学习从多个方面写出人物的特点。

(续表)

德性育人	1.从人物的语言、动作等描写中感受人物的品质。 2.学习黄继光同志顽强战斗、视死如归的英雄气概。 3.学习哈尔威船长忠于职守、舍己救人的崇高品质。 4.学习挑山工认准一个目标,便不断前进的精神。
审美育人	朗读诗歌,感受诗歌中的意境美。
健康育人	结合课文内容,感悟生命的崇高。
劳动育人	体会挑山工脚踏实地、坚忍不拔的品质。
	第八单元　26宝葫芦的秘密(节选)　27巨人的花园　28*海的女儿 习作:故事新编　语文园地
学科认知	1.认识23个生字,读准1个多音字,会写26个生字和20个词语。 2.学习梳理信息,把握内容要点。 3.根据表达的需要,分段表述,突出重点。
德性育人	通过阅读课文,体会人物真善美的形象。
审美育人	朗读课文,边读边想象花园奇幻的景象,感受这生机、快乐、自由的乐园。
健康育人	阅读童话故事,体会小人鱼极为丰富的情感世界。
劳动育人	能用较快的速度默读课文,与同学交流课文中打动自己的地方。

表2-9　部编版《语文》五年级上册单元育人点

	第一单元　1白鹭　2落花生　3桂花雨　4*珍珠鸟 口语交际:制定班级公约　习作:我的心爱之物　语文园地
学科认知	1.认识24个生字,读准1个多音字,会写30个生字和25个词语。背诵《白鹭》《蝉》。 2.初步了解课文借助具体事物抒发感情的方法。 3.写一种事物,表达自己的感情。
德性育人	1.懂得要做有用的人,不要只讲体面。 2.感悟桂花给作者带来的美好回忆,体会作者热爱家乡和关爱亲人的情感。 3.在制定班级公约的过程中,共同营造良好的学习环境,建设团结友爱的班集体。
审美育人	1.感受白鹭外形的流畅、站立的悠然、低飞的诗意,珍珠鸟可爱的体态、活泼的性情,以及蝉"居高声自远"的品格。 2.在学习课文的过程中展开想象,想象桂子飘落时缤纷的情景。
健康育人	1.乐于与家人、邻里分享收获。 2.感受人与动物和谐相处的幸福。
劳动育人	1.感受在荒芜的土地上耕种、收获的快乐。 2.在学文中懂得照料小动物,建立人与动物相互信任的美好境界。
	第二单元　5搭石　6将相和　7什么比猎豹的速度更快　8冀中的地道战 习作:"漫画"老师　语文园地
学科认知	1.认识29个生字,读准6个多音字,会写43个生字和55个词语。背诵名人名言。 2.学习提高阅读速度的方法。 3.结合具体事例写出人物的特点。
德性育人	1.感受人与人之间协调有序、互助谦让的美好情感。 2.知道与人交往要守信用,有国家意识,懂得做事情要顾全大局。 3.继承和发扬独立自主、自力更生、艰苦奋斗的革命传统。
审美育人	1.感受山村优美清新的自然风情;感受乡里乡亲相互谦让、尊敬老人的美好情感;感受人们行走搭石协调有序的美。 2.感受文臣武将共同治国的和谐美。 3.感受地球生物、人类科技、宇宙星球的运动速度美。

(续表)

健康育人	"漫画"老师,构建和谐的师生关系。
劳动育人	1.做事要未雨绸缪,主动解决问题,树立"懒惰可耻"的意识。 2.感受战争时期劳动人民艰苦奋斗、抗战生产两不误的精神。
\multicolumn{2}{c}{第三单元　9猎人海力布　10牛郎织女(一)　11*牛郎织女(二) 口语交际:讲民间故事　习作:缩写故事　语文园地　快乐读书吧}
学科认知	1.认识24个生字,读准1个多音字,会写25个生字和30个词语。背诵《乞巧》。 2.了解课文内容,创造性地复述故事。 3.学习提取主要信息,缩写故事。
德性育人	1.懂得生活中要热心帮助他人,乐于分享,知恩图报。 2.懂得勤劳节俭能创造幸福的生活。
审美育人	感受民间故事的情节美和人物的形象美。
健康育人	懂得在艰难困苦的环境中要保持善良的品性和乐观的心态。
劳动育人	1.懂得劳动能创造幸福。 2.知道面对困难,要自力更生。 3.知道生活中要勤劳节俭。
\multicolumn{2}{c}{第四单元　12古诗三首　13少年中国说(节选)　14圆明园的毁灭　15*小岛 习作:二十年后的家乡　语文园地}
学科认知	1.认识31个生字,读准1个多音字,会写30个生字和23个词语。背诵《古诗三首》,课文《少年中国说》(节选),积累四字词。 2.结合查找的资料,体会课文表达的思想感情。 3.学习列提纲,分段叙述。
德性育人	1.有爱国主义精神,有强国认知和梦想,具有国土意识。 2.知道为人应谦虚,不以大压小。 3.懂得尊敬共和国的军人,珍惜今天的幸福生活。
审美育人	1.感受古诗文的韵律美和豪迈的气势,体会古诗背后蕴含的情意。 2.在想象中感受中国建筑的宏伟及文物的珍贵。 3.体会海防战士卫国守疆的奉献精神及人性之美。
健康育人	1.懂得强健体质和思想的重要性。 2.懂得营养均衡的重要性。
劳动育人	1.懂得只知享乐令人愤慨,强国梦的实现需要我们的艰苦奋斗。 2.懂得劳动创造价值。
\multicolumn{2}{c}{第五单元　16太阳　17松鼠 习作例文:鲸　风向袋的制作　习作:介绍一种事物}
学科认知	1.认识12个生字,会写20个生字和22个词语。 2.阅读简单的说明性文章,了解基本的说明方法。 3.搜集资料,用恰当的说明方法,把某一种事物介绍清楚。
德性育人	引导学生爱护动物,热爱科学。
审美育人	感受表达的简洁美、准确美。
健康育人	知道晒太阳的好处;适当晒太阳能有效预防疾病。
劳动育人	1.体会自己动手的乐趣。 2.懂得科学和劳动能创造价值。

(续表)

	第六单元　18 慈母情深　19 父爱之舟　20* "精彩极了"和"糟糕透了" 口语交际:父母之爱　习作:我想对您说　语文园地
学科认知	1.认识32个生字,读准1个多音字,会写28个生字和39个词语。 2.注意体会场景和细节描写中蕴含的感情。 3.用恰当的语言表达自己的看法和感受。
德性育人	1.感受父母对孩子用不同的方式表达出来的爱。 2.引导学生明白:父母不易,要对他们心怀感激。 3.尊重别人,当其他人在发表观点时认真倾听。
审美育人	感受字里行间蕴含的真挚而美好的情感。
健康育人	1.知道身处的环境不通风,容易使人感到压抑,影响身体健康。 2.长期待在嘈杂的环境会影响健康。
劳动育人	劳动创造美好的生活。
	第七单元　21 古诗词三首　22 四季之美　23 鸟的天堂　24* 月迹 习作:____即景　语文园地
学科认知	1.认识16个生字,读准3个多音字,会写26个生字和23个词语。 2.初步体会景物的静态美和动态美。 3.学习描写景物的变化。
德性育人	1.懂得做事尽职尽责,不畏艰难,保持谨慎。 2.爱护环境,不捕捉鸟,与自然和谐相处。 3.积极参与集体活动,主动与人分享、交流。
审美育人	1.感受古诗词描绘大自然的静态美和动态美,品味诗句语言的朴素自然、诗人思乡的情怀、清淡自然的格调。 2.享受四季之美:欣赏春天的黎明、夏天的夜晚、秋天的黄昏、冬天的早晨,感受不同季节独特的韵味。
健康育人	1.感知山民的淳朴风尚,对生活持怡然自得的满足态度。 2.感受大榕树涌动的生命力,对生活充满热情。
劳动育人	1.感受浣女、渔人的勤劳朴实,体会他们劳动的快乐。 2.为元旦联欢会设计海报,精心制作宣传语,配上好看的图画。
	第八单元　25 古人谈读书　26 忆读书　27* 我的长生果 口语交际:我最喜欢的人物形象　习作:推荐一本书　语文园地
学科认知	1.认识32个生字,读准5个多音字,会写15个生字和15个词语。 2.阅读时注意梳理信息,把握内容要点。 3.根据表达的需要,分段表述,突出重点。
德性育人	1.热爱阅读,端正学习态度,善于提问,虚心好学,养成良好的学习习惯。 2.树立远大的志向,懂得学习要勤奋,有恒心,懂得读万卷书行万里路的道理。 3.知道书对人类文明发展、个人成长的作用。
审美育人	感受长课文的篇章构段之美。
健康育人	有同理心,与作者表达的情感产生共鸣。
劳动育人	乐于分享,勤于实践。

表2-10　部编版《语文》五年级下册单元育人点

	第一单元　1古诗三首　2祖父的园子　3*月是故乡明　4*梅花魂 口语交际:走进他们的童年岁月　习作:那一刻,我长大了　语文园地
学科认知	1.认识43个生字,读准两个多音字,会写19个生字和10个词语。 2.背诵《四时田园杂兴》《稚子弄冰》《村晚》《游子吟》。 3.体会课文表达的思想感情。学习把一件事的重点部分写具体的方法。
德性育人	1.感受童年生活的纯真与快乐,从而珍惜自己的童年时光。 2.与长辈和谐、愉快地相处。 3.热爱自己的家乡。
审美育人	1.体会古诗的韵律美。 2.感受美好的童年生活。
健康育人	1.知道夏日里不可过于贪凉。 2.知道不乱吃生冷的食物。
劳动育人	知道田间劳作的乐趣,会识别常见的农作物。
	第二单元　5草船借箭　6景阳冈　7*猴王出世　8*红楼春趣 口语交际:怎么表演课本剧　习作:写读后感　语文园地　快乐读书吧
学科认知	1.认识55个生字,读准5个多音字,会写26个生字和7个词语。 2.背诵《鸟鸣涧》。 3.初步学习阅读古典名著的方法。学写读后感。
德性育人	1.知道要宽容待人,正确面对自己的优缺点,取长补短。 2.尊重大自然,热爱生命。 3.信守承诺,不以大欺小,以上压下。
审美育人	体会中国古典小说描写的精妙。
健康育人	1.知晓酒精的害处。 2.注意水域安全。
劳动育人	1.体会自己动手的乐趣。 2.用心观察生活,将书本所学运用在生活中。
	第三单元　综合性学习:遨游汉字王国 汉字真有趣　我爱你,汉字
学科认知	1.感受汉字的趣味,了解汉字文化。 2.学习搜集资料的基本方法。 3.学写简单的研究性报告。
德性育人	1.知晓汉字的历史和伟大。 2.知道传承和发扬汉字文化是中国人的责任与义务。
审美育人	1.欣赏汉字的形态美、音韵美、文化美。 2.感受汉字文化不同的表现形式所蕴含的不同美感。
健康育人	在综合性学习中能主动交流,愿意把自己的思考、感受分享给同学。
劳动育人	自己会搜集、筛选、整理资料。
	第四单元　9古诗三首　10青山处处埋忠骨　11军神　12*清贫 习作:他___了　语文园地
学科认知	1.认识30个生字,读准两个多音字,会写30个生字和28个词语。 2.背诵《从军行》《秋夜将晓出篱门迎凉有感》《闻官军收河南河北》《凉州词》《黄鹤楼送孟浩然之广陵》。 3.通过课文中动作、语言、神态的描写,体会人物的内心。尝试运用动作、语言、神态描写来表现人物的内心。

(续表)

德性育人	1.知晓中华人民共和国的成立经历了无数人的流血与牺牲,懂得珍惜今天的幸福生活。 2.感受革命者的坚强品质。
审美育人	1.感受古诗的韵律美和意境美。 2.感受革命者和领导人崇高的情怀。
健康育人	知道要及时就医,不可耽误病情。
劳动育人	在围绕"责任"主题的学习中,让学生养成热爱劳动的好习惯。
	第五单元　13 人物描写一组　14 刷子李 习作例文:我的朋友容容　小守门员和他的观众们 习作:形形色色的人
学科认知	1.认识20个生字,读准1个多音字,会写30个生字和26个词语。 2.学习描写人物的基本方法,尝试把一个人的特点写具体。
德性育人	1.自觉遵守游戏规则。 2.多角度看待事物,尽可能客观评价人物,能正确认识自己,知道过分的节俭会导致吝啬。 3.懂得助人为乐,以赤诚之心与他人交往。
审美育人	1.欣赏人物的健康美,感受儿童在摔跤游戏中的趣味和快乐。 2.在不同的人物描写中感知人物形象的丰富性。 3.在黑白颜色的对比和人物高超的技艺中感知劳动的魅力。
健康育人	热爱体育锻炼,积极参加足球赛等集体性运动项目。
劳动育人	1.诚实劳动,力争在同行中成为最出色的人。 2.劳动时严谨认真,用娴熟的技艺把事情做好。 3.主动为他人取报纸、送信,并能从中体验到快乐。
	第六单元　15 自相矛盾　16 田忌赛马　17 跳水 习作:神奇的探险之旅　语文园地
学科认知	1.认识12个生字,读准1个多音字,会写13个生字和20个词语。背诵课文《自相矛盾》。 2.了解人物的思维过程,加深对课文内容的理解。 3.根据情境编故事,注意情节的转折。
德性育人	1.懂得说话、行动前后要一致,尊重事物的客观规律。 2.面对困难时要树立信心,善于用自己的长处战胜对手。
审美育人	1.欣赏言谈举止适可而止、恰如其分的美。 2.完成任务后放松身心,感受自然的美景和生活的乐趣。
健康育人	磨炼自己的心智,面对紧急情况保持冷静,果断采取恰当的措施。
劳动育人	培养学生勤于思考、学以致用的习惯。
	第七单元　18 威尼斯的小艇　19 牧场之国　20* 金字塔 口语交际:我是小小讲解员　习作:中国的世界文化遗产　语文园地
学科认知	1.认识27个生字,读准1个多音字,会写29个生字和28个词语。 2.体会景物的静态美和动态美。 3.搜集资料,介绍一个地方。
德性育人	1.做文明的游客,做到人与自然和谐相处。 2.到异地旅游,自觉尊重当地风俗,与他人友好相处。
审美育人	感受威尼斯、荷兰、金字塔等名胜古迹的自然风光与人文景观的静态美和动态美。
健康育人	热爱大自然,懂得认真聆听、静心欣赏,用包容的心态欣赏不同的风景。
劳动育人	1.懂得做事要沉稳,同时尽可能出色,更能彰显劳动者的魅力,赢得赞赏。 2.尝试做讲解员,在学校、家里、博物馆等不同的地方根据需要为他人进行介绍。

61

(续表)

	第八单元　21 杨氏之子　22 手指　23* 童年的发现 口语交际：我们都来讲笑话　习作：漫画的启示　语文园地
学科认知	1.认识25个生字，读准1个多音字，会写18个生字和9个词语。 2.感受课文风趣的语言。 3.看漫画，写出自己的想法。
德性育人	1.感受人物的机智与风趣，懂得待客时委婉幽默，说话不伤和气。 2.了解五根手指各自的作用。 3.懂得遇到问题要善于请教，锲而不舍地探究，进一步感知学科学、用科学的乐趣。
审美育人	1.欣赏五根手指不同的姿态、性格及发挥的不同作用。 2.感受儿童面对人类起源问题时丰富的想象、大胆的实践、有趣的发现等带来的乐趣。
健康育人	正确看待手指的差异，不再以强弱、美丑等标准来衡量。
劳动育人	1.大人不在时能主动热情招待客人。 2.善于运用每根手指，发挥其不同的作用，能让它们团结一致，发挥更大的效能。 3.勇于实践，亲自动手印证自己的想法和发现。

表2-11　部编版《语文》六年级上册单元育人点

	第一单元　1 草原　2 丁香结　3 古诗词三首　4* 花之歌 习作：变形记　语文园地
学科认知	1.会写25个生字和38个词语。 2.能正确、流利地朗读课文。背诵古诗词和指定的课文段落。默写《西江月·夜行黄沙道中》。 3.能联系生活经验，从不同角度想开去：想象课文所描述的景色，并说出自己由此所想到的人、事或人生思考等，从而体会作者表达的哲思。 4.感受文中丰富的想象，领悟文章表达的特点。 5.能根据习作要求和提示，联系生活经验，展开丰富的想象，把变形后的经历写下来，注意重点部分写详细。
德性育人	1.在阅读中激发学生对大自然的热爱，并生发对生活、对人生的思考。 2.阅读《草原》，体会蒙汉人民依依惜别之情，感受民族团结的深厚情谊。 3.阅读《丁香结》，体会作者豁达的人生态度，懂得生活虽然充满了波折，但是只要鼓足勇气去面对，去解决，也是人生的趣味。
审美育人	1.在《草原》充满诗情画意的语言中感受浓郁的草原风情。 2.借助课文语句体会丁香花颜色、样子的美，从朗读中体会文中的意境美。 3.从朗读中体会想象之美和排比句式的音韵之美。
健康育人	1.体会草原人民的强壮、粗犷、豪迈来源于他们自由、奔放的生活。 2.引导学生正确面对生活中的种种困难，用健康、积极的心态去处理。 3.引导学生体会正面的形象能给人带来愉悦的阅读感受。
劳动育人	1.了解草原人民的日常劳作。 2.从景物描写中体会劳动丰收的喜悦。 3.在生活中能自行看懂路牌，并能根据路牌指示走正确的路线。

(续表)

\multicolumn{2}{c}{第二单元　5七律·长征　6狼牙山五壮士　7开国大典　8*灯光　9*我的战友邱少云 口语交际:演讲　习作:多彩的活动　语文园地}
学科认知	1.会写33个生字和39个词语,体会词语的感情色彩,积累爱国诗句。 2.朗读课文,试着读出《七律·长征》磅礴的气势,背诵《七律·长征》。 3.了解点面结合写场面的方法,并尝试运用此写法记一次活动。 4.能理解什么是演讲,并围绕话题拟定演讲题目,根据要求写好演讲稿,用适当的语气、语调进行演讲。
德性育人	1.在阅读革命先烈的事迹中,感受英雄人物的形象,体会革命志士不怕艰难困苦、勇敢乐观、抛头颅洒热血的大无畏的革命英雄主义,珍惜今天的幸福生活,铸就坚韧向上、追求理想的品质。 2.培养独立品质,能为自己的行为负责。
审美育人	1.在反复诵读中感受语言美。如在诵读《七律·长征》中感受其节奏的铿锵、语言的凝练、气势的豪迈。 2.从文字中感受革命英雄的人物形象美。
健康育人	1.学习革命英雄人物,锤炼坚忍不拔的意志。 2.拥有乐观的品质,不论在何种环境中都对未来抱有美好的愿景。
劳动育人	有强壮的体格以应对各种环境。
\multicolumn{2}{c}{第三单元　10竹节人　11宇宙生命之谜　12*故宫博物院 习作:＿＿＿让生活更美好　语文园地}
学科认知	1.会写27个生字和38个词语。 2.学习根据不同的阅读目的,选择合适的阅读方法完成阅读任务,从而提高阅读效率。 3.学写生活体验,试着表达自己的看法,分享习作心得和体会。
德性育人	1.在阅读中畅游科学世界,探索宇宙奥秘,激发学生的好奇心和求知欲。 2.了解中国历史,了解故宫,激发学生的爱国情怀。
审美育人	1.阅读《竹节人》,在朗读中体会传统玩具带给人们的乐趣,感受童年生活的美好。 2.阅读《宇宙生命之谜》,感受宇宙的宏大,体会宇宙的浩瀚之美。 3.阅读《故宫博物院》,体会我国古代宫殿建筑精美、布局统一的独特风格。
健康育人	1.知晓做手工要掌握正确的步骤,避免受伤。 2.知晓防火的重要性。
劳动育人	1.感受自己动手做玩具的乐趣。 2.树立远大理想,勇于探索宇宙的奥秘。 3.自主绘制参观路线图,为自己的出行做好准备。
\multicolumn{2}{c}{第四单元　13桥　14穷人　15*金色的鱼钩 口语交际:请你支持我　习作:笔尖流出的故事　语文园地　快乐读书吧}
学科认知	1.会写22个生字和29个词语。 2.有感情地朗读课文。能厘清人物关系,概括小说的主要情节。 3.能紧扣情节中人物的语言、动作、心理描写,感受人物形象。留意环境描写,体会其对表现人物的作用。 4.在"快乐读书吧"的推荐阅读中,迁移阅读方法。 5.能根据对象,把说服别人的具体理由讲清楚。能设想对方可能的反应,恰当应对,获得对方的支持。 6.能展开想象,能根据提供的环境和人物创编故事。
德性育人	在课文阅读中,感受老支书恪尽职守、英勇无畏的党员形象;体会穷人夫妇在自身困难的情况下仍向别人伸出援手的可贵品质;体会红军战士忠于革命、舍己为人的崇高品质。
审美育人	1.体会人性的美好。 2.从反复的阅读中感受到文字描写的魅力。

63

(续表)

健康育人	关注健康的心理,它会带来健康的人格和品质。
劳动育人	1.懂得底层劳动人民的艰辛,体会劳动人民的善良。 2.学着根据不同的对象,说服别人。

第五单元　16 夏天里的成长　17 盼

习作例文:爸爸的计划　小站　习作:围绕中心意思写

学科认知	1.会写22个生字和23个词语。 2.学习课文,能把握文章的中心意思。 3.学习课文围绕中心意思写作的方法。 4.能围绕中心意思,从不同方面或选择不同的事例作为材料,把重点部分写具体。与同伴交换习作,能针对写清中心意思的标准作出评价。
德性育人	1.了解中华传统文化中的"节气",引导学生热爱中国文化。 2.感受成长的坚持与执着追求。 3.学会选择正确、合理的材料,表达积极向上的思想。
审美育人	1.从字里行间感受成长的喜悦。 2.从主人公的"盼"中感受可爱的童真形象。
健康育人	1.万物生长自有规律,不可随意破坏。 2.下雨时要保护好自己,准备好雨具。
劳动育人	夏日里万物生长,需要人们努力向上,不可倦怠、辜负大好时光。

第六单元　18 古诗三首　19 只有一个地球　20* 青山不老　21* 三黑和土地

口语交际:意见不同怎么办　习作:学写倡议书　语文园地

学科认知	1.会写14个生字和20个词语。 2.有感情地朗读课文。背诵古诗。默写《浪淘沙》(其一)。 3.能借助注释,通过想象画面理解诗词大意,感受诗词之美。能抓住关键句,把握课文的主要观点。 4.和别人协商事情,要准确把握别人的观点,不歪曲、不断章取义。尊重不同意见,讨论问题时,态度平和,以理服人。表达观点要简洁明了,有理有据。 5.掌握倡议书的基本格式,就关心的问题写一份表述清晰且言辞恰当的倡议书。能根据倡议的对象,将倡议书发布在合适的地方。
德性育人	1.通过反复阅读,体会地球、土地对人类的重要意义,从而激发对自然的亲近感和保护自然的愿望。 2.尊重劳动人民。知晓今天自由美好的生活是劳动人民创造的。 3.学会相互尊重,就算是意见不同也不能发脾气。
审美育人	1.理解诗歌大意,体会诗词之美。 2.阅读《只有一个地球》,在生动、形象的语言中感受地球的壮美。 3.感受真正的"青山不老",体会到植树老人身上那种与山川同在的光辉。
健康育人	1.从古诗中体会到舒适的居住环境,会让人心生愉悦。 2.保护地球资源,可以保障我们的生活正常运行。
劳动育人	1.热爱劳动人民,体会劳动成果来之不易。 2.劳动创造美好的生活,但是过度开采会导致资源匮乏,我们应该更合理地利用资源。

(续表)

	第七单元　22 文言文二则　23 月光曲　24* 京剧趣谈 口语交际:聊聊书法　习作:我的拿手好戏　语文园地
学科认知	1.会写14个字和11个词语。 2.正确、流利地朗读课文,背诵《伯牙鼓琴》。 3.借助注释、课文插图理解文言文,能用自己的话讲文言文故事,能结合"资料袋"等阅读资源,说出自己的感受。 4.能把握课文大意,借助语言文字展开想象,体会艺术之美及人物情感。 5.结合图片、实物,让自己的讲述更加生动。采用分点说明等方法,有条理地表达出自己的感受、看法。 6.写自己的拿手好戏,把重点部分写具体。学习列习作提纲。修改自己的习作,做到语句通顺,重点清楚。
德性育人	1.体会古代艺术家高尚的品质。 2.感受中国传统文化的博大精深,增强民族自豪感。
审美育人	1.借助语言文字,展开想象,感受乐曲描述的美妙境界,产生对乐曲的无限向往;图文结合,感受京剧的魅力;在聊聊书法中,感受书法文化艺术的魅力。 2.体会古文的语言特点,感受简洁之美。 3.借助语言描写,想象画面,体会文字中描写的音韵之美。
健康育人	理性面对不如自己的人提出的意见,以平和的心态审视自己。
劳动育人	1.尝试自己动手,按照说明书完成手工制作,体会劳动的快乐。 2.体会艺术来源于生活,劳动创造美好生活。
	第八单元　25 少年闰土　26 好的故事　27* 我的伯父鲁迅先生　28* 有的人——纪念鲁迅有感 习作:有你,真好　语文园地
学科认知	1.会写23个生字和29个词语。 2.能用较快的速度默读课文,能有感情地朗读课文。背诵相关段落。 3.能借助相关资料,理解课文主要内容。能初步感受鲁迅的文学才华和人格魅力。 4.能选择一个人,运用第二人称叙事,表达自己对这个人的情感。能通过对印象深刻场景的描述,把事情写具体。
德性育人	感受鲁迅先生的高尚品质。
审美育人	1.体会不同的鲁迅形象,初步了解鲁迅的文学成就,感受鲁迅的人格魅力。 2.从散文诗中体会美好的梦境。
健康育人	领会鲁迅想要从精神层面让国人健康起来的精神。
劳动育人	体会鲁迅先生笔耕不辍的精神。

表2-12　部编版《语文》六年级下册单元育人点

	第一单元　1 北京的春节　2 腊八粥　3 古诗三首　4* 藏戏 口语交际:即兴发言　习作:家乡的风俗　语文园地
学科认知	1.会写36个字和38个词语。 2.能分清课文内容的主次,了解课文的详略安排及其表达效果,体会主要部分详写的好处。 3.有感情地朗读课文。背诵古诗。 4.习作时注意抓住重点,写出特点。
德性育人	1.体会中华优秀传统文化的博大精深。 2.热爱祖国优秀传统文化。
审美育人	感受中华优秀传统习俗中蕴含的人情美、文化美。

(续表)

健康育人	1.尊重各个地方的风俗习惯。 2.学会根据家乡特色健康生活。
劳动育人	1.结合自己的生活体验,选择自己喜爱的食物动手做一做。 2.参加一次风俗活动。如除夕包饺子,体会劳动的快乐。

第二单元　5 鲁滨逊漂流记(节选)　6* 骑鹅旅行记(节选)　7* 汤姆·索亚历险记(节选)
口语交际:同读一本书　习作:写作品梗概　语文园地　快乐读书吧

学科认知	1.会写15个生字和22个词语。 2.能借助作品梗概,了解名著的主要内容,学写作品梗概。 3.能就印象深刻的人物或情节交流感受,对人物作出简单评价。 4.产生阅读原著的兴趣。 5.体会夸张手法的表达效果,并发挥想象仿写句子。
德性育人	跟随作品中的主人公一起成长,体验成长的欢乐和艰辛。
审美育人	1.感受主人公的人性美:鲁滨逊对生命的热爱、尼尔斯的勇敢、善良、乐于助人,汤姆·索亚的冒险精神和好奇心。 2.感受故事的情节美,体会故事的一波三折,引人入胜。
健康育人	汲取名著的精神养料,学会调节情绪,健康生活。
劳动育人	学习鲁滨逊面对严酷环境,依靠顽强意志和所掌握的科学知识,克服困难,在荒岛上顽强生活28年的品质,培养学生的劳动能力。

第三单元　8 匆匆　9 那个星期天
习作例文:别了,语文课　阳光的两种用法　习作:让真情自然流露

学科认知	1.会写19个生字和29个词语。 2.了解课文内容,体会作者表达的情感。 3.能联系课文内容,感悟作者表达情感的方法。 4.习作时,选择合适的内容,把内容写具体,真实自然地表达自己的情感。
德性育人	1.感受时间的流逝,提醒人们要珍惜时间。 2.明确做真人、抒真情。
审美育人	朗读中感受散文的意境美。
健康育人	珍惜时间,合理安排时间,能拟定《每日作息时间表》,养成健康的生活方式。
劳动育人	明白劳动创造美好生活,但劳动更需要时间管理,只有珍惜时间的人,才有时间劳动,创造价值。

第四单元　10 古诗三首　11 十六年前的回忆　12 为人民服务　13* 董存瑞舍身炸暗堡
综合性学习:奋斗的历程　语文园地

学科认知	1.会写28个生字和37个词语。 2.把握课文主要内容,关注外貌、神态、言行的描写,体会人物品质。 3.有感情地朗读课文。背诵古诗。 4.综合运用学过的方法阅读链接材料,和同学分享阅读收获。 5.习作时选择一种合适的方式进行表达,学会用修改符号修改不满意的地方。关注写作的开头和结尾,增强文章的感染力。
德性育人	1.学习革命先辈为了民族解放和人民幸福,浴血奋战,前赴后继的精神。 2.树立正确的人生观和价值观。
审美育人	感受诗歌的音韵美、意蕴美、意境美。
健康育人	对美好生活充满无限的想象和期盼。
劳动育人	搜集、研读红色诗歌,和同学合作制作一本诗集。体会劳动的价值。

(续表)

第五单元　14 文言文二则　15 真理诞生于一百个问号之后　16 表里的生物　17* 他们那时候多有趣啊 口语交际:辩论　习作:插上科学的翅膀飞　语文园地	
学科认知	1.会写22个字和35个词语。正确、流利地朗读课文。背诵《文言文二则》。 2.根据相关诗句体会人物形象,感受探索精神。 3.体会文章用具体事例说明观点的方法。 4.学会辩论。在辩论中学会合作,学会捕捉关键信息。 5.学会运用想象策略写科幻故事。
德性育人	保持好奇心,能细心观察,具有独立思考、锲而不舍、求真务实的科学精神。
审美育人	感受文章不同文体之美和中国书法艺术之美。
健康育人	培养积极探索未知的健康心态。
劳动育人	培养坚持劳动的精神。
第六单元　综合性学习:难忘小学生活　回忆往事　依依惜别	
学科认知	1.运用学过的方法整理资料。 2.策划简单的校园活动,学写策划书。
德性育人	学会感恩,感恩学校的培育,感恩老师的教育,感恩父母的养育。
审美育人	学会欣赏每一位同学,明白每个人都各有优势,各有所长。
健康育人	参与健康的活动,表演内容健康的节目。
劳动育人	学会分工劳动,共同为毕业典礼出谋划策,制作毕业纪念册等,培养劳动意识和劳动能力。

二、主题育人点导引

主题阅读指教师围绕主题,结合班级学生实际水平和自身特点,把多篇文章、多种信息、多角度地组合在一起,在多文本交融的品读过程中,以教师点拨、师生互动、生生互动等方式,帮助学生建构语文知识体系,提升语文素养。一方面,从内容上将阅读向纵深挖掘,让学生读饱、读透,避免单篇阅读教学中要点单一、思考不深的问题;另一方面,学生以主持人、汇报人的身份参与学习,有效加深对知识的记忆,更全面更深入地理解同一主题知识,形成框架性思考,建构学科知识体系。同时,根据"五育"要求,组织教学内容落实全息育人目标,发展学生的核心素养。

主题阅读可以教材为资源,开展群文教学;以单元为主题,开展整合教学;以生活为素材,开展综合性学习。

(一)以教材为资源,开展群文教学

群文教学是围绕某个或多个议题,选择一组结构化文本进行教学,提高学生阅读能力,培养学生语文素养的教学方式。全息育人研究中的群文教学将教材中关于"学科认知、德性育人、审美育人、健康育人、劳动育人"五方面的其中一个育人点提炼出来,将同一育人类型的文章进行组合,促进育人效果的深入与提升。如为了培养学生的家国情怀,教学时可将教材中的边塞诗《从军行》《凉州词》《出塞》与教材外的边塞诗

《使至塞上》《塞上听吹笛》《逢入京使》进行组合,让学生了解边塞诗既有表达将士建立军功壮志的,又有表现边塞生活艰辛的,还有描写战争场面残酷和思乡情绪的,这样的群文教学不仅能让学生深入掌握边塞诗题材广阔的特点,更有利于培养学生爱国情怀,让学生在诗词的学习中了解和平对家国的重要性。

教师教学还可从作者的角度引导学生开展群文阅读。如学习了部编版《语文》五年级下册杜甫的《闻官军收河南河北》后,再让学生读杜甫的爱国诗《春望》,感受两首诗表达的不同情绪和同样"心系苍生,胸怀国事"的爱国情怀;接着读写景诗《绝句》,从"两个黄鹂鸣翠柳,一行白鹭上青天"中欣赏杜甫描写的美好景色,感受诗人宽广的胸怀和悠闲愉悦的心情。此类群文教学,既丰富了学生对杜甫及其作品的理解,又在搜集整理资料的过程中,锻炼了学生处理信息、归纳概括、逻辑分析的能力,培养了学生合作、探究的学习精神。

像这样让教材成为"引子",拓展更多同主题、同作者的阅读资料,让学生"握千曲而后晓声,观千剑而后识器",从而使学生开阔眼界,活跃思维,发展核心素养。[①]

(二)以单元为主题,开展整合教学

单元整合教学是把一个单元看成一个相对独立的学习整体,在明确的学习目标的统领下,对一个单元的学习内容和活动进行系统规划,整合设计,关注联系,关注发展,充分发挥和落实单元育人价值,以清晰的路径促进学生语文素养的提升。

单元整合教学符合部编版小学语文教材的编排特点和人文特性,致力于将零散的语文要素融入系统的学习框架中,有效统筹教材知识与各类教学资源。

如部编版《语文》四年级上册第二单元是提问策略单元,《一个豆荚里的五粒豆》《蝙蝠和雷达》《呼风唤雨的世纪》《蝴蝶的家》四篇选文从"看看你可以提出什么问题"到"针对课题和内容可以提出什么问题",再到"筛选对理解课文有帮助的问题",最后"给问题分类,围绕有价值的问题思考解决",这样编排可以帮助学生在阅读实践中循序渐进地实现从"敢问"到"善问"的能力进阶,培养学生阅读提问的习惯和能力,从而让学生感受科学研究之美。

再如部编版《语文》五年级上册第四单元,人文主题是"爱国情怀",选编了《古诗三首》《少年中国说(节选)》《圆明园的毁灭》《小岛》四篇课文,习作话题是"二十年后的家乡"。围绕爱国情怀,从古到今,从古诗到散文,让学生体会不同文体中爱国的不同表现,这样的单元整合,更能让学生了解不同时期爱国的含义及表现,培养爱国情怀,落实德性育人。

---

① 赵小毅.主题阅读中"主题"的深化与拓展研究[J].广西教育(义务教育).2020(17):46+142.

(三)以生活为素材,开展综合性学习

陶行知说:"生活即教育。"教育的目的是更好地生活,生活也是教育的重要组成部分。因此,如何利用生活中的素材,开展综合性学习,促进学生"德智体美劳"全面发展,值得我们关注。

1. 以传统节日为载体,开展项目式学习

传统节日是传承中华文化的重要载体,蕴含着丰富的人文精神。在传统佳节到来之际,教师可以让学生搜集相关习俗、传说、古诗词等,在课上进行交流学习。如清明节时,在吟诵"清明时节雨纷纷,路上行人欲断魂"的诗句里开展绵绵追思,到"况是清明好天气,不妨游衍莫忘归"的欢快中欣赏初夏的美景,再到"清明前后,种瓜种豆""植树造林,莫过清明"的农谚中感受劳动的快乐,再由"介子割肉救主"的传说故事中感受中华民族的悠久历史与灿烂文化,这样的吟古诗、怀古人的综合性学习不仅能让学生在语言学习和积累中领略传统节日中的文化魅力,还能落实德性育人、审美育人,感受不一样的节日情怀。

2. 以社会时事为载体,开展调查研究

随着中国教育现代化体系的建设和发展,让学生了解时事,关心社会,热爱国家,明确学习目标,培养社会责任感,使其达到"世事洞明皆学问,人情练达即文章"的境界,开展以社会时事为载体的调查研究具有很好的育人效果。如五年级"学习调查报告撰写"这一次综合性学习,学生开展了"垃圾分类"的调查研究。通过对学校、居民小区、农贸市场等场所垃圾分类情况的调查,学生发现:(1)垃圾分类落实情况还不理想,几乎没有人能做到每天按要求进行垃圾分类。(2)人们欠缺垃圾分类的知识,对有害垃圾、厨余垃圾区分不清。(3)人们垃圾分类的意识淡薄,觉得作用不大。

针对这些情况,学生进行了大量有关垃圾分类的资料搜集和知识学习,了解到人类每人每天平均产生约1千克垃圾,全球一年产生垃圾大约100亿吨。运用普通垃圾填埋法,塑料需要上百年到几百年才能降解,金属需要几年到几千年不等,即便烟头和纸类也要几个月到一年。地球有限的土地已经受到了垃圾填埋的严重威胁。如果全面推行垃圾分类的话,到2030年城市生活垃圾利用率可达到65%,不仅能实现资源再利用,也可缓解地球环境危机。了解到这些知识后,学生积极地撰写垃圾分类研究报告,制作垃圾分类小报、宣传册子,在居民小区和农贸市场开展垃圾分类宣传活动。这样的调查研究真实、有意义,对学生社会责任感的培养有很好的引领作用,也实现了语文学科全过程、全方位育人。

3.以生活环境为载体,开展参观访问式学习

北碚是一座历史悠久的城市,特别是抗日战争时期,大量社会名流、学者、作家汇聚北碚,在北碚留下了大量优秀的作品,现有的老舍故居、梁实秋故居、卢作孚纪念馆、北碚图书馆等,都是学生非常好的学习基地。语文教学应重视书本知识与生活实际的联系,教学时可结合教材中相关作家的作品或者原文,开展访问式学习,如学习老舍的《母鸡》《猫》《草原》《北京的春节》《养花》等,可到老舍故居参观学习,了解他在北碚创作的《四世同堂》《偷生》《多鼠斋杂文》等,从而了解老舍作品的创作背景、写作风格,进一步理解课文内容。以学生的生活环境为载体,开展访问式学习更能建构学生的知识框架,有利于学生知识体系的形成,同时,还能从作家艰苦创作的品格中汲取精神养料,培养学生健全的人格,落实德性育人目标。

第三章 小学语文学科全息育人教学设计

　　小学语文教学设计遵循小学语文学科全息育人的整体性、人本性、关联性、有序性等原则,以此提高课堂教学质量,促进学生全面发展,推动立德树人的根本任务落地落实。小学语文学科全息育人教学设计需要整体建构单元教学设计、确定育人目标、设计教学活动、选择教学资源、实施学业评价。

第一节　小学语文学科全息育人教学设计的原则

根据育人目标和教育教学基础理论,小学语文学科全息育人教学设计遵循小学语文教学的整体性、人本性、关联性、有序性等原则,为小学语文课堂进行规划和指导,以优化小学语文课堂教学设计,提高课堂教学效率。

一、整体性原则

(一)整体性原则的含义

整体性原则指基于学科全息育人的理念,在小学语文教学设计中树立整体观念,从年段、教材、单元等角度,树立整体化的大单元视野,整体观照、整合目标、整体建构,把语文教学过程看作一个有完整知识结构和科学序列的整体,设计指向语文学科核心素养的学习活动。设计者在这个教学设计过程中着眼全局,关注所有学生的年龄特征,注意教材编排的科学体系,教学内容的前后顺序,各单元之间的连续性、衔接性。

(二)整体性原则的基本要求

整体性原则的教学设计,要把教学过程视为一个由各个要素构成的系统,从整体出发,用系统的思想和方法对参与教学过程的各个要素及其相互关系作出分析、判断和调控。首先,要确定教学目标,明晰课时教学内容,了解本课知识点在整个知识体系中的位置,再选择教学策略设计教学,从而实现教学目标、教学内容、教学方式等协调统一。基于学科全息育人的教学设计目标是多维度、多元化、多层次的,因此,在确立教学目标时,要从学科认知、德性育人、审美育人、健康育人、劳动育人等维度整合目标,避免教学目标的单一与窄化。部编版语文教材的编排采用"双线组元",体现整体性;阅读体系"三位一体",促进课内外阅读有机整合;阅读与表达紧密关联,促进读写结合。这样的编排体例有利于实施单元整体教学。教师在设计教学时要立足整体,引导学生在学习过程中建构完整的知识、方法、能力等体系,达到提高效率,全面提升语文素养的目的。

二、人本性原则

(一)人本性原则的含义

人本性原则指基于学科全息育人的理念,整个教学要以人为本,以学生为中心,促进学生德智体美劳全面发展,提升语文素养;尊重学生在教育教学过程中的主体地位,让学生成为课堂的主人,充分调动其学习的积极性、主动性和创造性,发挥其才能,发展其个性;让课堂教学焕发出生命色彩,形成充满激情的课堂教学氛围;发扬教学民主,还学生一定的自主选择的权利。教学围绕学生真实的学习而展开,教是为学服务的。进行教学设计时要突出学生在学习过程中的主体地位,重视对学生不同特征的分析,充分挖掘学习者的内部潜能,调动他们学习的主动性和积极性,促使学习者内部学习过程的发生并带来积极变化。

(二)人本性原则的基本要求

人本性原则的教学设计,要把"以教育者为中心"转变成"以学习者为中心",把以教师为主导的"教中学"转变为以学生为主体的"做中学"。不论是教师角色的定位,还是教学内容、教学方法、教学策略等的选择和制定,都要立足于学生主体的角度,充分发挥学生的主动性,体现学生的创造精神。教师要转变理念,将传统的追求分数转为育人,即对学生德智体美劳全面发展的关注,挖掘文本对学生核心素养的培养,将学生置于课堂的中心。教师可以在课堂中运用多种教学策略引导学生,为学生创设良好的学习环境和氛围,发挥学生的潜能。

三、关联性原则

(一)关联性原则的含义

关联性原则指基于学科全息育人的理念,在小学语文教学设计时从零散走向结构,从单点走向关联,将教学内容与育人导引相联结,充分挖掘文本的育人点。确立教学目标时从学科认知、德性育人、审美育人、健康育人、劳动育人五大维度去建构串连,让知识产生联系,让思维得到系统建构,同时促进学生德智体美劳全方位、全要素的发展。关联性原则是学科全息育人在教学中的体现,是落实和追求全方位、全要素育人的重要举措。

(二)关联性原则的基本要求

关联性原则的教学设计,要充分挖掘文本的育人点特征,基于小学语文学科全息育人各单元育人点导引确立教学目标,合理统筹教学任务,将其贯穿于整个教学过程中,把学生现状与教学联系起来,对学生现有知识进行重新建构。根据教材内容和学生已有认知,以学科认知为主,关联文本中的德性育人、审美育人、健康育人和劳动育人,使学生在"五育"融合中得到协调发展。将课本内容与学生生活实际相关联,由此将文本知识更好地用于实践、指导实践,更深入地理解文本内容。

四、有序性原则

(一)有序性原则的含义

有序性原则指基于学科全息育人的理念,在小学语文教学设计时,从教材编排的结构、学生认知的发展规律、教师对教学内容的顺序进行选择和合理建构,让学习活动有次序有步骤地开展和进行,以帮助学生更有效地掌握学科知识,逐步形成语文素养。基于学生的认知水平的有序性,部编版教材选择不同内容作为单元的核心内容,有序地安排在单元的各个板块中。每册语文课本都是由若干单元构成的,前一个单元是后一个单元教学内容的基础和必要的准备;后一个单元又是前一个单元教学内容的深化和发展。各单元语文知识的传授,语文能力的训练,形成了一个从易到难,从低级向高级,循序渐进,逐步提高和发展的科学序列。各个单元按照总体规划、分步实施的原则进行编排,引导学生认知发展。进行教学设计时要着眼全局,注意教材编选的科学体系,教学内容的前后顺序,各单元之间内在的连续性和衔接性。

(二)有序性原则的基本要求

有序性原则的教学设计,要基于单元编排、学生认知,根据教材和学情精心设计的流程有序进行。教师要从具体教育对象的认知能力与认知水平出发,对语文教学进行设计与实施,使语文教学有的放矢,促进学生的发展。要把握学情,动态调整内容和要求,切合儿童认知结构与水平,从学生认知的顺序进行教学环节的合理安排,提高课堂学习效果,培养良好的思维品质。

第二节　小学语文学科全息育人教学设计的基本流程

小学语文学科全息育人教学设计,是在学科全息育人理念下,教师对文本内容进行充分挖掘,对课堂教学方案进行的设想和计划。它包括一系列思想的融入,各个环节之间,既相对独立,又紧密联系,并且有规律地交替和推进。基本流程主要有:整体建构单元教学设计—确定育人目标—设计教学活动—选择教学资源—实施学业评价。

一、整体建构单元教学设计

整体建构单元教学设计是指教师在整体把握教材单元的基础上对教学内容进行重组和建构,根据语文要素和人文主题的双线要求,将单元划分为若干个模块,每个模块围绕一个目标展开教学设计。它注重教学过程的动态生成,注重对教学主题和内容的加工与处理,注重教学资源的恰当选择和利用,指向学生语文素养的提升。整体建构单元教学设计有如下特征。

(一)经历完整学习

经历完整学习指遵循学科素养的形成路径,从对知识点的了解、理解与记忆,到内化、吸收和提取,再到语文能力的形成、提升和运用,最后到关键能力、必备品格等语文核心素养的养成,通过真实连贯的语文实践,经历完整的学习过程。

(二)突破单篇困囿

传统的单篇教学语文育人点、能力点呈线性排列,篇与篇之间由于课时的不连贯、内容的独立性等因素而彼此割裂,教学着眼点过小、过细,以致"见文不见人"。而从单元整体入手,摒弃细枝末节,抓大放小,取主舍次,改变碎片化教学,可以提升教师课程站位,做到眼中有整体,心中有学生。

(三)打通课时壁垒

当前教学通常是以"课时"为单位,单篇教学通常以二至三课时结束,以致教学高耗低效。单元整体教学,不以课时为单位,而是统筹安排,整体谋划,灵活调控。作为教师,要在课程标准、学情评估及教材结构的基础上界定整体教学目标,立足教材本体和教材逻辑,重组整体教学内容,以全面、发展和整体的视野进行整体教学设计。

二、确定育人目标

小学语文学科全息育人指标体系从学科认知、德性育人、审美育人、健康育人、劳动育人五大维度建构,基于学科系统性,利用语文学科的多方面要素,来促进学生德智体美劳的融合发展。

学科认知即对本学科的基本认识,依据学科核心素养和《课标》,它分为语文知识、思维发展和语文能力三大方面。

德性育人包括国家意识、社会参与、个人修养三大板块。德性育人以立德树人为根本任务,大力培育和践行社会主义核心价值观,帮助学生形成正确的世界观、人生观、价值观,培养德智体美劳全面发展的社会主义建设者和接班人。

审美育人的目标与内容是根据语文学科人文内涵丰富的特点,使学生在学习语文知识、掌握语文学习方法、提高语文能力的过程中,受到熏陶感染,潜移默化地培养其健康的审美情趣,逐步形成良好的个性和健全的人格,促进其精神成长。它可以分解为内容美、形式美、情意美三个方面。

健康育人是在学习活动中培养学生健康的身体和心理,营造和谐的课堂氛围,促进学生健康成长。它分为身体健康和心理健康。

劳动育人是在识字、阅读、习作、口语交际、综合性学习等学习活动中培养学生的劳动情感、劳动品质、劳动能力。劳动情感具体表现为:热爱劳动,尊重劳动成果,热爱劳动人民;劳动品质具体表现为:劳动意志、劳动态度、劳动精神;劳动能力具体表现为:劳动知识、劳动习惯、劳动技能。

在教学过程中,"五育"不可完全分开,每个教学环节都可能对学生多个方面产生影响,各个环节之间也是相互渗透、密不可分的。提倡"五育"融合,使"教"与"学"不再割裂,使教学不再单一,教师更加注重学生的全方位发展,对学生全面发展有重要的意义。

三、设计教学活动

教学活动指在学校的教育教学过程中学生自主参与的,以学生学习兴趣和内在需要为基础,以主动探索、变革、改造活动对象为特征,以实现学生主体能力综合发展为目的的主体实践活动。它强调的是在教学过程中学生的自主活动和自主实践,是落实学生主体地位,进行主体教育和实现主体发展的重要教育形式。学科全息育人强调学生自主学习、直接体验与个性养成,与新课程所提出的"自主、合作、探究"的学习方式是完全吻合的。

教学任务的完成,需要教学内容、教学方式和教师的教学水平三者的共同作用,它们之间相辅相成。语文教学的核心是"学"而不是"教",在进行教学设计时,教师除了要设计教师的教学活动,更应设计、预测学生的学习活动,进行教与学的双向设计,能最大限度地解放学生,让学生在丰富多彩的活动中充分表现自己,习得语言和语言规律,培养语文能力,提高思想道德,提升人文素养,发展智力与个性,进而全面提升语文素养。

双线活动设计以学生学习兴趣的内在需要为基础,以学生主体能力的综合发展为目标,以课程结构和教学过程改革为核心,实行教师教学线和学生学习实践线的双线课程结构,实现学生的自主学习。双线教学设计,不管是教师教学线还是学生学习实践线,都以学生的言语实践活动为主。

全息育人教学设计不是教学某一环节的活动,也不是单纯的活动课,而是全程教学中师生多元互动的存在形式。活动既是师生本身的存在,又是师生通向语文教学目标的根本途径。主体性是双线教学的基本特征,它使学生的自主意识在课堂上得到了充分的发挥。

双线活动是构建自主、合作、探究新型学习方式的平台,是建立平等、民主、互动式新型师生关系的契机,是促进主动、全面、和谐、可持续发展的中介,是实施新课程语文教学方式变革的支点。有魅力的语文课堂应该是和谐而又充满张力的时空,双线活动教学设计让教师在这个时空中运用自己的教学智慧,指引学生打开思维的大门,学会表达,获得终身发展所需要的语文素养。

四、选择教学资源

在现代语文课程史上,《课标》提出了语文课程资源问题,强调"坚持目标导向,精选优质课程资源""调动多元主体,丰富课程资源类型""建立合作开发机制,实现课程资源的共建和共享""充分发挥课程资源的育人功能,优化教与学活动"。[①]

(一)教学资源的类型

语文课程资源包括课堂教学资源和课外学习资源,例如:教科书、教学挂图、工具书、其他图书、报刊、电影、电视、广播、网络、报告会、演讲会、辩论会、研讨会、戏剧表演、图书馆、博物馆、纪念馆、展览馆、布告栏、报廊、各种标牌广告等。自然风光、文物古迹、风俗民情,国内外的重要事件,学生的家庭生活,以及日常生活话题等也都可以成为语文课程的资源。

---

① 中华人民共和国教育部.义务教育语文课程标准(2022年版)[S].北京:北京师范大学出版社,2022:53-54.

(二)教学资源的选择

1.优化教材,主动挖掘语文教材资源

语文教材是语文学习最重要的凭借,教师要对其进行拓展和优化,可因地制宜改换教材内容,让教材贴近生活、贴近学生,为学生德智体美劳全面发展补充材料。语文教师应高度重视教材资源的开发与利用,创造性地结合教材内容开展各类活动,增强学生在各种场合学语文、用语文的意识,多方面提高学生的语文素养,全方面提升学生的综合素质。对教材的开发和利用,也应包括对教材中的目录、单元导语、阅读提示、文下注解、课后练习,以及教材配套的辅助资料,如挂图、工具书等的开发和利用,这些都是教材的重要组成部分。利用好这些资源,对语文学科全息育人会产生积极的作用。

2.利用地域特色,开发并形成校本课程资源

在课程改革中,不少学校在分析本校的办学优势和资源配置的基础上,结合实际情况开发出各具特色的校本课程。根据学校特点开发的校本课程往往形式活泼、新颖有趣,能激发学生学习语文的兴趣。比如有的学校开设了"画与写"的课程,让学生在画画的同时,为图配话并将这些作品编成班级刊物;有的学校开设了"每周一诗"的课程,让学生从小认识优秀的中华文化,促进学生的全面发展;有的学校利用自己优越的条件性资源,开发建立网络课程;有的学校利用农村优势,让学生在参与劳动中学习写作,开发了生活写作课程等。

五、实施学业评价

(一)学业评价设计的含义及依据

教学设计中的学业评价设计,指基于学科全息育人的理念,针对育人目标的达成,从德育、智育、体育、美育、劳育等五个方面对学习主体的学习过程、学习效果进行的价值判断。它可以采用课堂评价、作业评价、检测评价和综合评价四个方面进行参照考核。

1.课堂评价

课堂评价是对学生在课堂学习中的表现进行即时评价,教师通过对学生的课堂表现进行口头评价或书面测试的方式进行。它主要是考查学生是否能保持持续的学习兴趣,积极、主动地参与学习活动的态度,"五育"方面的融合发展等。

2.作业评价

作业评价是对学生的作业情况的评价,主要从学生的作业态度、作业质量上进行评价。

3.检测评价

检测评价包括单元检测和专项检测两个方面。单元检测应放在每个学习内容(单元)的结束之后,主要考查学生对本单元育人目标的实现程度,可以有一定的综合,不光是单元内知识的综合运用,还要兼顾德育、美育、体育、劳育方面的检测。专项检测即围绕学科教学的某一方面(单项)进行检测。形式可以是书面的,口头的,或是过关、比赛性质的。内容可从朗读、对话、阅读分析、口语交际、作文(写话)等方面检测。

4.综合评价

综合评价可以与每学期的学业水平评价相结合,采用定量评价的方式。考核内容应体现基础性和综合性,是对学生一学期来所应掌握的基础知识和基本技能的考查。

(二)学业评价设计的基本方法

学生学业评价设计的基本方法主要包括:活动法、测验法、教师观察法、学生评价、个人学习档案。通过活动评价学生学习效果的方法就是活动法。在教学活动中,活动可以激发学生的学习兴趣。测验法是教学中最常使用的评价方式之一,可分为笔试和口试。教师观察法是教师对学生的学习行为进行观察并记录,从而对学生的学习状态、学习成果和学习成效进行全面的评价。学生评价包括学生的自评和学生之间的互评。学生之间的互评有助于学生之间的相互交流。个人学习档案的主要内容有考试成绩、习作、调查报告、学习过程的各种表现、家长和师生的评语等。

基于小学语文学科全息育人的学业评价设计应明确评价目的,端正评价态度,建立科学的评价制度,将评价指向育人的方向。设计学业评价时要注意以下两个方面。

1.育人导引,学会赏识

在教学设计中应有评价的环节设计,对学生在课堂的积极正确的行为表现进行及时的肯定评价,让学生感受到被表扬、被肯定,从而继续强化个人及集体的正确行为,最终引向育人目标。

2.多元评价,鼓励创新

教师应设计多元化的评价方式,形成一个具有科学性、系统性、多元化的评价体系。针对学生的个体性和差异性有针对性地予以个性化的评价,以鼓励学生在课堂上的创新见解和表现,提升学生的语文素养。

第三节　小学语文学科全息育人教学设计的案例评析

一、大单元教学设计案例评析

《课标》指出:"语文课程是一门学习国家通用语言文字运用的综合性、实践性课程。""语文课程应引导学生热爱国家通用语言文字,在真实的语言运用情境中,通过积极的语言实践活动,积累言语经验,体会语言文字的特点和运用规律……"[1]大单元教学设计立足学科育人目标,注重培养学生的核心素养,统筹考虑设计单元主题、学习任务、实践活动、过程评价等,强调学生在真实的、开放的语文学习场景中,学习综合运用知识解决实际问题的能力。

从大单元教学设计视角,我们以部编版《语文》四年级下册习作单元教学设计为例,探索单元教学路径,明晰基本框架和内在联系,明确"教什么"和"怎么教"。

本单元以培养习作能力为核心,以"按游览的顺序写景物"为主线,通过相关的阅读和习作活动,引导学生认识并掌握按游览顺序写景物的方法,再运用于习作实践。

习作单元的体例与普通单元有所不同,两篇精读课文+"交流平台"+"初试身手"+两篇习作例文+单元习作。其中,精读课文的定位直接指向表达,强调从阅读中学习。"交流平台"以精读课文为例,提炼出本单元的学习要点——按游览的顺序写。习作时把特别吸引你的景物作为重点来写,如果景物发生了变化,可以按变化的顺序来写,了解按游览顺序写景物的方法后"初试身手"。随后的两篇习作例文都有旁批,在典型的地方加以批注,分别从不同角度揭示按游览顺序写景物的一些要点,让学生进一步领悟习作方法,最后进行单元习作。

这几个板块形成了习作单元的完整结构:"导语"点明语文要素(习作要求)—精读课文"学习表达方法—"交流平台"梳理、总结表达方法—"初试身手"初步尝试运用表达方法—"习作例文"进一步感悟、积累经验—"单元习作"呈现本单元的学习成果。

---

[1] 中华人民共和国教育部.义务教育语文课程标准(2022年版)[S].北京:北京师范大学出版社,2022:1.

表3-1 《海上日出》教学案例评析

基本信息			
课题及课时	16 海上日出（第一课时）	课型	新授课☑ 章/单元复习课☐ 专题复习课☐ 习题/试卷讲评课☐ 学科实践活动课☐ 其他☐
学习领域/模块	阅读教学	教科书章节	部编版《语文》四年级下册第五单元

一、教材分析

《海上日出》是我国著名作家巴金先生写的一篇写景抒情散文。文章按照早晨太阳变化的顺序，分别描写了天气晴好、白云飘浮和薄云蔽日的海上日出的景象。作者从日出时的颜色、光亮、位置等方面进行描写，着力刻画了太阳在海面下、出现小半边脸、跳出海面、发出光芒四个画面，条理清晰，特点突出，文字简洁，描写传神，表达了作者向往光明、奋发向上的精神。课后练习引导学生抓住关键词，揣摩按顺序写景物的表达效果。

二、学情分析

学生在三年级上册第六单元和四年级上册第一单元已经初步学习了通过观察描写一处景物，介绍一个景点，而按游览的顺序写景物则是第一次接触，它强调有顺序地写多处景物。本单元通过学写游记，继续培养学生描写景物的能力，同时学习按一定顺序写景物的方法，引导学生观察自然，留心身边的美。

三、目标及内容确定

1.认识4个生字，会写9个生字。读准多音字。（学科认知）

2.学会抓住关键词语读懂课文内容，了解晴天海上日出的变化过程，体会作者描写晴天海上日出的方法。（学科认知）

3.学会抓住关键词语想象画面，感受晴天海上日出的壮观景象。（审美育人）

4.尝试按一定顺序，说说叶落的过程，表达对大自然的热爱。（德性育人）

四、教学重点、难点

1.教学重点：

(1)了解晴天海上日出的变化过程，体会作者描写晴天海上日出的方法。（学科认知）

(2)学会抓住关键词语想象画面，感受晴天海上日出的美，并能简要复述。（审美育人）

2.教学难点：

尝试按一定顺序，说说叶落的过程，表达对大自然的热爱。（德性育人）

五、特色学习资源分析、技术手段应用说明

1.借助导学单，为学生梳理晴天海上日出的变化搭建支架。

（默读第二和第三自然段，边读边抓关键词，填写晴天海上日出的变化）

顺序 变化 关键词	日出前	日出时	日出后
颜色	浅蓝、红	真红	
位置		海面	
亮光	加强亮光		没有亮光

2.借助导学单，为学生简要介绍叶落的过程。

（观察叶落的画面，想想顺序，运用所学的方法，说说叶落的过程）

顺序 变化 关键词	叶落前	叶落时	叶落后
颜色		金灿灿	黄澄澄、黄褐色
位置		空中	
数量	挨挨挤挤	三三两两	

(续表)

六、教学活动设计				
环节	教学内容	教师活动	学生活动	活动意图
课题导入	（一）谈景激趣，明确任务	播放美丽的祖国相关音频、风光视频。 1.我们的祖国山河壮丽，风景如画。这么美的景色，如何用语言表达出来呢？今天，咱们就一起走进第五单元，欣赏大师们笔下的美景，感悟语言的精妙。(出示单元主题) 2.走进他们的作品前，要特别注意这两点。(出示语文要素) 3.好了，咱们的旅行开始，让我们跟随巴金爷爷一同欣赏美丽的日出。(出示课题)	1.学生齐读单元主题。 2.学生齐读语文要素：了解课文按一定顺序写景物的方法；学习按游览的顺序写景物。 3.齐读课题。	通过音频、视频，激发学生的学习兴趣，引出单元主题，明确学习任务，德性育人、审美育人润物无声。
【育人点评析】精心准备与学习内容相关的简短音频、视频，能够激发学生的学习兴趣，引发学习期待，活跃思维，提高学习效果。				
新课教学	（二）读文想象，感知画面	1.引导学生自由发言，说说自己平时见过的日出，再组织学生自由朗读课文。检查生字词的读音。 2.指导学习第二和第三自然段： (1)课文哪些自然段写了晴天海上日出的景象？ (2)默读第二和第三自然段，边读边想象画面，勾画关键语句。 (3)组织交流：你读出了哪些画面？是从哪些词语读出来的？(根据学生回答圈词语。板书：日出前 颜色) (4)除了日出前，还有哪些画面？(根据学生回答圈词语。板书：日出时)作者从哪些方面写了日出时的画面？(根据学生回答，板书：亮光、位置) (5)作者写了日出前、日出时，还写了什么？(根据学生回答圈词语。板书：日出后) (6)小结：现在连起来看我们圈画的关键词，你发现了什么？(板书：变化)指导学生借助导学单，抓关键词，理清日出的变化。 教师巡视、指导。 (7)集体交流： 课件出示题单，谁来说说你是怎么填的？这个变化顺序能调换吗？为什么？ (8)小结：景物发生了变化，我们就要按照景物变化的顺序写。 课件出示导学单：现在按照这个顺序，从颜色、位置、亮光三方面，说说晴天海上日出的景象。 (9)齐读第二和第三自然段，边读边想象变化的过程。 (10)小结：刚才我们用抓关键词的方法，读出了日出的画面，理清了太阳的变化顺序，按顺序说清了晴天日出的景象。	1.学生说自己平时见过的日出。 2.自由朗读课文，边读边想象巴金爷爷笔下日出的画面。 3.读生字词语，给多音字"荷"组词。 4.自由读文，思考课文哪些自然段写了晴天海上日出的景象。 5.相互交流： (1)借助导学单，和同桌说说晴天海上日出的景象。 (2)学生练说。 (3)全班交流：可以用自己的话说，也可以用书上的话说。 (4)齐读第二和第三自然段。	1.从学生身边熟悉的日出引出话题，找准学生的认知起点，在整体感知课文后，迅速聚焦核心段落。 2.学生通过自读文本，勾画关键词句，读出画面，接着抓住关键词，感受太阳的变化，理清文章顺序，最后借助导学单，说清晴天海上日出的景象。在读—想—说的活动中，渗透审美教育，学习表达方法，提高思维能力。

83

(续表)

新课教学	(三)拓展练习,运用方法	1.大自然有许多有趣的景象,比如刮风、下雨、叶落……你观察过叶落吗?我们来看看这些图片(课件一张一张出示),观察画面,想想顺序,运用本节课的方法,先填写导学单,再说叶落的过程。 (课件出示要求:观察画面,想想顺序,运用本节课的方法,先填写导学单,再说叶落的过程) 2.组织全班交流: 说一说,评一评。	1.观察画面,想想顺序,学习本节课的方法,说说叶落的过程。 2.学生练习。 3.全班交流。	按一定顺序说叶落的变化过程,在运用中巩固表达方法,也激发对大自然的热爱之情。

【育人点评析】学习方法,练习表达,在学以致用的过程中,让学习过程真实地发生。同时,嵌入评价机制,解决学生描述景物时观察不细致、表达不生动的问题。自主学习和合作交流相结合,提高语言表达能力,养成认真倾听的习惯,在生动的语言中进一步感受美、享受美,增强热爱大自然的情感。

| 课堂小结 | (四)小结收获,布置任务 | 1.这节课你收获到了什么?
2.教师总结:这节课,我们学会了景物发生了变化,就要按照景物变化的顺序来写的方法,并尝试着运用这个方法说变化中的景物。我们还从中感受到蓬勃向上、不屈不挠的生机与活力。生活中,我们也要勇敢地面对困难。
欣赏了晴天海上日出,下节课我们继续欣赏阴天海上日出,从中汲取力量。 | 1.谈本节课的收获。
2.对下节课产生期待。 | 小结学习内容,强化知识点,同时渗透乐观生活的精神。 |

【育人点评析】引导学生回顾学习内容,在表达的过程中加深记忆,重组语言,在反反复复的言语训练中提高表达能力,强化学习方法,同时相机渗透乐观向上的育人点。

七、板书设计

$$海上日出\begin{cases}日出前\\日出时\\日出后\end{cases}颜色、位置、亮光(变化)$$

八、作业与拓展学习设计

1.正确、美观地书写本课生字,并组词。
2.抄写课文中自己喜欢的词句。
3.观察日出的景象。

九、教学特色与反思

1.本课教学充分发挥学生的主观能动性,通过自读文本,勾画关键词句,读出画面,抓住关键词,感受太阳的变化,理清文章顺序,最后借助导学单,说清晴天海上日出的景象。这样把任务进行分解,降低了学习的难度,从读段落,到读句子,再到关键词,有层次,有梯度,螺旋上升。导学单为学生搭建言语表达的支架,让学生从读到写,从写到说,不知不觉习得表达方法,也提高了思维能力。
2.选取学生身边熟悉的叶落现象,借助练习单,按一定的顺序,尝试说清景物的变化过程,既巩固方法,达到学以致用的目的,同时也为本单元的习作教学作好铺垫。

(此案例由重庆市北碚区两江名居第二小学江渝舰提供)

表3-2 《记金华的双龙洞》教学案例评析（精读课文）

基本信息			
课题及课时	17 记金华的双龙洞 （第一课时）	课型	新授课☑　章/单元复习课☐　专题复习课☐ 习题/试卷讲评课☐　学科实践活动课☐　其他☐
学习领域/模块	阅读教学	教科书章节	部编版《语文》四年级下册第五单元

一、教材分析

《记金华的双龙洞》是一篇游记，主要写了作者游览金华双龙洞的经过，情融于景，表达了作者热爱祖国秀丽山河的思想感情和品赏大自然的情趣。本文语言简练、层次清晰；描写生动、充满诗情。课文按游览的顺序，依次写了游金华双龙洞时的路上见闻，游外洞、孔隙、内洞的所见所闻所感及乘船出洞的情况。路上的景色明艳，溪流欢唱，外洞的宽敞，孔隙的窄、小、险，内洞的黑、奇、大，给读者展现了大自然的鬼斧神工、美仑美奂，令人产生身临其境的感觉。

二、学情分析

班级中绝大多数学生已经初步学习了通过观察描写一处景物，按游览的顺序写多处景物。有一定的学习习惯和自己的学习方法，具有较好的表达能力。

三、目标及内容确定

1. 认识6个生字，理解"杜鹃、一簇"等词语。（学科认知）
2. 读懂课文内容，借助写游双龙洞的顺序的语句，初步学习按游览的先后顺序写，把游览的经过写清楚的方法。（学科认知、审美育人）
3. 梳理写游览顺序的语句，总结出"运用过渡句，可以使景物的转换更自然"的写作方法，并尝试运用于介绍植物园的参观路线。（学科认知、德性育人）

四、教学重点、难点

理清课文的游览顺序；学习运用过渡句，可以使景物转换更自然。借助"初试身手"的图片，试着用游览的顺序，说说参观路线图。（学科认知、审美育人、健康育人）

五、特色学习资源分析、技术手段应用说明

1. 用直观的简笔画展示作者游览的景点顺序，学生亲自动手填写，有助于厘清作者的思路。
2. 提供资料表，解决学生表达时用词不准或不会表达的问题。

六、教学活动设计

环节	教学内容	教师活动	学生活动	活动意图
课题导入	（一）单元整体引入	1.祖国处处有美景，在以前的学习中，我们欣赏过形态各异的黄山奇石，领略了雄奇壮观的钱塘江大潮，游览过美丽富饶的西沙群岛。 2.第五单元要学习的课文（出示：《海上日出》《记金华的双龙洞》《颐和园》《七月的天山》）也是写景的。本单元的主题是什么？ 3.《海上日出》这篇课文，巴金先生是按怎样的顺序来写的？ 因为景物发生了变化，巴金先生就抓住它的变化顺序来写。【揭题】一个地方如果有多个景点，又该按照怎样的顺序来写呢？让我们走进第17课，齐读课题——《记金华的双龙洞》。	1.学生跟读。 2.学生回顾：按照早晨太阳变化的顺序。 3.学生齐读课题。	回顾美文，让学生感受祖国美景，实现审美育人。整体感知，提出单元主题复习旧知，聚焦语文要素从而实现学科育人的目标。

【育人点评析】精美的图片和生动的描述，既回顾旧知，又营造学习新课的氛围，在美的情境中随着作者神游祖国的秀美风景，激发热爱生活的情感。

(续表)

新课教学	(二)集中识字，初步感知课文	1.课前大家都预习了吧？课文的生字词，你认识吗？谁来读读？ 出示第一排生字：浙江　金华　罗店 2.图文识字。 出示第二排生字：杜鹃　一簇　油桐　石钟乳　石笋 3.一起读一读，可以一边读一边指指相应的部位。 出示第三排生字：额角　肩背　臀部 4.难度加深，能读短语吗？你可以一边读一边想象画面哦！ 出示：时而宽时而窄的溪流　突兀森郁的山　移动的小船　漆黑的内洞　蜿蜒的双龙洞	1.齐读，指名认识生字新词。 2.多种方法识字。 3.理解"蜿蜒"一词。	学生通过图片感知地名，了解词义，做动作感受身体部位，读短语，体会画面感，达到学科育人的目的。
	(三)读课文，理顺习方法	1.指导学生根据要求自读课文，获取信息。 2.指名学生读第二和第三自然段，要求其他同学边听边勾出表示作者位置变化的句子。 3.小结：回看我们找的句子，你有什么发现？(提示学生关注句子所在的位置) 4.指导学生用这样的方法默读课文第四至第七自然段，用圆圈勾出游览的景点，把景点贴到相应的位置。 5.引导学生关注课文叙述时的自然转换：景点+合适的动词或者准确的方位。(板书：转换自然) 6.指导朗读课文。	感知位置变化的句子，大多数会在每段的段首或段尾出现，找出相应地点，相互交流，在黑板上准确贴出。	联系生活识字，强化学生的识字方法。 借助"画路线"大致感知课文脉络，培养学生的思维能力。
	(四)学以致用，初试身手	1.指导学生画线路图：这是植物园的平面图，这里有个思维泡泡，请用我们刚才学到的方法将小桥到芍药园的转换说得清楚自然。 2.根据老师提供的资料包，说说游览线路： 过了……往(右)走，就看到…… 顺着……往(右)前行，出现在眼前的是…… 进了……从(后)门出来，就到了…… 绕过、走完、来到、登上、站在…… 过了北门，往(左)走，便来到纪念馆…… 3.组织学生根据标准相互评价： (1)说清楚景点之间的转换； (2)用上合适的动词或准确的方位； (3)声音洪亮，自然大方。	1.照着预习的路线图说说自己的游览路线。 2.结合资料包，四人小组讨论。 3.全班展示。 4.学生评价。	学生通过学以致用，初试身手，实现语文的学科育人。

【育人点评析】在阅读、勾画、贴图、画图等多种形式的学习活动中，明晰观察、游览路线，为有顺序地表达作铺垫。评价的过程中，相机肯定学生认真细心、合作学习的良好习惯，时时处处渗透育人点。

| 课堂小结 | (五)小结本课，布置任务 | 这节课，我们跟随作者游览的顺序，学习了用景点+准确的方位或合适的动词的方法，使一个地方的多个景点转换更自然。下节课，我们继续学习抓住印象深刻的景物写出它的特点写清楚。这样你也能妙笔写美景，巧手著奇观。 | 梳理本节课的收获 | 引导学生梳理本节课的收获，巩固学习自然过渡的方法。 |

【育人点评析】梳理知识点，不断强化学科认知，同时鼓励信心，自然而然地培养学生对祖国语言文字的热爱之情。

(续表)

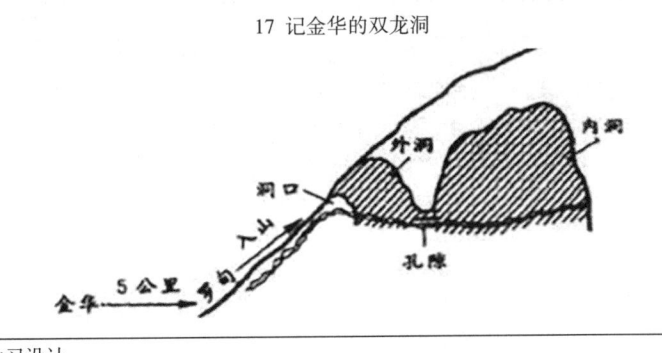

七、板书设计

17 记金华的双龙洞

金华 5公里 → 入山 → 洞口 → 外洞 → 孔隙 → 内洞

八、作业与拓展学习设计
游览植物园的路线图(见书)。

九、教学特色与反思
本课让学生通过学习按游览顺序写景物的方法,找出作者在游览途中位置变化的句子,关注景点转换,体会作者景点过渡的自然;结合"初试身手",让学生运用学习支架练习表达,提升语言运用能力。

(此案例由重庆市北碚区状元小学罗瞻提供)

表3-3 习作《游_____》教学案例评析

基本信息			
课题及课时	习作:游_____	课型	新授课□ 章/单元复习课□ 专题复习课□ 习题/试卷讲评课□ 学科实践活动课☑ 其他□
学习领域/模块	习作教学	教科书章节	部编版《语文》四年级下册第五单元

一、教材分析
本次习作要求学生回顾一个游览过的地方,按游览的顺序写景物。在"交流平台"和"初试身手"之后,教材安排了《颐和园》和《七月的天山》两篇习作例文,为学生进一步学习"按游览的顺序写景物"提供了更多模仿范例。
本单元习作由三部分组成,第一部分提示学生回顾游览过的、印象深刻的地方。泡泡呈现同学交流的场景,提示学生"一个地方"既可以是外出旅游时去过的地方,也可以是身边熟悉的地方,同时提示了"按照顺序写"和把"印象深刻的景物作为重点来写"两个要点。

二、学情分析
四年级学生平时写作文有一定的顺序,但有时也出现前后颠倒、重复记叙、部分遗漏、交代不清等现象。另外,虽然他们每天都在看,但没有用心观察,很少有意识地去留意景物的特点,或者面对美好的景物,无法生动描述,与人分享。

三、目标及内容确定
1.了解例文中写景物的顺序,并按游览顺序写一个地方。
2.能把印象深刻的景物作为重点,写出特点。
3.能与同伴交换习作,交流评改,并提出修改意见。

四、教学重点、难点
1.教学重点:了解例文中写景物的顺序,并按游览顺序写一个地方。能把印象深刻的景物作为重点,写出特点。
2.教学难点:能与同伴交换习作,交流评改,并提出修改意见。

五、特色学习资源分析、技术手段应用说明
1.目标简单,指导细致,环节落实,可操作性强。
2.提供资料库,帮助学生解决表达困难的问题。
3.教学评价贯穿整个学习过程,学习更有实效性。

(续表)

六、教学活动设计

环节	教学内容	教师活动	学生活动	活动意图
课题导入	（一）温习旧知，明确任务	1.激情导入：同学们，在本单元的课文中，我们不仅欣赏了海上日出时美丽壮观的景象，感受了作者对大自然的热爱，还游览了金华的双龙洞，感受了大自然的神奇。回顾这两篇课文，关于如何写好游记，你学到了哪些方法呢？ (生回答，师板书：按游览顺序写) 2.小结：按游览顺序写记记，能帮助我们把游览的过程记叙得更加清楚，条理也更加清晰。 3.指导学生回顾"交流平台"的内容。这些方法也是"交流平台"里为我们提供的习作小妙招。 (课件出示"交流平台"，齐读)	1.回忆课文中的方法。 2.生齐读"交流平台"的内容，复习旧知。	回顾旧知，把握学情，感受作者表达的情感，为本次习作作铺垫。
【育人点评析】一切景语皆情语。梳理已学课文学法的同时，强调作者对祖国大好河山的热爱之情，潜移默化地渗透热爱祖国的情感。					
新课教学	（二）回顾方法，寻找问题	1.回顾上节课任务：本单元的习作内容是按游览顺序写一篇游记。上一节课，同学们借助前两篇课文中学到的方法，运用"交流平台"中的习作小妙招一试身手，画出了游览路线图，记录下了游览的过程。 2.小结学生习作情况，并进行分类。 课前，老师认真品读了同学们的习作，发现习作中的许多精彩之处： (1)读懂题目要求。 同学们审题要准确，不管是写自然景观，还是写人文景观，都能按照本次半命题作文的要求把题目补充完整。老师把第一个大大的赞送给你们。 (2)交流学生习作。 大多数学生在习作中，都能按照习作前画的游览路线图记叙游览过程，路线非常清晰。(板书：路线清晰) [课件展示优秀学生习作，习作中画红线的句子非常精彩，引导学生说出精彩之处：①过渡句；②写清楚了地点的转换(板书：地点转换)] 3.小结：通过过渡句写清楚了地点的转换，让读者也能清晰地感受到游览的路线，身临其境。这样的习作方法真妙，老师要把第二个大大的赞送给你们。 4.出示过渡不够自然的习作，并进行对比。 有部分学生的习作是这样过渡的(课件出示习作)。读一读，你有什么感受？(没有写清楚地点的转换) 小结：这样的过渡句比较生硬，也没有写清楚地点的转换。如何让过渡更自然呢？习作例文《颐和园》给我们提供了最好的范例。	1.学生根据习作要求评价习作。 2.对比评价。	引导学生把游览的顺序写清楚，突出景物的特点，并抒发自己的真情实感，让人读后身临其境，获得审美体验。

88

(续表)

新课教学	(三)借助例文,自然过渡	1.指导学生快速默读例文《颐和园》,勾出过渡句。(课件出示过渡句)再读过渡句,关注旁边的批注,想一想:作者把地点的转换写清楚了吗？你还有什么新的发现？ 2.组织全班汇报。 (1)作者把地点的转换写得非常清楚。 (2)每一句的动词用得不同。(板书:动词不同) 追问:为什么要用不同的动词？ 小结:作者根据景物的不同特点选择合适的动词与之相搭配,用词准确,又让过渡更加自然。 (3)批注:你从"抬头一看""向下望"发现了什么？ 小结:在万寿山脚下抬头看半山腰的佛香阁,站在佛香阁前面向下望,作者观察的位置不同,视角也会随之发生变化。 (4)小结:作者用不同的动词搭配不同的景物,还运用了相似的句式,写清楚了地点的转换,让过渡更加自然。(板书:过渡自然) 3.指导修改:请一名学生上台,全班共同完成修改(提醒:如果你在修改过程中有困难,可以参考"语言工具箱"的资料,它一定可以帮到你)。 自主修改建议: (1)勾:勾出表明游览顺序的过渡句。 (2)圈:圈出关键词,想一想句式是否相似,动词是否不同。 (3)改:运用修改符号加一加、换一换,尽量做到过渡自然。 4.组织全班反馈修改情况,请一名学生展示。 小结:同学们能够快速地将学到的方法用到自己的习作修改中,学以致用,真是一群习作小能手,老师要把第三个大大的赞送给你们。	学生借助老师提供的资料,用红笔对自己习作中的过渡句进行自主修改。	创设语境,在比较中学习有顺序的表达。 自主学习和合作交流相结合,感受分享的乐趣。

(续表)

新课教学	(四)前后联系,写清特点	1.一篇优秀的游记,就是要用思路清晰、生动形象的文字带着读者游览风景、感受风景。所谓生动形象,就是把自己要跟读者分享的景物,用合适的语言描写出来,写出自己的感受,让读者有身临其境之感。特别是印象深刻的重点景物,如何才能把它们的特点写清楚呢?我们一起来看看微课老师给我们的建议。 (播放:微课) 你学到了什么习作的小妙招?(板书:重点清楚) 2.指导学习习作例文《七月的天山》:默读《七月的天山》第二自然段,结合批注,想一想:作者是按什么顺序把雪峰、雪水和溪流写清楚的? (1)从上到下,从远到近,写得很有条理。 (2)运用了一连串的比喻,生动形象地写出了云朵、雪水、浪花的美,让人有身临其境之感。 3.出示例文:这段文字又是按什么顺序写的呢?(从整体到部分) 按一定顺序写一处景物,比如,从远到近,从上到下,从整体到部分,就可以使我们的文章更加有条理了。 4.对照思维导图小结。 (板书:按一定顺序 用多种方法) 5.用学到的方法对重点段落进行修改。 自主修改建议: (1)选:选出习作中描写重点景物的段落。 (2)圈:圈出能表明一定顺序的关键词。 (3)勾:勾出运用了修辞或其他方法的句子。 (4)改:运用修改符号,加一加、换一换。 (5)请一名学生上台展示。	学生自主学习后相互交流。 学生用学到的方法对重点段落进行修改。	通过微课,进一步学习习作妙招,抓住重点段落,引导学生把握方法,培养思维,写出景物的特点,同时获得美的体验。

【育人点评析】通过回顾精读课文中的学习方法,引导学生发现自己习作中存在的真实问题,借助两篇习作例文进行指导,嵌入评价标准,比对标准进行自主修改、合作交流,既提高了作文的能力,享受了分享的快乐,还体会到游览时对大自然、对祖国的热爱之情。

| 课堂小结 | (五)小结本课,继续修改 | 一篇优秀的游记,不仅要写清楚游览顺序,而且还要写清楚重点景物的特点。这样,才能让读者读你的文章时,感受到你的快乐,让读者有身临其境之感。课后,也可用这样的方法对自己的习作进行再次修改。 | 修改作文。 | 在修改中体会分享的快乐,感受热爱大自然、热爱祖国、热爱家乡的情感。 |

【育人点评析】好文不厌百回改。在反复的修改中可以提高习作水平,鼓励相互分享、交流,增强合作意识,提升思维品质,激发学生热爱生活的情感,做事坚持不懈的精神,学科育人就在这点点滴滴的浸润中得以达成。

(续表)

七、板书设计	
	习作:游_____
	(按游览顺序写)
	重点清楚
	过渡自然　按一定顺序
	路线清晰　动词不同　用多种方法
	地点转换　句式相似

八、作业与拓展学习设计
1.课前自己审题,完成作文。
2.自主修改建议:
(1)选:选出习作中描写重点景物的段落。
(2)圈:圈出能表明一定顺序的关键词。
(3)勾:勾出运用了修辞或其他方法的句子。
(4)改:运用修改符号,加一加、换一换。

九、教学特色与反思
1.关注学情,用学生初次完成的习作,摸清学生基本情况。
2.借助习作例文,检测学生快速读文、提取关键信息的能力。
3.通过"语言工具箱",检测学生快速寻找有用信息进行运用的能力。
4.通过自评加星的方式,检测学生自主修改的效果。

(此案例由重庆市北碚区朝阳小学校徐太春提供)

二、单篇课文教学设计案例评析

(一)汉语拼音教学设计案例评析

表3-4 《zh ch sh r》教学案例评析

基本信息			
课题及课时	8 zh ch sh r (第一课时)	课型	新授课☑　章/单元复习课☐　专题复习课☐ 习题/试卷讲评课☐　学科实践活动课☐　其他☐
学习领域/模块	汉语拼音教学	教科书章节	部编版《语文》一年级上册第二单元

一、教材分析
《zh ch sh r》是部编版《语文》一年级上册第二单元的课文。本课共有五个部分,第一部分是4个声母和4个整体认读音节,配有小动物在森林学校课间休息时的情景图。下课了,小猴子和蜘蛛很爱劳动,小猴子织毛衣,蜘蛛织网。刺猬和狮子很爱惜身体,刺猬饿了就吃果子,狮子累了就休息。长颈鹿值日很负责,下了课就擦黑板,小树苗在阳光下成长。图中情景提示声母的音和形。第二部分是所学声母组成的各个音节以及带调的相关整体认读音节。第三部分是"擦桌子"和"折纸"两个词语,其中"桌、纸"是本课要认识的生字。所配图也表现出小动物爱劳动、爱学习。第四部分是儿歌《绕口令》,练习区分平翘舌音。第五部分是要求认识的"桌、纸"和书写的声母"zh,ch,sh,r"的笔顺以及在四线格中的位置。
各部分内容联系紧密,环环相扣,"五育"自然融合。其结构与前面七课相类似,学习方法相同,拼读方法一样,有利于学生自主学习。

(续表)

二、学情分析

学生学习汉语拼音近半个月,对如何根据情景图学习声母的音和形,如何学习相关整体认读音节,如何拼读音节,如何学习汉字等方法较熟悉。本课情景图所包含的育人点与学生日常生活息息相关,声母的形,以及绕口令中的汉字学生都学过,需要教师引导示范的重点在于四个翘舌音声母的发音准确问题。其他内容,学生都能凭借前面所学的方法自主完成。

三、目标及内容确定

1.借助情景图认识声母zh、ch、sh、r和整体认读音节zhi、chi、shi、ri,读准音、认清形,树立认真值日、课间休息注意健康、热爱家务劳动的意识,并能正确书写zh、ch、sh、r。(学科认知、健康育人、劳动育人)

2.正确拼读声母和韵母组成的音节。正确认读带调的整体认读音节。(学科认知)

3.借助拼音认读"擦桌子、折纸"两个词语,认识"桌、纸"两个生字,感受劳动的快乐。(学科认知、劳动育人)

4.正确朗读《绕口令》,感受平翘舌音的音韵之美。(审美育人)

四、教学重点、难点

1.教学重点:

(1)借助情景图认识声母zh、ch、sh、r和整体认读音节zhi、chi、shi、ri,读准音、认清形,树立认真值日、课间休息注意健康、热爱家务劳动的意识,并能正确书写zh、ch、sh、r,做到"三个一"。(学科认知、健康育人、劳动育人)

(2)正确拼读音节。(学科认知)

2.教学难点:

认识"桌、纸"两个生字,感受劳动的快乐。(学科认知、劳动育人)

五、特色学习资源分析、技术手段应用说明

借助卡片、绕口令等学习。

六、教学活动设计

环节	教学内容	教师活动	学生活动	活动意图
课题导入	(一)复习旧知	1.出示卡片:z,c,s。 2.出示卡片:zi,ci,si。 3.出示音节。 过渡:今天有四个很特别的声母在动物学校里等着大家去认识,大家愿意和他们成为朋友吗?	1.齐读后男女生赛读。 2.齐读后开火车赛读。 3.师生碰读(老师读声母和韵母,学生碰出读音)。	通过复习平舌音及相关的内容,为学习翘舌音做准备,同时激发学习的兴趣,培养合作、竞争意识及积极向上的精神。

【育人点评析】从复习旧知导入新课学习,既让学生巩固了上节课学习的内容,又建立了与本节课所学习知识之间的联系。同时,激发学生的学习热情。

(续表)

新课教学	(二)观察图画,学习声母	1.出示情景图,相机引出zh,ch,sh,r的读音。 2.示范正音,讲解发音方法。 3.引导记忆声母zh,ch,sh,r的形。可观察图画记忆,也可在平舌音上加h进行记忆。 4.出示平翘舌音对比图。 5.示范书写zh,ch,sh,r,提醒书写姿势要端正。	1.看图:你在动物学校里看到了什么? (1)长颈鹿值日,擦黑板很认真负责。(相机引出r) (2)狮子坐在椅子后面休息,很注意身体健康。(相机引出sh) (3)刺猬坐在椅子后面吃苹果,怕饿着肚子,也很注意身体健康。(相机引出ch) (4)蜘蛛在椅子下织网,很爱劳动。(相机引出zh) (5)小猴坐在椅子上织毛衣,也很爱劳动。 …… 2.各种方式练习读声母。 3.学生记忆形,可编顺口溜等。 4.同桌区分平翘舌音的音和形有什么异同。 5.自主观察,自主练习书写声母zh,ch,sh,r。	1.通过观看情景图,引出所学声母的音和形,同时让学生接受爱劳动、懂健康、做事负责的教育。 2.在读、记、拼及书写中培养观察力和思维力,逐步形成良好的学习习惯。
	(三)自主探究,拼读音节	1.提醒整体认读音节zhi,chi,shi,ri与声母zh,ch,sh,r的读音区别。 2.出示音节,提醒学生在平舌音节拼读的基础上舌头翘起来即可。 3.出示图画及双音节词。图上小朋友在干什么?	1.各种方式练读zhi,chi,shi,ri。 2.自主探究,各种方式练习拼读音节。 3.自主拼读音节,感受到小动物很爱劳动。	运用前面所学的拼读方法拼读音节,在拼读中进一步树立爱劳动的意识。
	(四)绕口令,平翘舌音练习	1.出示绕口令。 2.教师范读。	1.借助拼音自主练习,说说自己的发现(基本上是平翘舌音)。 2.学生各种方式练读。 3.全班朗读,感受音韵之美。	准确读出平翘舌,感受平翘舌的音韵之美。

【育人点评析】引导学生观察插图,在熟悉的事物中找到新的知识,引导发现zh,ch,sh,r的形体特点;编顺口溜是拼音教学的有效方法,借助编顺口溜,帮助学生记住字母的音和形,学生的观察能力、思维能力在学习中得到提高。
教师引导学生自主学习,采用同桌区分、拼读、绕口令等方式,让学生发现翘舌音的发音方法,发现整体认读音节zhi,chi,shi,ri与声母zh,ch,sh,r的读音不同,提高学生拼读与辨别的能力,从中感受平翘舌的音韵美。

| 课堂小结 | (五)总结拓展,复习巩固 | 1.出示所学声母及整体认读音节卡片。
2.出示所学音节。
3.总结翘舌音的发音方法。 | 1.各种方式读所学声母及整体认读音节。
2.拼读所学音节。
3.回家用卡片或橡皮泥动手制作所学声母及整体认读音节,并读一读。 | 在拼、读、做活动中巩固所学知识,树立动手实践的意识。 |

【育人点评析】通过总结,巩固提升本节课所学,引导学生用卡片或橡皮泥动手制作所学声母及整体认读音节,从课内延伸到课外,手脑协同,发展学科认知、审美与劳动能力。

七、板书设计

8 zh ch sh r

(续表)

八、作业与拓展学习设计
1.读声母 zh,ch,sh,r 及整体认读音节 zhi,chi,shi,ri。
2.用卡片或橡皮泥动手制作所学声母及整体认读音节,并读一读。
九、教学特色与反思
1.联系旧知,激趣导入。兴趣是最好的老师,开课时,激发学生的学习兴趣,为进一步学习新课打下基础。复习 z,c,s,不仅巩固了旧知,也为学习 zh,ch,sh 打下了基础。
2.借助插图,创设情境。教学时,教师精心设计情境,引导学生观察插图,知道图中动物在干什么及其勤劳等品质,调动学生多感官参与学习,学生在愉悦的氛围中学习 zh,ch,sh,r 的音与形,潜移默化地融合劳动育人、健康育人、德性育人。同时,培养观察思维能力。
3.区分平翘舌的读音是一个难点,教师引导学生借助拼读、绕口令等方式进行突破。

(此案例由重庆市北碚区同源小学王世录提供)

(二)阅读教学设计案例评析

表 3-5 《小猴子下山》教学案例评析

基本信息				
课题及课时	18 小猴子下山 (第一课时)	课型	新授课☑ 章/单元复习课☐ 专题复习课☐ 习题/试卷讲评课☐ 学科实践活动课☐ 其他☐	
学习领域/模块	阅读教学	教科书章节	部编版《语文》一年级下册第七单元	
一、教材分析 《小猴子下山》是部编版《语文》一年级下册第七单元的课文。这篇象征寓意型的动物故事主要讲了一只小猴子在下山时,分别看见喜欢的玉米、桃子、西瓜和小兔,小猴子见一样丢一样,最终空手而归的故事。故事揭示了做事不能三心二意、见异思迁的简单道理。课文图文并茂,内容浅显易懂,语言生动,富有儿童性。整个故事情节不断反复,前四段都是按照"来到什么地方,看到什么,心情怎样,做了什么"这样的语言形式来构段。在语言表达方面,多使用动词和"又____又____"短语。 课文生字较多,要认识的字主要以动词为主,要写的字多为学生生活中熟悉的语言。课后习题在关注识字写字的同时,也对了解动词意思和课文大意有了一定的要求。				
二、学情分析 此时的学生经过近两个学期的学习,已经积累了一定的识字方法和阅读经验,具备初步的自主识字能力,可通过借助拼音、根据字理、联系生活等方法识记生字,能读懂简单的故事。但他们年龄太小,活泼好动,有意注意力差,学习不主动,学得快忘得快。对这篇课文来说,他们结合图画很容易了解故事内容,甚至有少数学生在课外阅读中就有所了解,但对课文的语言特点及蕴含的道理不关注。他们对多数生字字音和字意不陌生,口语中经常听说,只是与字形对不上,也容易写错和写得不工整。				
三、目标及内容确定 1.学习用普通话正确、流利地朗读课文,借助动作表演读好带有动词的句子。(学科认知) 2.初步会读会认生字"掰、扛、扔、摘"等,会正确、工整地写"瓜、非、常"。会用"非常"说话。通过读文、识字,感受汉字的形态美、意境美。(学科认知、审美育人、劳动育人) 3.图文结合,初步了解小猴子下山所经过的地方及所见。通过读故事,初步了解做事要一心一意的道理。(学科认知、德性育人) 4.培养学生良好的学习习惯:捧书时,身坐正,腰挺直,眼睛离书本一尺远;写字时,"三个一"要做到;回答问题时,站姿美、声响亮;听课时,不插话,善思考,乐欣赏等。(健康育人)				

94

(续表)

四、教学重点、难点				
1.教学重点： 初步会读会认生字"掰、扛、扔"等，会正确、工整地写"瓜、非、常"，感受汉字文化及形态美。会用"非常"说话。(学科认知、审美育人) 2.教学难点： 感受汉字文化及形态美，正确书写"瓜、非、常"。初步具有概括搜集信息的意识，图文结合，了解小猴子下山所经过的地方及所见。(学科认知、审美育人、健康育人)				
五、特色学习资源分析、技术手段应用说明 播放视频，感受"瓜"字的演变过程，体会汉字的魅力。				
六、教学活动设计				
环节	教学内容	教师活动	学生活动	活动意图(育人点、育人效果预期等)
课题导入	(一)激趣揭题	教师活动一：图片激趣，揭题质疑。 通过出示小猴子图片，相机指导学生读好生字"猴"，揭示课题。 1.出示图片(猴子)，认识动物：小朋友，喜欢它吗？ 2.指导学生读好动物名"小猴子"。(重点指导读好轻声) 3.揭题：小猴子要去哪里呢？	学生活动一：读题识字。 1.学生交流是否喜欢小猴子。 2.练习读好词语"小猴子"，认识生字"猴"。	兴趣是最好的老师，小学生的情感极易受环境气氛的感染而产生共鸣。开课之初教师出示图片，引起学生的兴趣，使学生心潮澎湃，引起他们的共鸣和憧憬。同时培养学生养成爱思考的习惯。
【育人点评析】结合一年级学生的年龄特点，用直观的图片导入新课，将看图与说话相结合，有利于促进语言表达与形象思维能力。结合小猴子的图片，认识生字"猴"。接着揭题"小猴子要去哪里呢？"导入学习，激发学生学习兴趣。				
新课教学	(二)读课文，集中识字，初步了解课文结构	教师活动二：指导学生集中识字，分自然段初读课文，初步了解课文结构。 1.提出自读要求：小猴子为什么要下山呢？请学生小声读课文，注意读准字音，读通句子，标出自然段。 2.检查反馈：有几个自然段？逐段抽生读，相机正音。 3.集中分类识字。 (1)借助拼音拼读生字。 (2)借助图片认读表示动作的生字。 (3)开火车检查动词认读。	学生活动二：自读课文，在老师逐段抽读的过程中相机正音，然后集中识字。 1.自读课文，标出自然段。 2.全班交流，逐段读课文。 3.借助拼音开火车拼读生字。 4.借助图片集中认识表示动作的生字。	1.多种形式认读生字。借助插图、想象动作认读等方法，初步做到读准字音，培养学生学习生字的能力。 2.初步了解课文内容，感受课文的结构美。

(续表)

		教师活动	学生活动	育人点
	(三)读课文,随文识字积词,了解课文内容	教师活动三:引导学生二读课文,随文识字,了解小猴子下山到过的地方。 1.出示自读要求:自读课文,结合插图,圈画出小猴子下山到过的地方。 2.引导学生全班交流,相机将各地名贴在黑板上。 3.随文识字:"块、瓜"。 4.画路线图,了解"往回走"。	学生活动三:自读课文。结合插图,圈画出小猴子下山到过的地方。 1.全班交流了解小猴子到过的地方。 2.联系生活随文识字。 3.画路线图,了解"往回走"。	1.通过联系生活识字,强化学生识字方法。 2.借助"画路线"这种思维导图,理解"往回走",引导学生学习理解词语的方法。 3.通过大致感知课文脉络,培养学生的思维能力。
新课教学	(四)读课文,了解猴子的所见	教师活动四:引导学生三读课文,了解小猴子所见的东西。 1.提问:小猴子都看见了什么? 2.指导学生随文认读"结、满、瓜、蹦",读好长句子。 3.字源识字:播放小视频,感受"瓜"字的演变文化。 4.教师引读:小猴子一路所看见的这些东西,我们一读就能知道有多好。玉米结得——又大又多;桃子长得——又大又红;西瓜长得——又大又圆;兔子高兴得——蹦蹦跳跳。	学生活动四:分组读句子,了解小猴子都看见了什么。 1.分组读句子。 2.随文认读生字"结、满、瓜、蹦"。 3.齐读句子。 4.字源识字:观看"瓜"字演变,扩词了解字义。 5.感受并积累"又___又___"的短语,练习读出这些东西的"好"。	1.继续通过猜想的方法认识生字"结、满";播放小视频,感受"瓜"字的演变过程,体会中国汉字的形态美。 2.通过积累"又___又___"短语,感受语言的形式美。
	(五)读课文,了解猴子的心情	教师活动五:引导学生四读课文,了解小猴子的心情。 1.提问:小猴子看到这么好的东西,心情怎样? 2.指导读好句子,读出小猴子高兴的心情。 3.指导用上"非常"造句。 4.指导写字:"非、常、瓜"。	学生活动五:分组读句子,了解小猴子都看见了什么。 1.交流:小猴子看到这么好的东西,心情怎样? 2.练习读好句子。 3.练习用"非常"说话。 4.仔细观察,写好"非、常、瓜"。	1.通过示范读、小组读等多种朗读形式,读出小猴子高兴的心情,感受语言的节奏美、情意美。 2.通过书写"非"字,引导学生感受汉字的对称美。
	(六)质疑猴子,巩固所学生字	教师活动六:检查生字学习。 1.逐个出示生字,全班抢读。 2.齐读生字。	学生活动六:巩固生字。 1.抢读生字。 2.齐读生字。	检查学生的学习情况,巩固所学生字。

【育人点评析】从整体入手,引导学生按"自读要求"自主学习,借助"画路线"这种思维导图,理清课文脉络。采用集中识字、随文识字、联系生活识字等方法,适时引导学生识字并习得识字方法,提高识字效率。"读书百遍,其义自见",读书是重要的学习方法。借助示范读、小组读等多种形式朗读,以"读"为线,设置了四问四读,将识字教学与了解故事内容有机结合,层层深入感知文本。

(续表)

| 课堂小结 | (七)梳理课文内容,设置悬念 | 1.帮助学生梳理本节课的收获。
(1)认读生字,特别是与手相关的动词。
(2)图文结合,根据地点的变化了解故事情节,明白"往回走"。
(3)知道了"瓜"字的来历,能正确、规范地书写三个生字。
(4)了解了"又___又___"的词语形式。
2.设置悬念,结束新课。(出示课文最后一幅插图)
咦,大家看看小猴子的表情怎么了?大家又有什么想问它呢?要想知道答案,同学们课后再去读读课文,一定会找到答案。 | 梳理本节课的收获。 | 1.引导学生梳理本节课的收获,巩固学习识字、理解课文等方法。
2.设置悬念,激发进一步展开学习的兴趣,同时回扣课前的质疑,使整堂课连贯成一个整体。 |

【育人点评析】梳理本堂课重点学习的内容与学习方法,强化学习成果,将感性认识升华到理性认识。学贵有疑,顺势设置悬念,保持学习激情,为后续学习打下心理基础。

七、板书设计

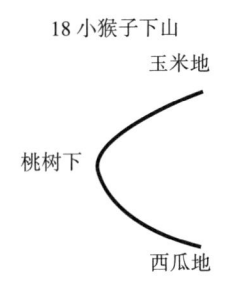

<pre>
            18 小猴子下山
               玉米地

        桃树下)

               西瓜地
</pre>

八、作业与拓展学习设计
1.用生字卡片,与小伙伴一起做"我说你找"和给生字分类的游戏。
2.用上"非常"来说一说今天看到的景象、听到的声音或者自己的心情。
3.书写"瓜、非、常"这三个生字,看看笔画摆放的位置是不是和书上一模一样,然后给爸爸妈妈欣赏,请他们为你进行星级评价。

九、教学特色与反思
阅读是学生个性化的行为,要让学生充分阅读,在读中整体感知。因此,本课教学设计围绕教学目标,设计了三个大的教学环节:认识小猴子,揭示课题—了解小猴子,随文识字积词,了解课文内容—巩固所学生字。在第二个环节中,设置了四问四读:一问一读,小猴子要去哪里呢?正确读通全文;二问二读,小猴子为什么要下山呢?读通句子;三问三读,小猴子都看见了什么?把句子读得流利;四问四读,小猴子看到这么好的东西,心情怎样?把句子读得有感情。以"读"为线,将识字教学与了解故事内容有机地结合在一起,层层深入,感知文本的同时学习生字。

(此案例由重庆市北碚区九龙山小学尤漫提供)

表3-6 《咕咚》教学案例评析

基本信息

课题及课时	20 咕咚 (第一课时)	课型	新授课☑ 章/单元复习课☐ 专题复习课☐ 习题/试卷讲评课☐ 学科实践活动课☐ 其他☐
学习领域/模块	阅读教学	教科书章节	部编版《语文》一年级下册第八单元

一、教材分析
《咕咚》是部编版《语文》一年级下册第八单元的一篇课文。这是一个民间故事,课文融生活常识于故事情节中,既有教育性,又富有童趣。课文讲述了一个木瓜掉湖中的声音引起小动物们惊慌逃窜的故事,目的在于让学生初步懂得遇事要学会思考,不盲目跟从。这是继一年级上册《小蜗牛》这篇阅读课文以后,又一次出现的没有全文注音的连环画课文。教学时要在一上借助图画猜字、认字、读懂课文的基础上,继续发展学生的独立识字能力。

二、学情分析
进入第八单元的学习,学生对课堂学习操作已经比较熟悉,但对一年级的学生而言,只有学习的刺激对注意力集中持久和学习兴趣的维持还是不够的。因此,除了不断提出学习任务刺激注意力集中和学习兴趣外,还需要设置激励性的活动。
到了这个单元的学习,由于会认的字以及生活中认识的字已经达到一定数量,这会给学生会写字的记认造成干扰。因此,在写字教学环节中,加强引导学生进行形近、音近字比较,记认字形细节尤为重要。

三、目标及内容确定
1.认识13个生字,会写2个生字。(学科认知)
2.通过形声字构字规律、图文结合、观察字形等方法猜字、认字,读好两组长句子,把课文读得正确、流利。(学科认知、审美育人、健康育人)
3.图文结合,初步了解故事内容。(学科认知、审美育人)

四、教学重点、难点
1.教学重点:
通过形声字构字规律、图文结合、观察字形等方法猜字、认字,读好两组长句子,把课文读得正确、流利;会写两个生字。(学科认知)
2.教学难点:
能正确、流利地朗读课文。借助插图读好课文,了解故事内容。(学科认知、审美育人、健康育人)

五、特色学习资源分析、技术手段应用说明
PPT课件。

六、教学活动设计

环节	教学内容	教师活动	学生活动	活动意图
课题导入	(一)激趣导入	1.(课件出示:口)看,这个字认识吧? 2.(课件出示:古、冬)这两个字呢?谁来读读?(一个字抽一个学生认读) 3.(课件出示:咕咚)加大难度,合一合,还认识吗? 咕: (1)教师抽学生认读,学生读对,课件相机跳出"母鸡"图片。 (2)哎,母鸡怎么来了?(母鸡"咕咕"叫,以为唤它呢!) (3)(教师再请一个学生)你读读,看能引来谁?课件相机跳出"鸽子"图片。鸽子"咕咕"叫。 咚: (1)好玩不?试试这个字?(教师抽学生读,课件相机跳出小鼓图片)。小鼓"咚咚"敲。 (2)(教师再请一个学生)你读。(课件相机跳出一个奔跑的小朋友图片)。小朋友"咚咚"跑。 3.奇怪呀,"咕、咚"两个字(出现拼音)没学过呀,你们怎么都会了呀? 4.看我再合一合(课件出示"咕咚"二字),读读。这又是什么声音呢?这种声音啊,曾经吓跑过森林里的好多小动物,究竟是怎么回事儿呢?让我们走进今天的故事——第20课《咕咚》。	1.认读生字、词语。 2.根据所学小结。 (1)在生活中识字。 (2)形声字构字规律识字。 3.和老师一起写课题。 口字作旁,表示与嘴巴或声音有关;右边的字作声旁,表示读音。口字作旁写得略斜一点儿,冬字折文下面两点对齐。 4.齐读课题。	通过引导学生学习识字方法,知道形声字一般由形旁和声旁两部分组成,可以利用形旁猜字的大概意思,利用声旁猜字的读音,培养学生自主识字的能力。

98

(续表)

【育人点评析】借助形声字的构字规律,联系学生生活中认识的字,鼓励学生采用恰当的方法识字,激发学生的识字兴趣,提高学生的识字写字能力。

新课教学	(二)初读课文,猜读识字	1.请同学们把书轻轻翻到第106页。这篇课文和我们前面学过的课文有什么不同? 2.遇到不认识的字怎么办? 3.下面就请同学们自由朗读课文,边读边标好自然段的序号;遇到不认识的字圈出来,有拼音的拼一拼,没拼音的猜一猜,努力读准字音,读通句子。(课件出示要求) 4.同学们读得真认真!谁来说说,这篇课文共有几个自然段? 追问:对了吗?标对的同学请举手。看来都很细心!(标错的同学和同桌对照检查,修改过来) 5.分段读文,相机指导。 【第一自然段】 (1)这是一个有趣的民间故事,谁来给我们读读第一自然段,听听故事里是怎么写"咕咚"这个声音的。(相机出示课文第一自然段) (2)认识:熟。 ①木瓜熟了。(课件出示"熟"字)这个"熟"字是什么旁?四点底和什么有关?(与火有关)你是怎么知道的? ②真能干,上学期学的知识还记得这么牢。是的,四点底表示与火有关,比如"蒸""煮"都是四点底。这里的"熟"表示把食品加热到可以吃的程度。木瓜熟了,是把木瓜放在火上烤可以吃吗? ③不是说四点底与火有关吗? 这里的"熟"是什么意思? 植物的果实成熟了,我们通常就叫"熟"了。 (3)这第二个句子有点儿长(课件出示第二个句子),长句子特别要注意正确停顿,谁来读读? (4)现在你明白"咕咚"声是怎么回事了吗? 读明白了。果子太过成熟了,就从树上——掉落,是一种正常的自然现象。 【第二自然段】 (1)咱们顺着故事接着读第二自然段,抽读。 (2)认识:吓。 没有拼音,你是怎么猜到的? 根据形声字构字规律猜一猜,学以致用,学了方法就要用起来。 (3)学习"一边……一边……"。 兔子吓了一跳,拔腿就跑。小猴子看见了,问他为什么跑。兔子怎么做的?(课件出示:兔子一边跑,一边叫:"不好啦,'咕咚'可怕极了!")	预设:猜一猜。 1.自由朗读课文,边读边标好自然段序号。 2.遇到不认识的字圈出来,有拼音的拼一拼,没拼音的猜一猜,努力读准字音,读通句子。 3.分段学文。	1.通过让学生发现这篇课文与前面学习的课文不同,引导学生猜读不认识的字,提高识字、阅读能力。 2.引导学生按"学习提示"有序地学习课文,培养学生自主学习的能力。 3.通过逐段朗读课文,培养学生在语境中随文识字的能力。

(续表)

新课教学	(二)初读课文,猜读识字	①指导读句了。 ②谁做兔子,来演一演?演得怎么样?是一边跑,一边叫吗?(相机点红"一边、一边") 【第三至四自然段】 (1)兔子一跑一叫,后面就有动物跟着跑起来,叫起来了呢! (2)指导学习"羊""鹿"。 【第五自然段】 (1)"咕咚"究竟是什么可怕的怪物?把小动物们吓得个惊慌失措,拔腿就跑。故事接着往下读。(谁来接下去?) (2)野牛是怎么做的?(板书:拦、问) 【第六至七自然段】 "咕咚"究竟是什么呀?谁来读故事的结尾。		4.借助多种方法,通过形声字构字规律、图文结合、观察字形等方法,猜字、认字,提高学生识字能力及理解词语的能力。
	(三)图文对照,朗读课文,了解故事内容	1.出示:四幅插图。 2.课文的四幅插图合起来成为一组连环画,和课文一起给我们讲述了这个有意思的故事。 这个故事,你读明白了吗?请填一填:全文共有( )个自然段,( )幅图,讲了( )听到"咕咚"的声音,没有弄明白,拔腿就跑,后来( )、( )、( )、( )、( )也跟着跑,只有( )没有跟着跑,帮助大伙儿弄清了事情的真相。	1.看图。 2.思考、填空。	借助图画,帮助学生梳理课文内容,出示课文大意,学生根据课文内容填空,检测学生阅读情况,培养理解、概括能力。
	(四)复现生字	1.在这个有意思的故事里,我们又和好多生字新词交上了好朋友。看,咱们利用拼音学会的字已经跑到成熟的木瓜上,等待着小朋友们来采摘呢。小火车哪里开? 成熟 掉下 逃命 田野 红领巾 2.利用形声字构字规律猜一猜,是识字的好办法。 咕咚 吓人 拦住 3.别忘了,还有减一减、图文结合、观察字形的好方法。 山羊 鹿角 小象	1.朗读词语。 2.小结学习方法:灵活运用多种识字方法,就能轻松地认识更多的汉字,读更多有趣的故事。	借助多媒体技术,及时巩固识字,积累词语,培养识字、积累词语的能力。
	(五)指导书写"家""象"	1.看,这两个生字还等着我们写好它呢! 2.(课件出示:象和家)第一个字是什么?要想把字写好,先掌握它的笔顺,小手指举起来,跟着书空,第二个字也写一写。这两个字有什么相同的地方? 3.(课件出示:对于笔画之间的空白安排,务必均匀整齐)两个字都有撇,长短不一,但务必均匀整齐。 4.写"家"字,"宝盖头"稍微扁一点儿,横紧跟着"宝盖头",弯钩的运笔要在竖中线上,两撇一短一长,距离均匀,最后撇收捺放。 5.指导区分"象""家"的异同。 6.指导书写、评价。	1.书空"象""家"。 2.观察、区分"象""家"的异同。 3.写字做到"三个一"。 4.写字。 5.展示、互评。	通过观察字形、书空掌握"象""家"的笔顺,区分它们的异同,帮助学生正确书写汉字,提高学生观察、识字与写字的能力。

100

(续表)

【育人点评析】
1.猜读从引发问题开始。通过回顾上册《小蜗牛》一课学过的猜读，引导学生用猜读的方法初读课文，遇到不认识的字可以去猜一猜它的读音。
2.引导学生借助多种方法识字，通过观察、思考，区分形近字的异同，巩固识字写字的能力。
3.关注在读中学习，通过请学生逐段朗读、随文识字，学习识字方法，指导学生读好两组长句子，把课文读得正确、流利，教师相机点评。学生是语文学习的主体，语文教学应激发学生的学习兴趣，注重培养学生自主学习的意识和习惯，在表演和朗读中指导与评价，降低学习难度，提升学习兴趣。学习句式"一边……一边……"。借助图画，根据课文内容填空，帮助学生了解课文内容。

课堂小结	今天这节课，我们认识了汉字，读好了课文，把两个汉字写得正确美观，了不起！课文中动物们为什么都跟着兔子一起跑，野牛是怎么做的？下节课，我们继续走进《咕咚》进行探索和思考。	学生聆听并思考。	借助阅读中还未解决的问题，让学生带着问题学习，引发学生思考，激发进一步学习的兴趣。

【育人点评析】学贵有疑。课堂小结时，留下阅读中还未解决的问题，课文中动物们都为什么跟着兔子一起跑？野牛是怎么做的？让学生带着问题思考，有助于第二课时的学习。

七、板书设计

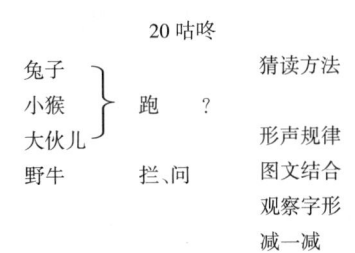

```
                    20 咕咚
        兔子  ⎫              猜读方法
        小猴  ⎬ 跑  ？
        大伙儿⎭              形声规律
                              图文结合
        野牛    拦、问        观察字形
                              减一减
```

八、作业与拓展学习设计
借助图画复述课文或进行角色表演。

九、教学特色与反思
1.联系生活，揭示课题。教学从旧知"口、古、冬"出发，用合一合的方法搭建学习形声字的支架；联系生活中的"咕咕"和"咚咚"声，再合一合，引入"咕咚"之声，通过汉字猜声音，自然揭题，帮助学生明确本课的学习重点——猜读。
2.初读课文，猜读识字。学生发现本课与之前学的课文不同，没有全文注音，从而引发问题——没有拼音，读的时候遇到不认识的字怎么办？自由朗读后，请学生逐段朗读，随文识字。学生学习了生字，教师及时检测，借助多媒体技术，制作课件，在"掉木瓜"的游戏中及时巩固识字，激发学生的学习兴趣，接着在"开火车"的游戏中积累词语，将词语归类：注音的生字词、用形声字构字规律猜读的生字词、用其他方法猜读的生字词，在读中培养学生归类学词的意识。
3.学会观察，书写"家""象"。把字写好，先掌握字的笔顺，学生跟着课件书空笔顺，在这个过程中，学生观察和思考这两个字有哪些相同的地方，养成写字的好习惯。写字要做到"三个一"：手离笔尖一寸远、眼离书本一尺远、胸离书桌一拳远。书写过程中，教师相机提醒：端正写字姿势，身正、肩平、足安，提笔就是练字时。
4.积极评价。完成作业后，学生交换评价，通过评星展示，激励学生认真书写，相互学习。

(此案例由西南大学附属小学肖继飞提供)

表3-7 《慢性子裁缝和急性了顾客》教学案例评析

基本信息				
课题及课时	25 慢性子裁缝和急性子顾客（第二课时）	课型	新授课☑ 章/单元复习课□ 专题复习课□ 习题/试卷讲评课□ 学科实践活动课□ 其他□	
学习领域/模块	阅读教学	教科书章节	部编版《语文》三年级下册第八单元	

一、教材分析

本单元是三年级下册最后一个单元,以"有趣的故事"为主题,编排了课文《慢性子裁缝和急性子顾客》《方帽子店》《漏》《枣核》。这个单元的语文要素是"了解故事的主要内容,复述故事",教学时应把重点放在指导学生复述故事上,学习借助表格、示意图有序复述故事的方法。《慢性子裁缝和急性子顾客》是一篇有趣的童话故事,故事中的两位主人公性格迥异——一个慢性子,一个急性子。急性子顾客为了尽早穿新衣,四天内不断改变做衣服的要求,而慢性子裁缝一次又一次地答应,以不变应万变。最后,慢性子裁缝仍将布料搁在柜子里,还没开始裁料呢！由于本单元"语文园地"里有对本课语句的转述练习,因此本课就初步学习口语表达中的转述——人称的变化,重点指导学习慢性子裁缝和急性子顾客在第一天发生的事情,放手让学生用此方法复述其他几天发生的事情。

二、学情分析

三年级下学期的学生已经初步具备讲故事的能力和技巧,且在三上已经练习过转换为第一人称讲故事的方法。

三、目标及内容确定

1.学习借助表格按顺序、不漏重要情节、用自己的话复述故事。（学科认知）
2.发现故事中的人物语言、动作描写的趣味,把故事复述得有趣。（审美育人）
3.懂得人与人之间的性格各有不同,因为不同,生活才多姿多彩,我们应该相互尊重、包容、体谅。（德性育人）

四、教学重点、难点

1.教学重点：

学习借助表格按顺序、不漏重要情节、用自己的话复述故事。（学科认知）

2.教学难点：

(1)学习借助表格按顺序、不漏重要情节、用自己的话复述故事。（学科认知）

(2)发现故事中的人物语言、动作描写的趣味,把故事复述得有趣。（审美育人）

(3)懂得人与人之间的性格各有不同,因为不同,生活才多姿多彩,我们应该相互尊重、包容、体谅。（德性育人）

五、学习资源分析、技术手段应用说明

PPT课件。

六、教学活动设计

环节	教学内容	教师活动	学生活动	活动意图
课题导入	（一）复习导入,把握大意	1.激趣导入:同学们,我们上节课已经走进第八单元,知道有趣的故事,留下的(学生一起读)——不仅是开心的笑声,还有许多思考;我们学习时,要(学生一起读)——了解故事的主要内容,复述故事;根据提示,展开想象,尝试编童话故事。 2.回顾课文内容:我们初读了第25课,认识了两个性格截然不同的人物,一个是——慢性子裁缝;一个是——急性子顾客。 3.鼓励发现:你觉得故事有趣吗？是从哪些地方看出有趣的？	1.根据老师提示读相关知识点。 2.说出故事的有趣之处:(1)故事情节丰富;(2)结局出人意料;(3)人物性格特点鲜明……	回顾单元学习目标,为进入新课作铺垫。 复习上节课所学内容,为后面复述故事作准备。

【育人点评析】让学生体会学习的有趣,感受学习的快乐,培养学生对祖国语言文字的热爱之情。创设情境,学生在愉悦心情的同时会产生阅读的期待,有助于达成预设的目标。

(续表)

	(二)借助表格,简要复述故事	指导学生简要复述故事:这么有趣的故事,大家肯定想与家人、朋友一起分享,我们今天就学习复述故事。什么是复述故事?打开书本第114页。 1.出示:"交流平台"。 2.揭示复述:(相机板书:复述、用自己的话) 学习任务一:借助表格简要复述故事 评价标准: (1)用自己的话。 (2)有顺序,不遗漏重要情节。 3.相机指导: (1)请大家评一评,他达到这两个要求了吗?还有需要改进的地方吗? (2)刚才这位同学横向观察表格,复述了故事。我们也可以纵向观察表格来复述故事。谁再来试一试? (点评,发星星)	学生用铅笔、尺子勾画重点句子。 学生借助上节课梳理的表格,自己试着按评价标准复述故事。	学习简要复述故事。通过横向、纵向观察表格,进行复述,培养学生从不同角度概括故事内容的能力,发展学生思维的同时,训练表达能力。
新课教学	(三)抓住关键词,详细复述	指导学生详细复述:刚才我们简要复述了故事,可是我们发现这样复述,故事显得没有趣味,我们还应关注人物的性格特点。 我们一起走进慢性子裁缝和急性子顾客相遇的"第一天"。 1.指导学生按照要求完成任务,教师相机指导。 (1)第一天见面的情景中,哪些语句让你感受到顾客的急?用横线勾画;哪些语句让你感受到裁缝的慢?用波浪线勾画。 相机指导:这个孩子关注了急性子顾客的语言((板书:语言)。除了语言,他还关注到了人物的动作(板书:动作)。 (2)关注急性子顾客:"请问师傅,您准备让我什么时候来取衣服——秋天?夏天?春天?……"从顾客根本等不及裁缝的回答,而是自问自答的句子中,看出他是个急性子。 三个问号,三个季节,时间越缩越短,顾客想得到衣服的心情越来越着急。咱们在读的时候疑问的语气也可以越来越急促,更能体现急性子顾客的特点。试一试! "顾客噌的一下子跳起来""夹起布料就要走",通过声音和动作也生动地体现了顾客的急性子。我们一起来做一做。 (3)关注慢性子裁缝:"不,"裁缝说,"就在冬天。"裁缝又补充一句:"不过,我指的是明年冬天。"从"补充"中可看出裁缝一句话分成两部分来说,真够慢的。 2.呈现语句,学生积累,加上动作,注意语气。 学习任务二:借助关键词语,详细复述 评价标准: 有动作、语言,有趣味。	1.学生自读课文,勾画出体现人物性格特点的关键语句,尽量记住它。 2.学生按顺序交流自己勾画的语句。 师生、生生交流。 学生通过做动作理解并积累表现人物性格特点的词语。 学生借助表格,按评价标准详细复述"第一天",其他学生按评价标准评价,得星。	抓住人物语言、动作、神态等描写,体会不同人物的性格特点,为学生详细复述故事打下基础,达成学科认知目标。 在学生的反馈中适时指导朗读,通过不同声调的读体会人物性格的不同,感受故事有趣的同时感悟裁缝认真、幽默的性格特点。

103

(续表)

新课教学	（四）学习转述	指导学生转述：刚才我们把自己当成了故事中的人，一人饰两角扮演了裁缝和顾客，现在我们一起读读下面两个句子。 1. 请看下面的两个句子，男女生分别读句子： 裁缝说："我和别的裁缝不一样，我是个性子最慢的裁缝啊。" 裁缝说，他和别的裁缝不一样，他是个性子最慢的裁缝。 你发现它们有什么相同的地方？有什么不同的地方？ 小结：文中的"我、你（您）"换成"他/（她）……"这个小小的变化中藏着我们今天要学习的新知识——转述（板书：转述），就是用自己的话转述别人说的话。 2. 练习： 在慢性子裁缝和急性子顾客见面的第一天中，就有很多这样的句子： 裁缝又补充一句："不过，我指的是明年冬天。" "那就算啦，我还是去找刚才的师傅吧。"顾客夹起布料就要走。 这些句子里只出现了"我"，就可以直接改成"他"，如果一句话中，既有"我"又有"您"，还是换成"他"吗？为什么？ 看看下面这个句子： "别走，"裁缝把顾客叫住，"我知道您是个急性子。依我看，我做的活儿最适合您这种性子的顾客啦。" 教师指导：这句话是谁说的？裁缝口里的"您"是谁？再把"我"换成"他"，试一试。 裁缝说："那么，您要是在别的季节拿到新棉袄，也不得不由着性子穿上。可是您无论在秋天、夏天还是春天穿一件棉袄，人家都会笑话您的。我呢，决不会让人笑话您。非但如此，在您穿上我做的美观大方的新棉袄的时候，大家还会围着您直夸奖，甚至羡慕您呢。"好多的"您"，谁愿意用转述的方法复述这一段？ "……告诉您，我和别的顾客不一样，我是个性子最急的顾客。请问师傅，您准备让我什么时候来取衣服——秋天？夏天？春天？……" 3. 用转述的方法复述顾客和裁缝"第一天"见面的情景。	男女生分别读句子。回答问题。 学生试着转述。 学生尝试替换，如不能完成，教师出示答案，男女分别读。 学生试着转述句子。 学生先自己练习，再试着用转述的方法复述"第一天"。	在自己的发现中感受转述，学生自主学习的积极性得到提高。 让学生去尝试自己突破难点，培养学生迎难而上的精神。
	（五）梳理学法，分组复述后面几天的故事。	学习任务三：分组复述后面几天的故事 1. 梳理学法： (1)读课文，明确时间、人物、事件。 (2)勾画最能体现人物性格的词语，努力记住。 (3)练习用转述的方法复述故事。 2. 分组练习。 3. 展示评价。 4. 抽生复述整个故事。	学生梳理学习方法，并分组练习用转述的方式复述其他几天的情况。其他学生进行评价。	充分利用小组合作的方式，练习运用，在相互帮助中感受分享的快乐。

(续表)

	（六）联系生活实际明理	你是急性子还是慢性子？生活中，有没有和小伙伴因为性格不同发生有趣的故事？大家可以借助动作、语言等来情景再现。	学生结合自己的生活实际，交流因性格不同发生的趣事。	感受世界因性格的不同而有趣，人与人之间应相互包容。
课堂小结	（七）小结课文内容	1.小结：大千世界，人们的性格各有不同，各有利弊。因为不同，才有今天这篇有趣的故事，才有了多姿多彩的生活，让我们相互尊重、彼此包容、体谅。 2.推荐阅读：《小个子猫和大个子老鼠》《城里老鼠和乡下老鼠》。 3.要求学生回去和家人讲一讲这个故事，学习创编故事。	聆听并思考，继续完成学习任务。	再次强调在生活中要相互尊重、包容。

【育人点评析】遵循循序渐进的原则，开展多种形式的言语训练，从借助表格简要复述，抓住关键词语详细复述、指导学习转述、继续练习复述等系列学习活动中，帮助学生学习复述故事，同时，相机渗透做事认真细致、学会分享、人与人要相互尊重等育人点，引领学生健康成长。

【育人点评析】育人，是一个反复而漫长的过程。有的学生表达清楚，并不意味着所有的学生都明晰，因此，教师要在学生各自不同感悟的基础上进行梳理、小结、强调，提醒更多的学生给予重视，明白相互尊重、包容的重要性。

七、板书设计

25 慢性子裁缝和急性子顾客

用自己的话（转述）　　　　　相互尊重

有顺序，不遗漏重要情节

有动作、语言，有趣味　　　　彼此包容

八、作业与拓展学习设计

1.推荐阅读：《小个子猫和大个子老鼠》《城里老鼠和乡下老鼠》。
2.复述这个故事给家人或朋友。
3.创编：假如裁缝是急性子，顾客是慢性子，他们之间又会发生怎样的故事呢？发挥想象，讲给同学们听。

九、教学特色与反思

1.注重了单元教学整体设计。本篇课文是这个单元的第一篇课文，考虑到一个单元的整体教学，教师在上课前以单元导语入手，引导学生了解本单元的学习目标，把握学习内容及要求，在学习中结合语文园地教学内容中涉及的"交流平台"、本课句子的转述练习及故事题目有趣等内容，在教学设计时把这些内容融进本课的教学，使学生更容易明确各知识点的内在关系。

2.任务型教学法的运用。本节课以三个具体的学习任务贯穿于整堂课。任务型教学就是以具体的任务为学习动力或动机，以完成任务的过程为学习的过程，以展示任务成果的形式来体现教学成就的一种教学方式。在完成任务的过程中实现从借助表格简要复述到详细复述再到巩固练习，三个教学环节清晰明了，层层深入，帮助三年级学生巩固前面已练习的概括能力，了解故事内容，把书读薄，再通过抓体现人物特点的关键语句，丰富内容，把书读厚，故事也因此变得更加有趣、丰满，达到了单元导语里提到的要求：让学生感受故事的有趣，了解故事的主要内容。

3.评价与指导有效结合。

在课堂中，评价不可少，但如果放手让生生互评，那评价的范围可谓天马行空，对达成本堂课的学习目标并无益处，因此在设计本堂课时教师把复述故事的要求作为学生评价的标准，三个学习任务对应不同的评价标准，这样就把学习的要求与评价标准有机结合在一起。在完成第一个学习任务后，教师根据评价标准率先示范，后面学生就可以此标准来评价其他的学生，并得到星星奖励，而本人的得星也是小组评价的重要标准，这样就实现了个人得星与小组评价的有机结合。

（此案例由重庆市北碚区实验小学吴倩、吴冷灿提供）

表3-8 《父爱之舟》教学案例评析

基本信息			
课题及课时	19 父爱之舟 （第二课时）	课型	新授课☑ 章/单元复习课☐ 专题复习课☐ 习题/试卷讲评课☐ 学科实践活动课☐ 其他☐
学习领域/模块	阅读教学	教科书章节	部编版《语文》五年级上册第六单元

一、教材分析

部编版《语文》五年级上册第六单元以"父母之爱"为主题，编排了《慈母情深》《父爱之舟》《"精彩极了"和"糟糕透了"》三篇回忆性散文，从不同角度反映了父母之爱的深沉，让人感动，引人思考。作品对故事中的场景、人物言行举止中的细节都有具体的描述，学生通过品读和交流印象深刻的场景、细节，可以更深入地把握内容，更细致地体会蕴含在其中的人物情感。《父爱之舟》是本单元的第二篇精读课文。在为数不多的以父爱为题材的文章中，这篇回忆性散文堪称精品。这篇文章以情取胜，用平白如话的语言，围绕"父爱"这一中心，透过事情本身的"心酸"和"甜蜜"，写出了父亲细腻而深沉的爱子之情，抒发了儿子对父亲的怀念和对父爱的深深感怀。

文章所写的内容，看似零碎，其实结构严谨。全篇以时间为序，采用倒叙的手法，从梦境开始，引入对往事的回忆；以从梦中醒来，泪湿枕边结束，首尾圆合。文章四次写到姑爹的小船，以此贯穿全文，把种种往事连为一体，父爱与小舟不可分割，船来船往，"我"的感受也在变化，主题在叙述中得到了层层深化。

围绕父亲送"我"上学、带"我"投考学校这一重点，作者记录了许多看似平淡无奇的琐碎小事，但小中见大，表现出父爱之伟大与深沉。课文运用了映衬的手法，更显出父爱之深挚，以及"父爱之舟"在我心头留下的难忘的影子。在表达方式上，本文是以叙述描写为主，在描写方面，工笔与白描相结合，疏密有致地刻画了慈父的形象，体现了画家的写作功力。

二、学情分析

五年级的学生正处于具体形象思维逐步向抽象逻辑思维过渡的阶段。他们勤于思考，个体意识和探索精神比较强烈。随着阅读能力的逐步提升，学生能够初步感知作者表达的感情，能够感受到《父爱之舟》中记叙的父爱。但是，受生活经验少以及情感体验不够丰富的影响，这种感受容易停留在表面，学生难以充分理解文本所表达的深厚情感。

本篇所讲的父爱，学生能从文章里读出这种情感，但因为时代背景的差异、文章简洁质朴的语言表达，学生难以走进文本，去深入理解父爱的深刻内涵和作者的复杂情感。因此，教学时应以学生的阅读初感为起点，教学生合适的阅读方式，让他们得出自己的理解，从而用恰当的语言表达看法和感受，并联系自己的生活感受来自父亲的关爱。

三、目标及内容确定

1.正确、流利、有感情地朗读课文。(学科认知、健康育人)
2.学习通过补资料、换角色、想开去等方法，去体会场景、细节中蕴含的情感，理解"父爱之舟"的深层含义。(学科认知、德性育人、审美育人、劳动育人)
3.感受浓厚的父子之情，用恰当的语言表达自己的感受。(学科认知、审美育人、劳动育人)

四、教学重点、难点

1.教学重点：有感情地朗读课文，找出"我"梦中出现的几个场景，体会每个场景中蕴含的感情，学习细节描写。
2.教学难点：理解题目"父爱之舟"的深层含义，用恰当的语言表达自己的感受。

五、特色学习资源分析、技术手段应用说明

1.在课件中多次呈现吴冠中先生之画作，既服务于教学，又潜移默化地培养了孩子的审美情趣。
2.拓展课外书——吴冠中先生的自传《我负丹青》，激发阅读期待；利用书中的文字资料丰富课堂教学，做到课内和课外联结；有效借助思维导图，第一次，概括梳理课文场景；第二次，聚焦场景，借助阅读方法，体会文章情感，让学生打开思维、清晰表达。

(续表)

六、教学活动设计				
环节	教学内容	教师活动	学生活动	活动意图
课题导入	(一)直接引入课题 (二)借助思维导图,回忆文中场景	1.引出课题。 2.展示上节课学生制作的思维导图,引导学生回忆文中的7个场景。	1.齐读课题。 2.借助思维导图,回忆课文场景。	1.复习旧知,引入课题。厘清文章内容,培养学生把握整体、简述叙事性作品的能力。
【育人点评析】从课题入手,回顾旧知,为学习新课作铺垫,在学科认知方面既是对学生学习方法的引领,又是对学生概括思维、阅读能力的训练。				
新课教学	(三)介绍背景,激情蓄势	1.介绍文章的写作背景,铺垫文章的情感基调。 2.引导学生关注:"醒来——枕边一片湿。"	了解文章的写作背景,产生情感触动。	1.教师用优美的音乐和动情的描述,唤醒学生美好的阅读期待,感受学习语文的快乐。 2.懂得联系写作背景理解文本内容,体会作者表达的情感。
	(四)深读得法,品尝"新滋味"	1.聚焦"凑钱交学费"场景,引导学生用补资料、换角色、想开去这三种方法体验这一场景中蕴含的情感。 2.引导学生关注:"醒来——枕边一片湿。"	1.聚焦"凑钱交学费"场景,习得方法。通过联系资料体会细节;换角色走近作者;从"凑"字想开去,想象如何凑、为什么凑。 2.三种方法结合,体会父亲的期望、"我"心酸的新滋味,并将自己的体会融入朗读中。	1.通过补资料、换角色、想开去等方法理解文本,揣摩人物行为和心理活动。 2.在有感情的朗读中,养成良好的读书习惯,提高朗读能力,感受亲人深沉而细腻的关爱。
	(五)自读用法,感受深沉父爱	1.指导学生自己走进剩下的场景,体会场景、细节中蕴含的情感。 2.在学生的交流分享中,强化方法,引导学生进入较高层次的表达,并在分享中强化文章主题。 3.引导学生关注:"醒来——枕边一片湿。"	1.从剩下的场景中,选择令自己印象最深的,读一读,勾画出触动自己的细节。 2.通过联系补充的资料、换角色、想开去等方法反复品读,体会场景、细节中蕴含的情感。抓关键词批注。 3.交流学习成果并反馈。	1.动脑动手,圈点勾画,学习抓住关键词句理解内容、体会情感,培养学生自主学习、合作探究的能力。 2.体会文中表达的深厚的父子之情,培养学生知恩、感恩的情感。
	(六)解读课题,深化父爱	1.引导学生再次回顾课文场景,深刻理解课题。 2.出示吴冠中先生画作,厘清"舟"与"父爱"的关联,深化父爱。 3.引导学生关注:"醒来——枕边一片湿。"	1.聚焦小渔船,知道船是文章的线索,结合场景,理解课题。 2.欣赏画作,思考吴冠中能不能画出载着父爱的船,以此深刻理解课题。	1.学习课文的表达特点,懂得关注课题和行文线索,体会课文的主题。 2.欣赏画作,给学生美的熏陶。
【育人点评析】阅读教学就是"带领学生从文章里走个来回",此环节立足散文"自由和开放"的文本特性,确定深厚的父子之情的情感主脉,以关键句"醒来——枕边一片湿"引导阅读文本,用"补资料、换角色、想开去"的阅读方法,声情并茂地引导学生设身处地体验人物和所处情景,唤醒相关情感与经验,使他们沉浸在作品的情境中与人物同呼吸、共命运。在关键之处唤醒生活体验,让个人情感与作者的情感遥相呼应,美好的情思、健康的心理、劳动人民的质朴情感自然而然地融于语文实践活动中,情溢课堂。学生的认知领域、情感世界便能在此过程中发生潜移默化的变化,懂得在平常的生活中要善于发现爱、感恩爱、学会爱。				

(续表)

课堂小结	(七)回顾课文，联系生活	1.师生合作，配乐朗诵由课文内容改编的小诗，引起情感激荡。 2.引导学生联系生活，感受属于自己的父爱。 3.小结本课，提出建议。	1.有感情地朗读，回忆课文内容。 2.回忆自己的父亲，用一句话阐述"父爱是什么……"	1.在模仿句式中训练思维、培养语言表达能力，同时感受父爱平凡中的伟大，从文本走向生活。 2.懂得要继承和发扬中华民族的传统美德。

【育人点评析】唤醒、体验、表达、交流，再反观自我，而后导之以行，有助于学生涵养心性，外显于行，久之则为习惯、素养。此环节借助文本体会表达情感，勾连生活，学以致用，升华方法与情感的同时进行德性育人，引导学生联想长久以来自己心安理得却无所觉察的得到，背后其实饱含着亲人对自己点点滴滴的细致关爱，再反思自己对待亲人的态度和行为，于潜移默化中懂得感恩，学习继承和发扬中华民族的传统美德。

七、板书设计

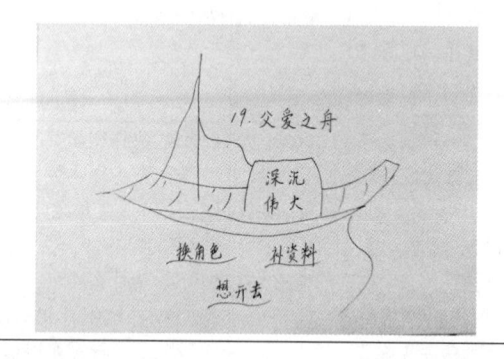

八、作业与拓展学习设计
1.同桌之间用上课堂所学的三种方法，互相交流课文中难忘的场景，并完成课后习题。
2.回忆和父亲相处的时光，以"一个爱的场景"为主题，写一篇不少于100字的小片段。将这个片段念给父亲听，和他做一次心灵的交流。

九、教学特色与反思
本课的教学特色是遵循双线组元，采用"双线并进"的方式实施教学。
1.落实语文要素：(1)提供可操作的学习方法。"补资料、换角色、想开去"的方法，丰富了如何去体会场景中感情的策略，拓宽了学生思维的广度。这些方法可操作性强，学生学以致用，得法悟情，实现语文要素的真落实。(2)注重语文意识的培养。不管是对"凑""心酸"等的深刻体悟，还是对"醒来，枕边一片湿"的挖掘，抑或对课文的诗化提炼，无不在引导学生关注文本中表情达意之处，培养语文意识。(3)语文特色资源的开发。有梯度地使用思维导图，巧妙地链接《我负丹青》，多形式地拓展思维和视野。
2.凸显人文主题：(1)以情育情。对父爱内涵的体验、沉浸与咀嚼，唤起学生心灵深处对感动、感恩、感激等美好情感的回味，让学生受到美好情感的熏陶。师生充满真情的言说，让课堂沉浸在浓浓的诗意和荡气回肠的情感中，实现真心尊重、真实表达、真情流露。(2)以美育美。吴冠中先生画作的反复呈现、板书的精心设计、音乐的渲染烘托，图画美、音乐美，耳濡目染，潜移默化之中，培养了孩子的审美情趣。(3)诗情画意。长文变短，小诗的诵读为诗情；板书设计，父爱之舟的用心为画意。同时，以整堂课的情感基调为主旋律，诗情画意看似水到渠成，却也是教育者的良苦用心。
3.落实立德树人的理念，将德性育人、审美育人、健康育人等目标巧妙地安排在学习过程中。本课教学设计立足文本，深入研究了教材和学情，精心设计了教学活动。作为一篇体会情感的文章，课堂中的情感铺垫和渲染比较充分，能将大部分学生带进文中场景，对情感的体验和沉浸更为丰富和久远，对自我情感的认知也得到唤醒，体现了立德树人的理念，结合文本和学情组织了系列学习活动，在预设达成学科认知目标的同时，对德性育人、审美育人、健康育人等方面相机进行了潜移默化的渗透。

(此案例由重庆市北碚区两江名居第一小学杨贞燕提供)

表3-9 《将相和》教学案例评析

基本信息				
课题及课时	6将相和 （第一课时）	课型	新授课☑　章/单元复习课□　专题复习课□ 习题/试卷讲评课□　学科实践活动课□　其他□	
学习领域/模块	阅读教学	教科书章节	部编版《语文》五年级上册第二单元	
一、教材分析 《将相和》是一个历史故事，编排于部编版《语文》五年级上册第二单元。本单元是阅读策略单元，语文要素是"学习提高阅读速度的方法"。本单元安排的四篇课文以"提高阅读速度"为线索，单元导语提出本单元每篇课文的学习核心任务，目的是提示学生无论阅读何种体裁的文章都需要注意对阅读速度的把握。提高阅读速度，并不等于快速阅读。本单元教授的提高阅读速度的方法，目的在于理解，而非专注于速度本身。所以，不能将阅读课上成学习"快速阅读"方法的机械训练课。 《将相和》一课的学习提示是：用较快的速度默读课文，记下所用的时间。尽量连词成句地读，不要一个字一个字地读。可见，学生在这一课学习提速的阅读方法是连读。课后第一、二题交流阅读体会，是对连词成句法的具体运用——扩大视域，从一眼看单个词到一眼看多个词，甚至一句话。学生逐个阅读组成本文的三个小故事，在反复实践中感受有意识地连词成句法能有效提高阅读速度。 教学中，要防止学生纯粹为追求速度而囫囵吞枣，一扫而过。本单元的学习仅仅是一个开始，教授学生加快阅读速度的方法，强化提高阅读速度的意识，更重要的是促进学生在未来的阅读实践中，反复运用本单元中习得的方法，逐渐达到阅读速度和理解能力的双重提升。 本课教学分两课时完成：第一课时认识并初步运用"连词成句"的策略，大致了解课文的主要内容。反复运用"工具辅助""忽略停顿"带动眼球快速运动，以逐步达到提高阅读速度的实效，且与了解课文内容的表层信息同步进行。第二课时细读故事，结合具体事例，根据描写人物的语言、神态、动作等，感知蔺相如、廉颇的形象特点。				
二、学情分析 五年级学生具有一定的自学能力和快速阅读能力，但阅读速度有快有慢，理解能力有高有低。学生通过初读感知，能够理解故事的意思，结合课后练习题能够理清课文的结构。通过文中语言、动作等描写能够初步体会人物性格，但是要通过人物的言行深刻地、多维度地理解人物的个性和品质尚有一定难度。				
三、目标及内容确定 1.认识并初步运用"连词成句"的策略，能初步运用"忽略停顿"和"工具辅助"提高阅读速度。（学科认知） 2.能用简单的话讲述"完璧归赵""渑池会面""负荆请罪"三个故事，从而了解全文的主要内容。（学科认知、德性育人、健康育人）				
四、教学重点、难点 1.教学重点：运用"忽略停顿""工具辅助"，实现"连词成句"地速读。在反复的课堂实践中，强化伴着理解的速读意识；在海量的课外阅读中，逐渐提高阅读速度。 2.教学难点：能用自己的话讲述"完璧归赵""渑池会面""负荆请罪"三个故事，了解全文的主要内容。				
五、特色学习资源分析、技术手段应用说明 微课"借助辅助工具，提升阅读速度"旨在短时间内给学生提供更多的忽略停顿的操作方法。辅助工具及方法来源于英国的东尼·博赞的《快速阅读》和德国克里斯蒂安·格吕宁的《快速阅读》，给学生介绍方便、常用的引导工具，如钢笔、铅笔和手指等，具体介绍引导目光横向、纵向快速移动的指法，强调提速时，不影响理解才是最重要的。				

(续表)

八、教学活动设计				
环节	教学内容	教师活动	学生活动	活动意图
课题导入	(一)明确提高阅读速度的任务	1.揭示课题:今天我们来学习第6课,齐读课题。 2.明确任务:课文讲了三个小故事,是哪三个？你能一眼看清吗？ 3.在第5课《搭石》中,你学到了哪些提高阅读速度的好方法？《将相和》又能让我们学到什么方法呢？ 4."连词成句"地读该怎么读呢？	1.齐读课题。 2.扫读词语、温故知新。 3.明确任务。	让学生在集中注意力、不回读的基础之上,明确本课的学习任务是如何"连词成句"地读。
【育人点评析】学习语文,是一个逐渐积累、螺旋式上升的过程。本课导入环节,既遵照《课标》对高段的要求,训练学生速读全文、把握主要内容,又在复习本单元第一课学到的提高阅读速度的方法的基础上,引导学生明确这节课的学习任务,有利于学生达成学科认知目标。				
新课教学	(二)教学"连词成句"的策略	1.一眼看词: 课件闪现句子:战国末期,秦国很强大,特别想统一六国。 (1)你看到的是一个个的字,还是词？看到了哪些词？ (2)小结:一眼看词是连词成句的基础。(板书:一眼看词) 2.忽略停顿: (1)一眼怎么看到更多的词,进一步连词成句呢？(板书:一眼看多) (2)课件闪现句子:秦国全力进攻楚国,不能集中兵力对付赵国。 这次,你一眼看到多少内容？想一眼看到更多信息,也是有方法的。 (3)(课件展示多处自然停顿)按照我们的阅读习惯,会在这些地方停顿,阅读速度是怎样的呢？ (4)(课件仅展示两处标点停顿)如果这样一眼看过来,又是怎样的速度呢？ (5)你有没有发现提高阅读速度的秘密？ 小结:忽略停顿,是提高速度的好方法。(板书:忽略停顿) (6)(补充资料,小试牛刀)你觉得这种方法怎样？ (7)小结:一眼看词、忽略停顿,有助于连词成句地读,提高阅读速度。 3.工具辅助: (1)其实,提高阅读速度还有好办法呢,一起来看看微课介绍。(播放微课) (2)微课给我们介绍了什么好方法？ (3)小结:用这些方法连词成句地读,就能提高阅读速度。但一定记住:提速的同时,不能影响理解。	1.交流扫读词语。 2.交流扫读词句。 3.发现提速秘密。 4.练习忽略停顿。 5.交流阅读感受。 6.观看微课,交流观后收获。	1.让学生清楚"连词成句"地读,首先要一眼看词。 2.借色块跳动的停顿,让学生形象地感受减少停顿次数,能一眼看到更多的信息,提高阅读速度。 2.通过观看微课,快速了解多种辅助工具能带动目光忽略停顿、连词成句阅读,从而提高阅读速度。

(续表)

新课教学	(三)试用"连词成句"读"完璧归赵"	1.初试方法：用上连词成句的方法，读"完璧归赵"。 2.交流方法：读这个故事，你用了多少时间？读得这么快，用了什么办法？ 3.完成检测：读得快，内容理解了吗？检验一下吧！ 4.梳理内容：把这些内容连起来读一读，就知道"完璧归赵"的主要内容。 小结：用工具辅助，"连词成句"地读，用了1分钟左右，就读懂了故事内容。	1.默读"完璧归赵"，自行记录时间。 2.交流提速方法。 3.检测反馈，强化快中理解。 4.借助检测梳理，简述故事内容。	1.读得快的分享阅读经验。引导盲目追求速度者要沉住气，因为脱离了理解的阅读速度是没有意义的。 3.引导速度稍慢者不急不恼，坚持有意识地运用此法大量阅读，养成良好习惯。
	(四)再用"连词成句"读"渑池会面"	1.再试方法：用上连词成句的方法，读"渑池会面"。 2.交流反馈：这次一眼多看一些的请举手。不能提高速度的同学也用不着急，这种能力会随着你读书量的增加而逐步提高的。 3.填空检测："渑池会面"讲了什么内容？ 4.拓展阅读："鼓瑟""击缶"暗藏怎样的较量呢？默读补充资料，你发现了什么？ 5.小结：连词成句地读，让我们提高了阅读速度，短时间内了解了更多信息。	1.默读"渑池会面"，自行记录时间。 2.交流提速方法。 3.填空检测内容。 4.默读补充资料。 5.交流深化理解。	巩固运用"连词成句"的方法，有意识地提高阅读速度，引导探究"鼓瑟""击缶"暗藏的玄机，深化学生对内容的理解，有助于他们准确地概括主要内容。
	(五)自用"连词成句"读"负荆请罪"	1.三试方法：用同样的方法读第三个故事"负荆请罪"。 2.看图检测：谁向谁请罪？为什么要请罪？	1.默读"负荆请罪"，自觉记录时间。 2.答问检测内容。	独立实践，使用"连词成句"的方法，提高阅读速度，借助问题，了解"负荆请罪"的主要内容。
	(六)借助关系图示，梳理全文主要内容	1.提问：三个故事之间有什么关系？ 图式关系：第一、二是原因，第三是结果。 2.总结全文：全文讲了什么内容？根据故事名的提示，试用自己的话简单说说。	1.了解故事之间的关系。 2.说出主要内容。	梳理三个故事的关系，借助题单中的故事结尾，梳理全文的主要内容。

【育人点评析】本环节的设计，学科认知目标明确，训练扎实，采用教方法—学方法—用方法的步骤，逐步推进，有助于学生掌握提高阅读速度的策略——连词成句地读，把握文本内容，梳理故事之间的关系，发展逻辑思维；同时补充资料，了解故事的背景，帮助学生厘清情节，感知人物形象，认识蔺相如的临危不惧、勇敢机智、顾全大局，廉颇的英勇善战、有错就改，于无形中进行德性育人、健康育人，引导学生热爱祖国，勇于面对挑战，善于接受意见。

| 课堂小结 | (七)快速读懂长篇故事内容的方法 | 1.这节课，我们通过连词成句地读，比较快速地了解了故事的主要内容。希望大家多多读书，逐步提高阅读速度。
2.老师推荐一套好书让大家课外练习快速阅读：《少年读史记》。希望大家将连词成句法迁移运用到今后的阅读中，让阅读变得更加快速高效！ | 做好练习准备。 | 总结阅读方法，推荐相关书目，练习连词成句地读，提高阅读速度。 |

(续表)

【育人点评析】此环节设计继续指向学科认知目标,凸显训练重点,通过连词成句地读快速了解故事的主要内容,阅读课外书,让阅读变得更加快速高效,提升学习语文的实效。

七、板书设计

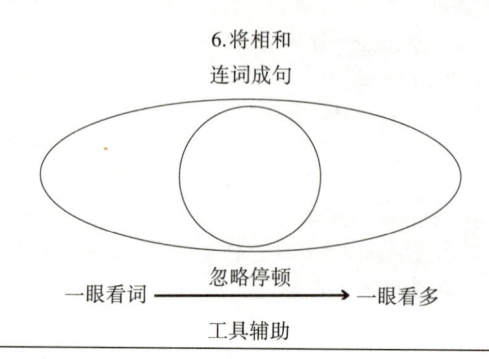

```
                    6.将相和
                    连词成句


                      忽略停顿
            一眼看词 ─────────→ 一眼看多
                      工具辅助
```

八、作业与拓展学习设计

1.课堂练习:连词成句地读"完璧归赵""渑池会面"和"负荆请罪"三部分后,再分别完成判断题、填空题和口头问答题,检测阅读效果。

2.拓展资料:"连词成句"的读法,引入的历史背景资料。

3.课外拓展阅读:《少年读史记》。

九、教学特色与反思

1.本课巧妙地借"阅读检测"环节实现了策略学习与课文理解的有机融合,将检测信息连起来,这样学生就能把握故事的主要内容。把握三个小故事的主要内容,又为理解整篇课文的主要内容打下坚实基础。

2.本课为"连词成句"这一策略进一步搭建了可操作的学习支架,"连词成句"的方法就是忽略停顿、工具辅助,能让学生从一眼看词到一眼看多,从而连词成句。将板书设计成一只眼睛的形象,既让方法细化、外化、呈现出几个要点间的逻辑关系,又显得生动形象。

(此案例由西南大学附属小学董阳提供)

表3-10 《彩色的梦》教学案例评析

基本信息		
课题及课时	8彩色的梦 (第一课时)	课型　新授课☑　章/单元复习课☐　专题复习课☐ 　　　习题/试卷讲评课☐　学科实践活动课☐　其他☐
学习领域/模块	阅读教学	教科书章节　部编版《语文》二年级下册第四单元
一、教材分析 《彩色的梦》是部编版《语文》二年级下册第四单元的课文,是高洪波写的一首充满智慧和童心的儿童诗,通过彩色铅笔描绘了大自然的美丽景色,展现了儿童眼中的缤纷世界。诗歌以儿童的口吻、拟人的手法、明快的节奏,让我们感受到大自然的无限美好。教师在教学时,要引导学生插上想象的翅膀,大胆描绘梦境,培养想象力,建构语言表达能力。		
二、学情分析 二年级下学期的学生已能利用汉语拼音识字,能利用形声字的构字规律识字,写字时能大体把握汉字的间架结构。能初步联系上下文、借助图画和生活经验理解词语。朗读课文能做到读准字音,读出停顿,读出自己的感觉。能通过朗读初步感知文章的内容。		
三、目标及内容确定 1.认识9个生字,会写2个生字。(学科认知) 2.正确、流利地朗读课文,边读边想象彩色铅笔画出的梦。(学科认知、健康育人、审美育人) 3.展开想象,模仿第2小节,把自己想画的内容表达出来。(学科认知、健康育人、审美育人)		

(续表)

四、教学重点、难点
1.教学重点:识字写字。能正确、流利地朗读课文,边读边想象彩色铅笔画出的梦。
2.教学难点:写生字"彩"。试着展开想象,模仿第2小节,把自己想画的内容表达出来。

五、特色学习资源分析、技术手段应用说明
1.识字写字。学方法,用方法,重视学生自主识写能力的培养,注重方法与过程的体验。根据对生字的教学解读,利用形声字的规律,设计了不同的教学方式。
"盒":集中识字,借助微课进行字理识字。
"聊":随文识字,通过展开想象,既理解意思,又为朗读诗歌作铺垫。
"坪":随文识字,借助重庆地图与地名,联系生活识字,建构语文与生活的联系。
"梦":揭题指导书写,书空。
"彩":随文指导书写,一看二写三评,突破书写的难点。
2.学习诗歌:教结构用结构。在诵读的过程中按照字—词—小节—全文,层层推进,要求难度由低到高,阶梯式上升,通过多种形式的朗读,从读准字音—读出节奏—读出意思—借助画面,展开想象,抓住"彩色""梦"两条线,读出梦境的美好,读出童心,读出趣味。

六、教学活动设计

环节	教学内容	教师活动	学生活动	活动意图
课题导入	(一)引入新课	1.这节课,咱们来学习一首和梦有关的儿童诗,来,齐读课题。 2.指导写"梦"字:教师范写讲解。	1.齐读课题。 2.学习"梦"字的写法。	直接揭示课题,明确学习任务。

【育人点评析】开篇直接引入,明确学科认知目标,指导书写课题中的生字,凸显低年级识记生字的重点,夯实语文基础知识训练。

环节	教学内容	教师活动	学生活动	活动意图
新课教学	(二)初读课文、集中识字	1.提出自读课文要求,巡视学生自读情况。 2.引导学生集中识字,帮助正音。 3.借助形声字的规律,带领学生识字。	1.自读课文,做到读准字音,读通句子,难读的地方多读几遍。 2.读准生词字音。用字理识字法认识:"盒"。	引导学生运用字理识字,调动识字兴趣,降低识字难度,提高识字效率。
	(三)学习第一、二小节,感受梦境,随文识字	1.学习第一小节,随文识写。 (1)出示第一小节,读准字音。 (2)带领学生合作读。 (3)你们知道彩色的梦指的是什么吗?指导学生利用写字"三大法宝"学写"彩"。 (4)补白,想象,体会情感。 2.学习第二小节,感受梦境。 (1)出示第二小节,请学生边读边圈出彩色铅笔画出的景物。 (2)抽学生交流。 (贴板书:草坪、野花、天空) (3)指导学生借助图片随文识记"坪"。 (4)教师配乐范读,引导学生想象梦境的画面。 (5)全班表演朗读第二小节。	1.推荐读第一小节,要求读准字音,评价。 2.与老师合作读,试着读出节奏。 3.学写"彩"字。 4."聊天"想象补白。 5.自读第二小节,圈出彩色铅笔画出的景物。 6.反馈交流。 7.借助图片随文识记"坪"。 8.边读边想象彩色铅笔画出的梦,用自己的话说说。 9.配乐想象画面朗读,感受梦境的美好。	引导学生感受诗歌的节奏美,展开想象,练习用自己的话说说,从中培养学生的想象力和语言表达能力。通过多种形式的朗读,培养学生读诗的兴趣和语感。

113

(续表)

新课教学	(四)展开想象,迁移运用语言	1.引导学生看图仿说诗。 2.迁移运用,仿写诗歌。 (1)上课前,我们班上的小朋友已经用彩色铅笔画出了自己的梦,你们能把它们变成一首首优美的小诗吗?如果你们有彩色铅笔,你们会用它画些什么呢? (2)指导学生在导学单上练习写诗。 (3)展示分享。 小结:你们都有自己的梦,写下来就成了一首首美妙的诗。原来小小诗人就在我们身边。来,把你们的画举起来吧。我提议把最热烈的掌声送给我们的小诗人。	1.看图仿照课文第二小节,练习说诗。 2.为小朋友画的梦配上小诗,再展开想象,想想自己会用彩色铅笔画些什么,在导学单上试着写诗。 3.交流分享。	基于学情,让学生借助图片想象,完成仿说。增强表达的兴趣,然后展开想象,最后仿照写,既发展了学生的思维,又感受了想象的奇特,体会了大自然的美好,从而获得了独特而深刻的审美体验。
【育人点评析】本环节继续指向学科认知目标,采用集中识字和分类识字的策略,引导学生认识生字,通过多种形式的朗读来读懂文本,同时感受诗歌的节奏美、色彩美,感受大自然的蓬勃生机,自然达成健康育人、审美育人的目标。			
课堂小结	(五)小结本课,布置下节课学习内容	这节课我们朗读了诗歌第一、二小节,还进行了仿写。下节课我们继续学习《彩色的梦》第三、四小节。	聆听,了解下节课的学习内容。	复盘知识点,产生阅读期待。
【育人点评析】小结本课内容,再次回扣学科认知目标,明确学习任务,有助于学生养成良好的学科思维,让学生认识到自己是"天生的诗人",激发其学习自信,德性育人、健康育人、审美育人尽在这语短情长的寄语之中了。			

七、板书设计

8 彩色的梦
跳 彩梦
草坪 野花

八、作业与拓展学习设计

1.描一描,写一写。

2.请试着仿照第二小节,把你画的内容用几句话写下来。

脚尖滑过的地方,

_____,_____;

_____,_____;

_____,_____。

九、教学特色与反思

童诗《彩色的梦》语言优美、节奏明朗、贴近儿童的内心世界。为了让学生能够品味诗歌的语言美,在学习的基础上,能够运用语言,我们把教学重点放在第二小节的教学上。教学时,通过多种形式的朗读,激发学生的想象力,并让学生用自己的话说说想象的画面。在感受语言形式美的同时,又训练了学生的语言表达能力。为了降低仿写的难度,我们先借助图画进行仿说,再展开想象,说一说自己想画的内容并模仿第二小节写出来,培养学生的想象力和语文表达能力。

(此案例由重庆市北碚区人民路小学黄兆红提供)

表3-11 《什么比猎豹的速度更快》教学案例评析

基本信息			
课题及课时	7 什么比猎豹的速度更快（第一课时）	课型	新授课☑ 章/单元复习课☐ 专题复习课☐ 习题/试卷讲评课☐ 学科实践活动课☐ 其他☐
学习领域/模块	阅读教学	教科书章节	部编版《语文》五年级上册第二单元

一、教材分析

本课选自部编版《语文》五年级上册第二单元。本单元的语文要素是：学习提高阅读速度的方法，结合具体事例写出人物的特点。本单元属阅读策略单元，课程安排有层次、有梯度，在实践中循序渐进地落实教学目标。课文《搭石》是通过动作的自我监控，做到不停读、不回读，是快速阅读的基础和起点；《将相和》是从视觉信息的积极获取方面，有意识地训练扩大视域，促进连词成句地读，这两课都是从阅读形式上去把控。而从本课开始，是借助关键词句，较快地阅读，更是为后面的课文带着问题较快地阅读作铺垫。所以，本课的学习，必须是在前两课学习的基础之上完成。

本课主要是通过比较等方法介绍多种事物的运动速度，引导学生结合文章段落特点，抓住关键词句迅速把握课文主要内容。这项策略，编者以课前提示语的方式直接呈现在课题的下面，而且具体怎么做，在课后第一题中两位小朋友交流的话语中都已呈现，非常明显且明确，教学时以教策略为主，尽可能让学生去发现和体验方法的精妙。

二、学情分析

学生在三、四年级时，便开始学习"体会课文中关键词句表达情意的作用"，"初步把握文章的主要内容"，所以学生对关键词句有一定的认识和了解，对如何去了解课文的主要内容也有一定的基础。

三、目标及内容确定

1. 学会借助关键词句，用较快的速度默读课文，了解课文的主要内容。（学科认知）
2. 激发探究大自然"速度"和科技"速度"的热情，感受大自然的魅力与科技的飞速发展。（学科认知、德性育人、审美育人）

四、教学重点、难点

1. 教学重点：学会借助关键词句，用较快的速度默读课文，了解课文的主要内容，激发探究大自然"速度"和科技"速度"的热情。
2. 教学难点：学会借助关键词句，用较快的速度默读课文。感受大自然的魅力与科技的飞速发展，激发学生学科学的兴趣，养成做事认真细致的好习惯。

五、特色学习资源分析、技术手段应用说明

1. 运用计时器，便于直观清晰地了解学生的阅读速度。
2. 运用一体机多功能笔，直接在播放的课件中圈画更形象生动。
3. 运用微视频，让学生强烈感受到大自然的魅力与科技的飞速发展。

六、教学活动设计

环节	教学内容	教师活动	学生活动	活动意图
课题导入	（一）回顾旧知，引入新课	1. 孩子们好，在这个单元里，我们都在学习用较快的速度默读课文，大家在前面的学习中，学会了哪些快速阅读的方法呢？ 2. 学生交流。 要连续读，要扩大阅读视野，这样才能更快地阅读。 3. 教师点评：看来大家学得很不错！	1. 回顾旧知。 2. 举手发言。 可能会回答：读的时候集中注意力，遇到不懂的词语不停读、不回读；连词成句地读。	做好前后知识衔接，回顾前两课学习的快速阅读方法，为今天的学习作铺垫。

115

(续表)

【育人点评析】本课是本单元的第三篇课文,开题通过回忆快速阅读的方法,扎实地巩固了学科认知,同时,让学生树立单元整体意识。

| 新课教学 | (二)尝试阅读,体验新知 | 1.今天我们继续运用这些方法学习第7课——《什么比猎豹的速度更快》。(齐读课题)请你来读读要求:静下心来,集中注意力读;了解课文主要内容;读完立即合上书,记好时间,回忆课文主要内容。大家都明白要求了吗?请打开课本,计时开始。(出示计时器,指导学生读)
2.指名汇报阅读的时间。
采访一下,你读了多久?我们现在是五年级了,默读每分钟不少于300字,而本篇课文只有775个字,最多需3分钟,超过3分钟的孩子就要加油了哟!
3.检查对课文内容的了解情况,进行小测试:请完成作业单。
4.检查作业单完成情况。
(1)请最先完成的同学到黑板上展示排序情况并向全体同学汇报。
若在汇报的过程中,不认识"隼"。追问:你当时怎么处理的?(遇到不懂的不停读、不回读)虽然我们不认识这个字,但读完课文后,我们知道这是什么?(会飞的动物)有谁会读吗?(有人会读,给予表扬:善于关注课文里的信息。若都不会读,请打开课本认读)
小结:看来我们要关注课文里的所有信息。
(2)有不是这样排序的同学吗?到底谁排得对呢?
5.学习抓关键词句快速阅读的方法。
(1)过渡语:你这样快速排序的依据是什么?请打开课文,用自己喜欢的符号,勾画出相关的词句。
(2)指名汇报。你排序的依据是什么?勾画的是哪些词句?
(3)学生说,老师在课件上圈画,并验证排序,发现快速阅读的方法。
(4)小结:我们刚才抓住了"什么比什么快""事物的速度"这样的词句,能帮助我们快速了解课文的主要内容,这样的词句就是这篇课文的关键词句。 | 1.齐读课题。
2.指名读阅读要求。
3.按照要求默读课文。
4.汇报阅读的时间。
5.完成作业单——排序。
6.指名展示排序情况并汇报。
7.用自己喜欢的符号,勾画出排序依据的相关词句。
8.指名汇报:排序的依据是什么?勾画的是哪些词句?
9.发现快速阅读的方法:抓住"什么比什么快""事物的速度",这样的关键词句。
10.关注课题,发现关键词句。
11.观看视频。
12.交流感受或启发。 | 试用已会的快速阅读的方法去阅读,同时发现可以借助关键词语,快速了解课文主要内容的方法。真实阅读,真实交流,让学生学会方法,特别在阅读经验还不够丰富,还不能快速发现关键词句时,我们可以引导孩子从题目入手,去思考抓关键词句的方向。同时补充资料,让学生感受大自然的"速度"、科技发明的"速度",激发学生探索大自然、探究科学的兴趣,突破学习重难点。 |

(续表)

新课教学	（二）尝试阅读，体验新知	(5)像这样的词句,课文中还有一个地方也有体现,你们发现了吗?若一开始读时,就关注课题,我们可以更快地去发现这些关键词句,更快地了解课文的主要内容哟! 6.拓展链接:大自然的"速度"和科技发明的"速度"。 (1)课文主要介绍了比猎豹速度更快的几种事物,我也为大家搜集了一些,请大家认真观看视频,看完后,谈一谈观看后的感受或启发。 (2)小结:大自然中的事物真神奇呀,人类的科技发明也让人惊叹不已,希望大家长大后能继续去发现大自然中速度更快的事物,去探究更多、速度更快的科技发明!		
新课教学	（三）拓展体验，学以致用	1.读同类文章。 (1)用较快的速度默读《谁的住宅最好》,勾出关键词句,了解主要内容,记下时间,并完成自我阅读评价。 (2)检查汇报:你读了多久?勾画了哪些关键词句?这篇短文主要在讲什么? (3)觉得运用了今天学习的借助关键词句的方法,自己的阅读速度比原有所提升的同学举手。 2.拓展阅读。 (1)和课文一样的说明文可以用这样的方法去读,其他类型的文章也可以吗?请打开作业单,快速阅读《收购废话》。 (2)同桌互评,再指名汇报。	1.用较快的速度默读文章,勾出关键词句,了解主要内容,记下时间,并完成自我阅读评价。 2.汇报:读了多久?勾画了哪些关键词句?这篇短文主要在讲什么?	
		【育人点评析】本环节紧扣单元语文要素,首先,运用前两课"集中注意力""连词成句"快速阅读的方法,巩固学科认知,提高阅读速度。然后,以当堂检测的方式,了解学生的阅读理解水平,适时点拨,引导学生学习"抓关键词句"的方法快速阅读,实现教、学、评一致。最后,迁移运用方法,快速阅读不同文章,使学生牢牢掌握学科知识。让学生观看大自然"速度"和科技"速度"的微课,激发学生的探究热情,实现德性育人和审美育人。		
课堂小结	（四）总结课程，推荐阅读	1.看来,借助关键词句,确实可以提高我们的阅读速度,可以帮助我们读更多的文章,读更多的书,推荐《妙想科学》《万物解释者》…… 2.赠言:快速阅读,熟能生巧;能在有限的时间里,获得更多知识;能让有限的生命,变得更加精彩!	齐读赠言。	推荐阅读,激发学生探究更多、更有效的快速阅读课文的方法。
		【育人点评析】推荐阅读,进一步培养学生快速阅读的能力,提升阅读素养。课堂以赠言的方式结束,让学生体验快速阅读的成就感,培养积极上进的心理品质,达到健康育人的目的。		

七、板书设计

    7.什么比猎豹的速度更快
  ____比____快   作比较
  关键词句____的速度 列数字

八、作业与拓展学习设计
运用快速阅读的方法阅读《妙想科学》《万物解释者》。

(续表)

九、教学特色与反思
1.学生结合自己已有的阅读经验,在自主阅读中,去发现新的快速阅读的方法,在老师的引领下去感悟方法的精妙。 2.课件的呈现方式巧妙,先呈现整篇课文,再呈现勾画的关键词句,让学生更直观地感受到抓住这些关键词句,就能快速了解课文的主要内容。 3.学习有层次性。体验新方法后,先去拓展阅读与本课字数/文体相似的文章,运用此方法快速了解课文主要内容,再去拓展阅读其他文体的文章,真正体现学以致用的目的。 4.利用微视频,更直观地感受大自然的"速度"、科技发明的"速度",声像结合给学生的感染力、冲击力更强,更能激发学生的探究热情。

(此案例由重庆市北碚区状元小学秦华提供)

表3-12 《司马光》教学案例评析

基本信息				
课题及课时	24 司马光 (第一课时)	课型	新授课☑ 章/单元复习课☐ 专题复习课☐ 习题/试卷讲评课☐ 学科实践活动课☐ 其他☐	
学习领域/模块	阅读教学	教科书章节	部编版《语文》三年级上册第八单元	
一、教材分析 《司马光》是部编版《语文》三年级上册第八单元的课文,是小学生学习的第一篇文言文。《司马光》全文短短三十个字,用简练的笔触,勾勒出一个机敏的七岁男孩形象。"众皆弃去,光持石击瓮破之"为文眼,凸显了司马光的聪颖机智,遇事沉着冷静。课文所传递的价值观积极正面,对引导小学生理解人物形象,感受文言文语言的精练,提升语文素养有积极作用。 结合教材单元导语,本课要引导学生认识文言文的特点,朗读课文能注意词句的停顿,学习借助注释理解课文的意思,并背诵课文,体会司马光在危急关头沉着镇定、机智勇敢的美好品质。				
二、学情分析 三年级学生对白话文版《司马光砸缸》的故事比较熟悉,并且在生活或者学习中已经有一些古文的名言警句积累,所以对他们来说,文言文并不是一个完全陌生的概念。旧的故事内容,新的行文表达,学生有一定的学习兴趣。不过,在现代汉语白话文语境之下,小学生初次接触文言文,在文言文朗读和理解上存在一定的学习困难。				
三、目标及内容确定 1.通过自主和随文识字,会认8个生字,会写1个生字。(学科认知) 2.通过多种形式、多种层次的朗读,读准文言文的字音,读好停顿,读通课文,借助注释,读懂课文,背诵课文。(学科认知、德性育人、健康育人) 3.感受文言文语言的精练,激发学习兴趣,培养对传统文化的热爱。(学科认知、审美育人、健康育人)				
四、教学重点、难点 1.教学重点:学习朗读文言文,注意词句间的停顿。 2.教学难点:借助注释,用自己的话讲一讲这个故事。				
五、特色学习资源分析、技术手段应用说明 "以生为本,以读为本"是本课的设计理念。 "以生为本"体现在两个方面:一是立足学生认知起点,注重方法渗透和语文学科知识的整合,兼顾趣味性;二是在教学环节中,基于学生认知起点,结合学习单自然开课,针对学情,提供学习支架,通过学生自学、群学、展学,完成学习目标,从而使学生在已有认知储备的基础上得到进一步提升。 "以读为本"。文言文语言精练、内涵丰富。"读书百遍,其义自见",小学生学习文言文别无他法,唯有多读。教师搭建"四读法"(读准、读通、读懂、读背)的学习支架,让学生有学习的方法,有学习的步骤,有达成的标准。				

(续表)

六、教学活动设计

环节	教学内容	教师活动	学生活动	活动意图
课题导入	（一）谈话导入	1.教师自我介绍。 2.交流百家姓中的单姓和复姓。 3.交流了解司马光。 4.板书课题。齐读课题。 5.今天我们一起走进司马光的童年，去了解他7岁时发生的一个故事。	1.做自我介绍。 2.分享交流关于复姓的了解。感知姓氏文化。 3.用一句话介绍自己了解的司马光。 4.齐读课题。	1.把语文教学和传统文化有机融合，巧妙渗透中华姓氏文化。 2.初步培养学生搜集信息、处理信息的能力，为后续体会司马光的美好品质作好铺垫。
\[育人点评析\]从日常谈话交流中引出传统文化中的姓氏，而后导入新课，结合自己搜集的相关资料进行汇报，在指向学科认知目标的同时，悄然渗透德性育人、健康育人。				
新课教学	（二）读准字音，读通句子	1.观察课文，初识文体。 你发现这篇课文和我们平时学习的课文有什么不同？ 2.结合预习，读通课文。 结合学习单中的预习情况，重点指导学生读"瓮""迸"两字。 (1)出示含有"瓮""迸"两字的句子："一儿登瓮""光持石击瓮破之""水迸"。练习朗读，图片猜"登"字，了解意思，范写生字——引导学生写生字"登"——展示评价。 (2)抽生读文，结合学生读文情况，重点讲解难读的字词，扫清字词障碍。请其他学生评价，读准难读的字。 (3)评价：请大家把学习单拿出来，能读准字音的孩子，请为自己送上一颗星。	1.学生观察课文，初步感知文言文与其他类型课文的不同。 2.多种形式认读，读准难读的字。 3.结合注释，初步了解"瓮""迸"的意思。 4.生字学习：用自己喜欢的方法记住生字；一起学习难写的字"登"，练习写"登"字。 5.学生读文，读准难读的字。对自己进行评价。	三年级的识字教学，主要引导学生自主识字、随文识字。根据学生读文的情况，对难点字、重点字，教师相机指导。 重视课前预习，在预习单上标记难点，有利于培养学生的预习意识和预习能力，也有利于教师把握学情，以学定教。
	（三）读好停顿，了解故事	1.理清人物，读好停顿。 (1)圈出故事中的人物。 (2)如果你是一位导演，根据这个故事安排角色，第一主角应该是谁？第二主角呢？群众演员呢？ (3)师生合作再读故事。多种方式朗读课文。 2.反复诵读，读好停顿。 (1)找出了故事中的人物，我们刚刚在读的时候，自然而然地就进行了停顿，现在请同学们再听老师读一遍，感受其中的停顿。（配古乐） (2)教师范读，学生模仿，注意读好词句间的停顿。 (3)请同学们自己读一读，像刚才这位同学一样，读好停顿，做到声断气连。 (4)老师要带大家玩"回声读"的游戏。 (5)你们读到"没水中"时，心情是怎样的？读到"儿得活"时，你们的心情又是怎样的？体会心情之后，我们再来读一遍课文。（过程中相机检查字词读音和停顿的掌握情况，请学生评价） (6)评价：能读好停顿的孩子，获得第二颗星。	1.圈出故事中的人物。 2.把找出的人物进行分类。充当故事导演，对找出的人物进行角色分配。 3.正音朗读：个别读一齐读课文（读准字音，学生点评，先说优点再说建议）。 4.读好停顿：找出人物，师生合作读，初步感受停顿，再认真听老师范读，之后模仿读，读好停顿。 5.各种形式读课文：自由读、个别读、男女比赛读、师生合作读、回声读、齐读。	读好文言文的停顿，是课后第一题的要求，也是本节课的教学目标。本课是学生第一次学习文言文，老师采用范读、学生边听边体会停顿、师生回声读等方式指导朗读，激发了学生的朗读兴趣。这一环节的设置主要是为了实现"读通"文言文这一目标。

(续表)

新课教学	(四)借助注释,读懂意思	1.正所谓"读书百遍,其义自见",我们已经把课文读了好几遍,这个故事你们都了解了多少呢?自己再读一读,看看有没有你们不理解的地方,不理解的可以和同桌讨论。 2.指名学生交流故事大意,相机介绍理解文言文的方法。 预设:"群儿戏于庭"——抽学生说意思。 ——一群孩子在庭院里嬉戏(做游戏、玩)。 (1)"庭"字你怎么知道是庭院的意思呢? 预设:看注释。 (2)学习文言文,一定要用好书本上提供的注释。(板书"看注释",强化"看注释"方法运用) (3)大家会看注释了吗?"皆"是什么意思?"光"指的是什么?"迸"呢?借助注释理解"众皆弃去"。 (4)拓展:在庭院里嬉戏,古人说"戏于庭",古人多有智慧,用三个字就说了我们一句话,文言文的语言非常简练。 在田野里嬉戏——戏于(田/野);在庭院学习——学于庭;在教室里学习——学于室。 3.说理解。 (1)看插图:"光持石击瓮破之",司马光击破的是什么?这里的"之"指的是什么?(瓮) (2)拓展:"持石击窗破之",这里的"之"又指的是什么? (3)文言文中"之"字可以指代很多东西,要理解"之"字就必须把它放回句子中,联系上下文进行理解。 4.体会司马光的人物品质。 (1)把"众皆弃去""光持石击瓮破之"两句话放在一起读一读,你读出了一个怎样的司马光? (2)体会人物品质后,我们再来读读句子,感受司马光的沉着冷静、机智勇敢。 5.引导学生借助学习的方法,用自己的话讲故事。 学习了看注释,看插图,联系上下文这些方法以后,我们再来读一读课文,一边读一边想《司马光》讲了一个什么故事。 评价:读懂意思,能用自己的话讲故事的孩子,为自己送上第三颗星。	1.自由朗读,同桌讨论交流,理解课文大意—学生质疑—学生解惑,教师相机引导。 2.根据个体经验,交流句子意思,教师相机指导。 3.学习迁移,"戏于庭"的迁移运用。初步感受文言文的书面表达。 4.对比"众皆弃去""光持石击瓮破之"这两句话,放在一起读一读,再结合看插图,体会司马光的人物品质。 5.运用"看注释""看插图""联系上下文"等方法,理解全文内容,并试着用自己的话讲讲这个故事。	1.生生交流活动的设计,把学习主动权交给学生,同伴互助,相互质疑和解惑,教师相机指导和引导。 2.学生依据个体经验尝试理解句子意思。先扶后放,老师从学生的回答中,授以学习方法,然后把学习的主动权交给学生,由学生借助习得的方法进行迁移运用和拓展的练习。 3.学习金字塔理论告诉我们:最有效的学习方式是教给他人或者马上应用。学生学习看注释的方法后,及时进行巩固运用,再用自己的话讲讲这个故事,既能感受到自己的进步,同时也是一种口语表达的训练。

(续表)

新课教学	（五）熟读成诵，丰富积累	1.镂空记忆。 (1)司马光非常好学，他曾说"书不可不成诵"，告诉我们"读书不能不背诵"，也就是读书需要背诵。咱们就来闯闯诵读关。 第一关： (群儿)戏于庭,(一儿)登瓮,足跌没水中。 (众)皆弃去,(光)持石击瓮破之,水迸,(儿)得活。 (单个学生或者全班补齐镂空内容并记忆) 第二关： 群儿(戏于庭),一儿(登瓮,足跌没水中)。 众(皆弃去),光(持石击瓮破之),(水迸),儿(得活)。 (单个学生或者全班补齐镂空内容并记忆) 第三关：无字天书 终极大挑战：加上动作和表情，进行绘声绘色的背诵。 (2)利用朗诵星级评价，同桌互相评分。请同桌相互背课文，能背诵的孩子获得第四颗星。 2.课堂小结。 同学们，这节课我们第一次学习了文言文，也认识了司马光。通过这节课的学习，你们有什么收获呢？	1.分层次进行镂空记忆，熟读成诵。 2.学生朗读成诵。 3.全班同学起立，一边表演一边背诵。 4.利用朗诵星级评价，同桌互相评分。 5.说一说自己学习之后的收获。	1.镂空记忆呈现一定的梯度，由易到难，符合学生学习的规律。 2.关注不同层次的学生，留时间给进度较慢的同学来诵读并背诵。 3.学生在熟读成诵的基础上，注意停顿、体会心情，并通过表情和适当的肢体语言绘声绘色地背诵，还原语言文字的形象，切切实实让学生感受到读书学习是一种乐趣。好的朗读能帮助学生理解课文，能激情激趣。
\multicolumn{5}{l}{【育人点评析】此环节步骤清楚：读准字音、读通句子—读好停顿，了解故事—借助注释，读懂意思—熟读成诵，丰富积累，环环相扣，逐步递进，能够帮助学生在学习文言文的过程中扫除障碍，读懂文本，了解情节和感知人物形象，体会情感，在达成学科认知目标的同时，也相机渗透德性育人、健康育人。}
课堂小结	（六）拓展阅读	孩子们，你们觉得文言文有意思吗？还想再读吗？老师给大家推荐一本书——《世说新语》，里面有许多像《司马光》这样短小、精彩的故事。大家课后可以找来读一读。希望同学们今后多读古文，爱上古文！	课后进行拓展阅读。	进一步培养学生学习文言文的兴趣，使其热爱中华优秀传统文化。

【育人点评析】此环节了解学生所学所获，强化了学科认知目标，提出后续任务，形成阅读期待，也将健康育人、德性育人的目标恰当融入其中。

七、板书设计

24　司马光

读　　读准字音
　　　读好停顿
　　　读懂意思
　　　熟读成诵

121

(续表)

八、作业与拓展学习设计

1.正确朗读课文,注意词句间的停顿,背诵课文。

2.借助注释,用自己的话讲一讲《司马光》的故事。

九、教学特色与反思

学习文言文的基本方法是读,学习文言文的最好方法还是读,因此学习本课的主要方法是"四读法"(读准、读好、读懂、读背),通过这个学习支架的搭建,让学生有学习的方法,有学习的步骤,有达成的标准,形成"教—学—评"一体化。

第一层次:读准字音。文言文往往有大量的文字障碍,必须认清字形,读准字音。教师在教学中重视学生的课前预习,首先,找出大多数学生预习中认为难读的字,由小老师教读,再从字到句,练习朗读。其次,教师找出大多数学生预习时认为难写的字,从字源入手,一起学习生字。抽学生生读文,结合学生的读文情况,再次强调难读的字词,扫清字词障碍。

第二层次:读好停顿。读好文言文的停顿,是课后第一题的要求。本课是学生第一次学习文言文,为了让学生读好文中词句间的停顿,先找出文中的人物,师生合作读,初步感受停顿;接着老师采用范读,学生边听边体会停顿,模仿老师朗读课文;最后,采用男女生赛读、师生回声读等方式,激发学生的朗读兴趣,增强学习文言文的趣味性。反复诵读,以读代讲,通过老师示范读、学生自由读、抽生读、男女生赛读、回声读、师生合作读、全班齐读等方式,以读促学,读通课文。

第三层次:读懂意思。借助注释,读懂课文意思,并用自己的话讲一讲这个故事。这一环节,先齐读课文,让同桌讨论交流,初步理解课文大意。通过学生质疑、老师相机引导解惑的方式,使学生掌握学习文言文的一个重要方法——看注释,并强化运用"看注释"来理解课内、课外的句子。在理解课文意思的同时进行"戏于庭"的迁移运用。联系上下文,进行"之"字的理解,初步感受文言文的表达特点。再把"众皆弃去""光持石击瓮破之"这两句话放在一起比较读,结合插图,在读中体会司马光的美好品质。最后,运用"看注释""看插图""联系上下文"等方法理解课文内容,并试着用自己的话讲一讲这个故事。在这一过程中,读文方法巧妙地结合其中。老师放中有扶,学生读中有悟,与文对话,反复诵读,得其要旨。

第四层次:熟读成诵。司马光曾说"书不可不成诵",也就是告诉我们"读书不能不背诵"。闯诵读关呈现一定的梯度,由易到难,符合学生的学习规律。同时关注不同层次的学生,留时间给进度较慢的同学来诵读并背诵。

四个层次的教学活动设计都是根据文体特点,紧紧围绕读来展开的,还参考了课后练习题的要求,让本课的教学目标扎实落地。课堂始终以学生为主,以读为主。在读中解,在读中品,在读中悟,既使学生读准字音,读好停顿,读懂意思,熟读成诵,又让学生初步懂得学习古文的方法步骤,感悟人物的美好品质,激发学生学习文言文的兴趣。

(此案例由重庆市北碚区华光小学龚蕾提供)

（三）习作教学设计案例评析

表3-13　习作《神奇的探险之旅》教学案例评析

基本信息			
课题及课时	神奇的探险之旅 （第一课时）	课型	新授课☑　章/单元复习课☐　专题复习课☐ 习题/试卷讲评课☐　学科实践活动课☐　其他☐
学习领域/模块	习作教学	教科书章节	部编版《语文》五年级下册第六单元
一、教材分析 "神奇的探险之旅"是部编版《语文》五年级下册第六单元的习作话题，要求学生写一篇有关探险过程的习作，引导学生联系已有的知识和经验，展开合理、丰富而又奇特的想象，根据情境编故事，把事情发展变化的过程写具体。 教材第一部分，先用提问的方式激发学生习作的兴趣，然后明确本次习作的内容，即编一个惊险刺激的探险故事。 教材第二部分提示了本次习作需关注的关键要素，意在启发学生根据已有的知识储备和生活经验合理想象，组建探险团队、确定探险地点、选择探险装备、设想可能遇到的困境并思考解决之道，为铺设故事情节做好准备。这又包括两个方面的内容：一是提示学生自主选择一同前往探险的人物，组成探险的团队。教材为学生提供了两类人物，一类是有一定知识背景的专业人士，另一类是学生的同龄人。教材要求学生在这两类人物中各选一个，提示学生要依据人物的特长或特点，合理选择探险团队的成员，并考虑到成员的特点与故事情节之间的联系。二是提示学生选择探险的情境，让学生对探险有比较明确的理解和认识。教材一方面提示了探险的场景，为去哪儿探险提供了思路和方向；另一方面提示了探险所需的装备，提醒学生在探险前要进行周全的考虑，做必要的准备；再一方面还提示了探险途中可能会遇到的险情，这些险情都可能危及生命。教材意在引导学生根据实际情况想出解决问题的办法，并由此构建出合理的情节。 教材第三部分提出了本次习作的要求，共有三个方面：一是要做到想象丰富且合理；二是要把遇到的困境、求生的方法写具体；三是尝试把自己在探险过程中的心情变化写出来。其中，前两项要求是每位学生都要达到的目标，第三项要求则是弹性的，鼓励学生在完成前两项要求后进一步丰富习作的内容。教材也提示学生写完后认真修改，不断完善自己的习作。此外，教材还提供了一个拓展性活动，即续编探险故事，意在让学有余力并对编写探险故事感兴趣的学生通过这种更加灵活的形式，获得思维能力和习作能力的进一步发展。			
二、学情分析 惊险刺激的探险具有挑战性和危险性。对现在的学生而言，这方面的经历几乎没有。但学生很可能看过关于探险的影视作品，或阅读过相关的故事、书籍，教师可由此切入，启发学生的灵感。对学生来说，森林是学生感兴趣的地方，在想象中才会觉得有话可说。因此，教师以"丛林历险记"这个话题为突破口，激发学生的想象，教给学生把故事写具体的方法。			
三、目标及内容确定 1.能借助提示，按事情发展的顺序写一个探险故事。(学科认知、健康育人) 2.能展开丰富的想象，把遇到的困境、求生的方法写具体。(学科认知、审美育人) 3.培养学生的想象力和思维能力，激发学生热爱大自然、探究大自然的情感。(学科认知、德性育人)			
四、教学重点、难点 1.教学重点：能借助提示，按事情发展的顺序写一个探险故事。 2.教学难点：能展开丰富的想象，把遇到的困境、求生的方法写具体。			
五、特色学习资源分析、技术手段应用说明 课前指导学生阅读绘本《布雷格的龙卷风》，简介《鲁滨逊漂流记》《汤姆·索亚历险记》《金银岛》等探险类作品，让学生初步感知探险类作品的特点，激发学生的创作兴趣。课中首先播放《丛林探险》的微课，营造创作氛围，奠定习作的基础，然后借助例文《虎口脱险》《汤姆·索亚历险记》片段，教给学生习作的方法。			

(续表)

六、教学活动设计

环节	教学内容	教师活动	学生活动	活动意图
课题导入	(一)课前谈话	1.同学们喜欢看书吗？你们看过什么书？ 2.今天老师给同学们带来了一本十分有趣的绘本，名字叫《布雷格的龙卷风》，想不想看？ 3.引导学生想象： (1)寻找小兔子蒂美欧时，灰兔奥斯卡会遇到哪些困难？ (2)发现小兔子蒂美欧在树上时，灰兔奥斯卡想到了什么办法？ (3)你们喜欢这个故事吗？为什么？ 4.推荐：像这样精彩的历险故事还有很多，如《鲁滨逊漂流记》《汤姆·索亚历险记》《金银岛》，大家可以去读一读。	1.交流自己看过的书。 2.想象交流： (1)寻找小兔子蒂美欧时，灰兔奥斯卡会遇到哪些困难？ (2)发现小兔子蒂美欧在树上时，灰兔奥斯卡想到了什么办法？ (3)你们喜欢这个故事吗？为什么？	通过阅读绘本，感受表达之美、构图之美，激发学习兴趣。同时，从历险故事中，学生明白了生活并不是一帆风顺的，遇到危险要勇敢面对、积极应对，培养坚强乐观的人生态度。
	(二)直接导入，明确主题	1.我们班打算出一本关于历险的书——《丛林历险记》，今天老师就带大家模拟一次丛林探险，想象一下探险途中的故事。 2.既然是历险，你们觉得应该围绕哪些内容来写？(遇险—脱险)	思考要写作《丛林历险记》，应该围绕哪些内容来构思。	开门见山，引导学生从"遇险""脱险"两个方面构思，培养学生的思维能力。
	【育人点评析】对现在的学生而言，探险的经历几乎没有。由阅读过的相关的故事、书籍切入，可以启发学生的灵感，唤醒学生已有的积累，拓宽学生探险的视野，激发学生写探险故事的兴趣，并帮助学生明确本次习作的内容，为学科认知奠定基础，又引导学生关注现实、热爱生活、迎难而上，自然而然地实现健康育人。			
新课教学	(三)展开想象，筛选题材	1.下面，四人小组的同学就是一个探险小队，跟随老师一起出发。(播放微课) 森林是大自然的宝藏，参天古木，遮阳蔽日，进入茂密的森林，只听小溪潺潺，奏响了一支欢快的乐曲。五颜六色的野花争芳斗艳，让人陶醉其间。可是，在这幽静美丽之下，却处处潜藏着危险。也许，在那浓密的树林里，也许在那茂盛的灌木丛中，也许……闭上眼睛，想象一下你们可能会遇到什么危险，又会怎么脱险。 2.抽学生交流：探险途中可能遇到哪些危险？(评价：想象力很丰富，我们的书一定很精彩) 3.抽学生交流：面对这些危险，你会怎么脱险？(评价：很聪明，能想出这么多办法，我们的书一定很吸引人)	1.观看微课，闭上眼睛，想象一下可能会遇到什么危险，又会怎么脱险。 2.交流：探险途中可能遇到哪些危险？ 动物：老虎、蛇、豹子、狼、毒蜘蛛…… 植物：食人花、毒蘑菇、食人树…… 自然灾害：地震、泥石流、洪水…… 气候：雷电、暴风雨、龙卷风…… 其他：迷路、受伤、挨饿…… 3.交流：面对这些危险，你会怎么脱险？ 办法：躲避、智斗、求助	通过观看形象直观的微课，营造惊险刺激的历险氛围，激发学生的创作欲望。从"遇到哪些危险"和"如何脱险"两方面引导学生大胆合理地想象，发展学生的思维能力。

(续表)

新课教学	(四)指导练笔,习得方法	1.请同学们选择一次历险写下来。 (1)选择一次历险,写清楚遇到的危险和脱险的过程。 (2)注意草稿的书写速度。 2.课件提示,启发创作。 遇险:凶猛野兽、危险植物、恶劣天气、复杂环境…… 脱险:逃跑、智慧、求助…… 3.展示习作。 谁愿意把自己的历险记与大家分享? 同学们,我们把大家写的这些历险故事编成一本书,你们觉得这本书能畅销吗?(点评习作,发现问题) 4.例文引路,指导习作。 (1)老师这里收集了我们班同学写的《虎口脱险》的故事,我们来看看,你们觉得哪个故事更精彩? (2)学习片段中遇险的部分。 ①哪些描写让你们感觉很危险? ②佳句品读:一个眼神,一声吼叫,一个动作,处处透露着险。我们一起来读一读。 ③小结:给故事创设的情境越危险,故事越会吸引人。 (3)学习片段中脱险的部分。 ①遇到这样的危险,大家想了哪些办法来脱险呢? ②前两个办法都没用,只写最后一个可以吗? ③小结:只有让脱险的情节变得曲折,这样的故事更精彩。 5.请同学们修改刚才写的历险片段。	1.尝试选择一次历险写下来。 2.展示习作。 3.点评习作,发现问题。 4.欣赏例文《虎口脱险》。 5.学习片段中遇险的部分。 (1)哪些描写让你感觉很危险? (2)读一读遇险的句子。 6.学习片段中脱险的部分。 (1)遇到这样的危险,大家想了哪些办法来脱险呢? (办法:第一个是用石头砸,第二个是用手电筒射,第三个是用麻醉剂把老虎麻醉) (2)探讨:前两个办法都没用,只写最后一个可以吗? 7.修改刚才写的历险片段。	尝试创编历险故事,体会用笔表达的乐趣,培养运用语言文字的能力和大胆而合理想象的能力。 感受习作范例的表达之美,领悟将遇险情境写危险,求生情节写曲折的方法。 自主修改,进一步习得、内化将遇到的困境和求生的方法写具体的方法,提升语言文字的表达之美。
	(五)展示评价,互相修改	展示习作: 1.你们觉得他的历险故事里,创设的情境危险吗?还可不可以写得更险?你们还可以帮他想到什么办法? 2.同学们,文章不厌百回改,好文章都是改出来的,下面请小组成员交换习作,从遇险或脱险中选一处,帮对方修改,让故事更精彩。	1.小组成员交换习作,点评创设的情境危险吗?还可不可以写得更险?还可以帮他想到什么办法? 2.从遇险或脱险中选一处,帮同桌修改,让故事更精彩。	运用学到的习作方法,与同学共同协作,培养习作实践能力,提升语言文字的表达之美。

(续表)

【育人点评析】教学过程中，教师放手让学生先自主探究，就是充分调动学生的生活经验和语文经验展开丰富想象，再让学生借助例文习得方法，进行有真情实感的表达。课堂上，教师留给学生个人自主修改、同学间分享互评的时间和空间，在反复修改中，进一步提升了学生的语言表达能力和大胆创编、合理想象的思维能力，使其体验成功感，领悟表达之美，激发他们乐于动笔的兴趣，这些做法是学科认知与审美育人的集中体现。

| 课堂小结 | （六）拓展小结，激发创作 | 1. 在历险类故事中，作家也很喜欢把情境渲染得非常危险，故事情节写得非常曲折。我们一起来欣赏《汤姆·索亚历险记》中的一个片段。这是汤姆和他的伙伴扮演"海盗"，一起到野外生活时遇到暴风雨的故事。
2. 同学们，课下可以找这本书来读一读，再把我们的《丛林历险记》改一改，让故事更精彩。老师期待这本书能早日出版，我已经给这本书写了这样的开头和结尾。
开头：丛林美丽而神秘，激发着人类探索的欲望。我们班的探险小勇士们走进丛林，并肩作战，用勇敢战胜一个个的困难，用智慧化解一场场危机。请跟着我们，开始那神奇的探险之旅吧！
结尾：结束难忘的探险旅程，我们的热血仍然在沸腾！我们用稚嫩的笔触，记录成长中的精彩，给长大后的自己，留下难忘的回忆！ | 1. 欣赏《汤姆·索亚历险记》中的片段。

2. 唤起读一读《汤姆·索亚历险记》的阅读期待。

3. 再把《丛林历险记》改一改，让故事更精彩。 | 借助经典名篇，进一步习得将遇到的困境、求生的办法写具体的方法。

再次运用方法，修改习作，提高表达技巧，感受表达之美。鼓励创作，激发学生易于动笔、乐于表达的习作热情。 |

【育人点评析】经典名篇《汤姆·索亚历险记》在语言文字方面具有示范性，在写作内容上具有趣味性，在写作方法上具有启发性。通过阅读精彩片段，学生学到了如何选取写作材料，如何安排文章结构，如何具体生动描写，既体现了"读写结合"的原则，又降低了作文难度。兴趣和自信是写作的最大动力，习作教学时，老师尤为重视培养学生的写作兴趣和自信心。课堂结束之时，鼓励学生积极创作，大胆分享，以实现学科认知、德性育人、审美育人的有机融合。

七、板书设计

丛林历险记

遇险————————脱险

（情境更危险）

（情节更曲折）

八、作业与拓展学习设计

誊抄习作，汇编班级习作集，和同学、家人分享。

(续表)

九、教学特色与反思
本课设计重在指导学生将遇到的困境、求生的方法写具体。课前指导学生阅读绘本《布雷格的龙卷风》,简介《鲁滨逊漂流记》《汤姆·索亚历险记》《金银岛》等探险类作品,初步感知探险类作品的特点,激发学生的创作兴趣。课中播放《丛林探险》的微课,营造创作氛围,奠定习作的基础,借助例文《虎口脱险》《汤姆·索亚历险记》片段,用多种策略渗透技法指导,一步一步设置适度的思维阶梯,教给学生让情境更危险、情节更曲折的习作方法,从而突破重难点,激活学生思维,让学生易于动笔、乐于表达。

(此案例由重庆市北碚区澄江小学向惠提供)

(四)口语交际教学设计案例评析

表3-14　口语交际《请你帮个忙》教学案例评析

基本信息			
课题及课时	口语交际:请你帮个忙	课型	新授课□　章/单元复习课□　专题复习课□ 习题/试卷讲评课□　学科实践活动课□　其他☑
学习领域/模块	口语交际	教科书章节	部编版《语文》一年级下册第三单元
一、教材分析 《请你帮个忙》是一年级下册第三单元的一节口语交际课。教材提供了三幅图片:找陌生叔叔问路,找同学借水彩笔,找大姐姐捡球。细读教材,我们不难发现图片之间的内在联系和层层递进。第一幅图,找陌生人帮忙,使用了礼貌用语。叔叔在看报纸,孩子请他帮忙时,先说了"您好"。第二幅图,用上了商量的语气找同学帮忙,不仅说清楚了请同学帮什么忙,还说了请他帮忙的原因。第三幅图,有一个省略号,需要孩子们自己根据情境和对象思考该如何说。			
二、学情分析 对一年级下学期的学生而言,使用礼貌用语已经不是本堂课的难点,应加大礼貌的外延教育。有礼貌是个非常宽泛的概念,包括使用礼貌用语、商量的语气、表情、态势语等。在班级生活中多数学生遇到困难也能够去请同学帮忙,但请陌生人帮忙他们不一定敢,请人帮忙时不一定能清楚表达,别人不帮忙时、别人忙着时他们不一定知道应该怎么处理。			
三、目标及内容确定 1.明确辨析需要帮助的情境,能够清晰简洁地说出自己所遇到的困难和希望对方提供的帮助。(学科认知、德性育人) 2.能在表达过程中依据具体情境和交谈对象使用礼貌用语"请、请问、您、您好、谢谢、不客气"。(学科认知、德性育人) 3.练习在生活中使用礼貌用语。(学科认知、德性育人)			
四、教学重点、难点 1.教学重点:根据情境的不同能够清晰简洁地说出自己所遇到的困难和希望对方提供的帮助。(学科认知、德性育人) 2.教学难点:能在表达过程中依据具体情境和交谈对象使用礼貌用语进行表达。(学科认知、德性育人)			
五、特色学习资源分析、技术手段应用说明 手工纸。			

(续表)

六、教学活动设计

环节	教学内容	教师活动	学生活动	活动意图
课题导入	（一）揭示课题，引入新课	课前在一半同学的抽屉里放两份手工纸，一半同学的抽屉里不放。 1. 准备教小朋友做手工，才发现教室里有一半的孩子抽屉里没有放手工纸。 2. 看看，你想找谁借？ 3. 请一个小朋友下座位借手工纸，其他小朋友，听听他怎么说的。 4. 哇，他借到了。没有纸的小朋友，像他这样可以借到纸哦，赶快去借吧。 5. 教大家做手工。 好孩子，把做好的太阳花放到抽屉里，让它休息一会儿，课堂上不去打扰它的孩子，一会儿下课就送给你。 6. 老师想采访你们，你们刚才找同学借纸的时候怎么说的？(教师相机点评) 7. 我还要来采访帮助别人的孩子。谁找你借的？他怎么说的？	1. 学生想出办法，找有多余手工纸的同学借。 2. 一个学生下座位借手工纸，其他学生，说说他是怎样借纸的。 3. 下座位借手工纸。 4. 把做好的太阳花放到抽屉里。 5. 接受采访，说说找同学借纸或借纸给同学时的情况。	创设真实的交际语境，才能激发学生口语交际的动机。学生的表达内驱力启动了，具有真情实感的交际活动才能真正发生。所以，学生真实的交际需求，是进行口语交际活动的最初起点和根本动力。
	【育人点评析】生活的需要，才是学生学习的内驱力。创设真实情境"借纸"，摸清学情，提炼如何请人帮忙。			
新课教学	（二）串联情境，搭建支架，学习交往	小朋友们真能干。遇到困难会找同学帮忙，而且还做到了有礼貌，说得清楚。找陌生人帮忙，你们会吗？遇到其他困难也会请人帮忙吗？我们一起来试试吧！ 1. 情境一：公园问路。 (1)瞧，李山想要到书店去买书，可是他找不到路。他想请叔叔来帮忙，叔叔在干吗？(叔叔在看报纸)这时候李山应该怎么说呢？ (2)小结：我们请人帮忙的时候，可能他正在忙着自己的事。这时，我们就可以先说"您好"，或者说"打扰一下"，引起他的注意；然后说清楚自己需要的帮助。 2. 情境二：书店找书。 (1)李山得到叔叔的帮助，蹦蹦跳跳地来到了书店。哇，书店里的书真多呀！李山想干吗？服务员阿姨在干什么呀？ (2)怎么跟服务员阿姨说，服务员阿姨才会帮助他呀？ (使用录音笔，录下孩子请服务员阿姨帮忙时说的话) (3)假如你们都是书店的工作人员，你们都在忙着做自己的事。听听李山怎么说，想一想，你们会帮他吗？ 听清了吗？他找你们帮什么忙？ 你们会帮他吗？为什么？	1. 进入情境，展开交流。 2. 学生自由说。	

128

(续表)

新课教学	(二)串联情境,搭建支架,学习交往	3.情境三:餐厅换箸。 (1)在服务员阿姨的帮助下,李山找到了《大卫不可以》,他捧着书,高高兴兴地跟爸爸妈妈去吃大餐。哎呀——他的筷子掉地上了…… (2)如果是你的话,你怎么跟服务员阿姨说呢? (3)老师要把你刚才说的话变出来!(相机贴模块) (4)谁再来找服务员阿姨帮忙,你可以跟前面求助的人说的不一样。 (5)小结:这个句子可以变过来,变过去,还能够让我们在遇到困难时得到帮助,真是一个有魔力的句子呀!会学习、爱动脑的孩子在请别人帮忙的时候就可以好好用上它。 4.情境四:球场捡球。 (1)下午,李山想去球场运动。一不小心,球被踢到了场外。他怎么说,姐姐才会帮他呢? (2)(扮演姐姐)设置障碍:"对不起,我上钢琴课快迟到了,恐怕帮不了你。" (3)尽管我们做到了有礼貌,话也说清楚了,但不是每次请人帮忙,别人都能帮你。这时,我们可以怎么说呢?然后,我们还可以怎么做呢? (4)瞧,球场外又来了一群人……	3.学生说。 4.扮演李山交流。同桌一人扮演小男孩(李山),一人扮演路过球场的大人;可以站起来表演,还可以加上动作演一演。	社会心理学研究表明,交际活动具有多样性和复杂性,人们在交际的过程中所表现的交际能力存在层次性、差异性。要创设有梯度、有层次的交际语境,由浅入深,难易适当,让不同的学生得到口语交际能力的提升。在口语交际中,以"有礼貌,说清楚"为核心训练点,创设情境为交际语境,依循"摸学情—搭支架—测效果"的教学流程,层层推进,螺旋上升。

【育人点评析】运用教材,创设多种情境,搭建表达支架。在前一个教学环节中我们发现,学生遇到困难会主动找同学帮忙,在请人帮忙的过程中用上了商量的语气,也会使用一些礼貌用语。那么,如何提升学生的使用能力呢?在这个教学环节,教师结合教材创设了不同的生活情境:"公园问路""书店找书""餐厅换箸""球场捡球"。引导学生能在表达过程中依据具体情境和交谈对象使用礼貌用语,能根据不同的场景清楚希望对方提供的帮助。"公园问路"的情境中,让学生体验别人忙时如何请人帮忙;在"书店找书"的情境中,借助录音笔,让学生学会倾听,尝试生生互评;在"餐厅换箸"的情境中,借助思维模块,搭建表达支架,让学生感受语言的多种表达;在"球场捡球"的情境中,让学生明白别人不帮时该怎么积极应对。每个训练点层层推进,螺旋上升。

课堂小结	(三)现场体验,实践运用,检测效果	1.同学们,你们真棒。请人帮忙,你们不仅有礼貌,而且说得清楚;别人忙时,别人不帮时,你们也知道怎么说、怎么做。老师要为你们点赞。 2.请你们拿出抽屉里的评价单。瞧,它也是一张独特的点赞卡。请你们在点赞卡上工工整整地写上自己的名字。开始吧!(学生纷纷议论没有笔)怎么办呢?同学们想出办法,找老师或同学借。 3.孩子们,先别急。一会儿老师借到笔的同学,就在老师那儿把自己的名字写上去,然后把笔还给老师。 4.请根据同学的表现在点赞卡上的大拇指处对他们进行评价。 5.敢去吗?不要拥挤,注意安全。好,行动吧! 6.反馈点评学生的点赞卡。 7.带上你的点赞卡,回家后,跟爸爸妈妈分享今天你的成长和收获。	1.借笔,注意把自己的意图说清楚,做到有礼貌。 2.离开座位去借笔。 3.学生互评。	健全的评价体系不仅可以反馈学习效果,还可以有效地促进课堂学习。课堂上既有教师的示范评价积极引领,同学之间的互相评价彼此促进,还有自我反思评价,整体构建教、学、评三位一体的教学体系,互相关联,彼此促进。

(续表)

【育人点评析】设置情境，实践运用。口语交际贴近生活，在这个教学环节中，再次营造了一个生活化的情境。课前，教师没有通知学生带笔，于是，学生想出办法，找其他人借笔。这种设计一对一地对学生进行观察和指导，让不同层次的学生都有锻炼的机会，都能有不同层次的增长。这种设计不仅能检测学生课堂学习效果，还能再一次让学生将所学知识运用到实际生活中去。通过情境要素的转换——场景变、对象变、目的变，来训练学生的表达能力。
七、板书设计 　　　　　　　　口语交际:请你帮个忙 　　　　　　　有礼貌　　　说清楚
八、作业与拓展学习设计 回家后，跟家人分享自己今天的收获，尝试在请别人帮助时，用上自己所学。
九、教学特色与反思 1.创设真实的交际语境，培养学生的口语交际能力。 真实的交际语境，能激发学生进行口语交际的动机。学生的表达内驱力启动了，具有真情实感的交际活动才能真正发生。所以，学生真实的交际需求，是进行口语交际活动的最初起点和根本动力。 口语交际活动是一个说与听的互动过程，其成功与否，取决于课堂上能否让每一个学生真正交际起来。这节课，创设基于学生现实需要的交际语境，具有真实感和实效性。整堂课学生都兴致盎然，全员参与，学习氛围积极且活跃。 2.创设有梯度、有层次的交际语境，让不同的学生得到口语交际能力的提升。 社会心理学研究证明，交际活动具有多样性和复杂性，人们在交际的过程中所表现的交际能力存在层次性、差异性。创设有梯度、有层次的交际语境，由浅入深，难易适当，才能让不同的学生得到口语交际能力的提升。 《请你帮个忙》以"有礼貌、说清楚"为核心训练点，创设情境为交际语境，依循"摸学情—搭支架—测效果"的教学流程，层层推进，螺旋上升。 "公园问路""书店找书""餐厅换筷""球场捡球"四个小情境，每个情节既是教学的环节，也是教学的故事内容。四个小故事由李山这个虚拟人物串联起来，形成一个系列，体现了交际语境的复杂性。每个小情境承担不同的训练点，前一个小情境为后一个小情境作铺垫，每个训练点层层推进，螺旋上升。学生在这四个故事情境中，既有对"有礼貌、说清楚"这个核心知识点的巩固练习，又有"应对不同对象、场合"这个高阶能力的步步提升。特别是在"餐厅换筷"这个小情境中，教师搭建的表达支架不是相对封闭的"话头或句式"，而是比较开放的"思维模块"。这种可以变换的结构性支架，能启发学生逐渐学会多样化的表达，这就是思维训练的魅力所在。 3.健全评价体系，不仅反馈学习效果，还有效地促进课堂学习。 在这堂课上，既有教师的示范评价积极引领，同学之间的互相评价彼此促进，还有自我反思评价，整体构建教、学、评三位一体的教学体系，互相关联，彼此促进。 实践证明，小学语文教学中的口语交际，"口语"是基础，"交际"是核心，"情境"是抓手。因此，口语交际教学的交际语境不仅要贴近学生，唤起他们的生活体验，激发他们的交际兴趣，使其想说；还要提供支架，使其会说；更要设置障碍，使其懂得应对。这样的口语交际教学才能真正地培养学生的口语交际能力。本堂课创设了贴近学生生活的交际情境，点面结合地对学生进行训练，循序渐进地推进，力争让每个学生在课堂上都敢说、能说、会说。

(此案例由重庆市北碚区朝阳小学谢婷婷提供)

(五)综合性学习教学设计案例评析

表3-15　综合性学习《走近卢作孚爷爷》教学案例评析

基本信息				
课题及课时	走近卢作孚爷爷 (第二课时)	课型	新授课□　章/单元复习课□　专题复习课□ 习题/试卷讲评课□　学科实践活动课☑　其他□	
学习领域/模块	综合性学习	教科书章节	部编版《语文》六年级上册第八单元	
一、教材分析 部编版《语文》六年级上册第八单元带领学生走近鲁迅先生,通过阅读鲁迅先生的作品,阅读其他作家笔下的鲁迅先生,借助相关资料,让学生对鲁迅先生有了初步的了解,学生也知道了一些了解历史人物的途径和方法。本次语文综合性学习安排在走近鲁迅先生之后,旨在培养学生搜集、整理资料的能力。学会倾听,学习访谈,尝试进行简单的材料整理与分析是本课的核心任务,活动过程能很好地让学生感受卢作孚先生的爱国情怀,培养学生自主探究、合作学习的能力,有利于德性育人、审美育人、劳动育人和健康育人。				
二、学情分析 六年级的学生已经进行过多次语文综合性学习,初步形成了团队意识、合作意识,并且已经具备一些查阅资料的能力。学生学习了快速浏览等阅读策略,能够获取大量的有效信息;学习了注意说话的语气,注意场合等口语交际的技巧,能够更好地与访谈对象进行交流。但是,这个阶段的学生对查阅的资料还缺乏分析能力,与人交际还缺乏到社会去历练的过程。另外,对于卢作孚其人,可能还有一部分学生了解得不够深入。				
三、目标及内容确定 1.利用网络、课外读物等信息渠道,在北碚博物馆等场所获取资料,进一步学习查找资料、运用资料的基本方法,感受卢作孚先生的爱国情怀、勤奋实干等美德。(学科认知、德性育人) 2.根据自己的调查、了解编写短剧本、诗歌等,能够尝试将调查的数据用统计图表现出来并作分析。(学科认知、劳动育人、审美育人) 3.能够积极主动地与他人进行沟通交流,采用电话、面谈等形式进行采访,并初步学会根据对方的反应,调整自己说话的内容或语气。(学科认知、德性育人)				
四、教学重点、难点 1.教学重点:进一步学习查找资料、运用资料的基本方法;能够积极主动地与他人进行沟通交流;将调查的结果和感受用诗歌、剧本或分析报告等不同的形式展现出来,更加深入地了解卢作孚先生,感受其高尚品质。 2.教学难点:将调查的结果和感受用诗歌、剧本或分析报告等不同的形式展现出来。				
五、特色学习资源分析、技术手段应用说明 与北碚博物馆、北碚图书馆、北碚公园、西南大学卢作孚研究中心、重庆民生(实业)公司等单位联系,与西南大学卢作孚研究中心教授、卢作孚纪念馆讲解员、卢作孚先生家人等人士取得联系。分好组并讨论确定各组活动的内容,制订调查记录表,设计调查路线及采访的问题。第一小组了解卢作孚的生平及创业史;第二小组了解卢作孚为北碚作出的贡献;第三小组了解人们对卢作孚的评价;第四小组用问卷、采访等方式,统计不同年龄阶层的人对卢作孚的知晓率。				

(续表)

六、教学活动设计

环节	教学内容	教师活动	学生活动	活动意图
课题导入	(一)观看北碚风光片,唤起学生的情感共鸣	1.(出示课件):同学们请看,这是一座美丽的大花园,是全国的山水园林城市、卫生城市。这就是我们可爱的家乡——北碚。你们可知道,多年前的北碚,贫穷落后,但在一位北碚地方事业的开拓者的筹划和开创下发生了巨大的变化。他是谁呢?让我们一起呼喊他的名字吧! 2.本周,我们全体同学开展了"走近卢作孚爷爷"的综合实践活动。相信大家的收获很大。将你们的收获与大家共同分享一下,好吗?	1.观看北碚风光视频。 2.听老师讲述,回忆自己前期活动的收获。	通过观看北碚风光视频,直观感受家乡的自然风光美、城市建设美和人文环境美。从图片和老师的描述中获取信息,初步感受卢作孚的丰功伟绩。

【育人点评析】通过观看北碚风光视频,实现审美育人,并拉近课堂与生活的距离,调动学生的学习兴趣,引导学生在课堂以外更广阔的生活空间里自主进行有目的的语文实践,增强学生在各种场合学语文、用语文的意识,使学生的语文综合性学习能力得到发展。

环节	教学内容	教师活动	学生活动	活动意图
新课教学	(二)分组汇报	1.(出示汇报要求):介绍你们小组活动的内容和形式。谈谈你们的收获。 2.首先让我们来听一听人们是如何评价卢作孚爷爷的。有请第三小组的同学。 3.为什么社会各阶层人士对卢作孚爷爷有如此高的评价呢?让我们走近卢作孚爷爷,去了解他的生平事迹。请第一小组的同学介绍卢作孚的生平及创业史。 4.一代船王卢作孚是"北碚之父",你们知道他为我们的家乡北碚作出了哪些贡献吗?有请第二小组的"小小讲解员"们。	各小组汇报: 1.第三小组汇报:人们对卢作孚的评价。 出示多媒体,学生配乐讲述人们对他的评价并朗诵自编的诗歌。 2.第一小组汇报:卢作孚的生平及创业史。 以情景剧表演的方式进行汇报。 少年求学—因贫失学—自学成才—教育救国—实业救国 3.第二小组汇报:卢作孚为北碚作出的贡献。 以"小小讲解员"的形式进行汇报。 (1)出示作孚园照片,讲述北碚公园创建的历史,以及记录下来的卢作孚爷爷的语录。	1.通过在人文场所看文字、听讲解、做访谈、调查问卷等活动,培养学生搜集信息、获取信息、整理信息的能力和口语交际能力。学生用讲解的方式介绍卢作孚,学习编写小剧本,并排练成情景短剧,培养口头表达能力。 2.各小组通过展示汇报,感受卢作孚先生的爱国情怀,学习卢作孚先生勤奋好学、爱国实干的精神。

132

(续表)

新课教学	（二）分组汇报	5.在卢作孚爷爷的筹划和开创下，当时四川地区，最早用上电灯的是北碚，最早用上自来水的是北碚，第一条铁路在北碚，最好的图书馆在北碚。我们北碚人对卢作孚爷爷的了解情况又是怎样的呢？第四小组的同学作了调查，让我们来听听他们的发言。	(2)出示北碚二十世纪三十年代城市建设规划图及沙盘模型照片，重点介绍北碚乡村振兴建设的过程及北碚下半城路名的由来。 (3)出示西部科学院陈列的恐龙化石照片等，讲述其创建过程及研究成果。 4.第四小组汇报：汇报不同年龄阶层的人对卢作孚生平事迹的知晓情况。 (1)利用多媒体，展示学生采访的视频。 (2)出示完成的统计图并对分析结果进行汇报。	3.借助各小组搜集的图片、视频等，感受在卢作孚的带领下，家乡北碚的前后变化，受到美的熏陶，激发热爱家乡、建设家乡的情怀。
	（三）自由论坛	1.通过这次综合性学习活动，我们真正走近了卢作孚爷爷。他的事迹、他的精神给你怎样的启示，或者有哪些体会、感悟，让我们在自由论坛时间里尽情发表吧。 2.就这次的综合实践活动，你们还有哪些收获、想法、心里话想要说呢？	1.学生发表自己的体会和感悟。 2.学生谈自己的收获。 (1)当一个记者太不容易了。我们与人交流时一定要注意自己说话的内容和语气，学会认真倾听，才能更好地与别人互动。 (2)通过这次活动，我学会了查资料、做采访、统计数据的方法。 (3)走进一座博物馆或纪念馆，应该提前做好有针对性地搜集资料的准备，并且遵守规定。	1.深入了解卢作孚其人，学习其身上的爱国、勤奋、实干等精神。 2.梳理卢作孚的贡献和调查了解的方法，让学生学会倾听，大胆地交流自己的体会和感悟，提高思辨能力和口语表达能力。

【育人点评析】在"走近卢作孚爷爷"的活动中，学生由教室走向社会，从感性认识出发，由近到远，由浅入深，通过参观、访问、调查、讨论等活动，深入了解了卢作孚先生的生平事迹以及为北碚建设所作出的贡献，从中受到其爱国、勤奋、实干的人格熏陶，激发热爱家乡、建设家乡的情怀，充分体现德性育人、健康育人、劳动育人。更为重要的是学生在参与讲解、朗诵、表演情景剧、制作分析调查统计图等丰富多彩的语文活动中，极大地提升了搜集处理信息、语言表达、协同合作等语文素养。

课堂小结	（四）总结提升	1.活动小结：开展这次活动，大家很辛苦，也遇到了不少困难，但是因为卢作孚爷爷的精神感染着我们，激励着我们，大家在活动中都表现得非常出色。每一个同学都参与并体验了整个活动过程，了解了卢作孚爷爷为国家、为北碚建设和发展所作出的杰出贡献。同时，在活动中大家还学会了查资料、做采访、统计数据的方法，学会了如何战胜困难、如何与人合作等，心理素质得到了提升，这个过程比什么都重要。我相信这次的活动会让同学们终身难忘。 2.让我们全体起立，面对这位北碚的奠基人，献上我们最诚挚的敬意吧！	1.齐声诵读卢作孚先生的名言： (1)个人为事业服务，事业为社会服务。 (2)个人的工作是超报酬的，事业的任务是超利益的。 (3)踏实地做事，诚恳地对人。 (4)愿人人皆为园艺家，将世界造成花园一样。	在诵读卢作孚名言的过程中，树立忠诚待人、踏实做事、为社会服务的意识。

(续表)

【育人点评析】教师回顾并梳理学生在本次综合性学习中遇到的种种困难,适时点拨,引导大家学习卢作孚先生迎难而上、善始善终的精神,并诵读卢先生的名言,感受其爱祖国、无私建设家乡的情怀,课堂自然而然地完美地进行了德性育人。同时,学生在这个过程中,会不断产生新的兴奋点和悟出新的道理,使综合性学习成为充满生机与活力的过程。

七、板书设计

综合性学习:走近卢作孚爷爷
爱国、勤奋、实干

八、作业与拓展学习设计

将了解到的卢作孚爷爷的故事、功绩与家人分享。

九、教学特色与反思

在"走近卢作孚爷爷"的活动中,通过参观、访问、调查、讨论等形式,了解卢作孚先生为北碚建设所作出的贡献,了解他的生平事迹以及伟人对他的评价,学生受到卢作孚爷爷的人格熏陶,培养了爱祖国、爱家乡的情感。在活动中,学生还学会了查资料、做采访、统计数据的方法,在听说读写方面都有不同程度的提高,语文综合能力得到提升。不仅如此,本次活动打破了学科边界,将数学、美术摄影、信息技术等学科与语文学科进行整合,将语文学习放到了真实的生活情境里,提升了学生的语文素养。学生在活动中,还学会了如何战胜困难、如何与人合作等,心理素质得到了提升,培养了求真务实、善始善终、迎难而上等精神,将学科全息育人落到实处。

(此案例由重庆市北碚区中山路小学校韩灵琳、邓凤鸣提供)

第四章 小学语文学科全息育人教学实施

教学实施是解决具体做什么事的过程,是实现教学目标的中心阶段。小学语文学科全息育人的教学实施是教师利用学生的现场反应展开教学,根据师生双方的互动情境推进教学进程,把"做什么"转化成"什么样"的过程。教学实施策略的选择,既要符合教学内容、教学目标的要求和教学对象的特点,又要考虑在特定教学环境中的必要性和可能性。

小学语文学科全息育人的教学实施,遵循全面性原则、主体性原则、生成性原则,采用全息情境教学法、全程活动教学法、主体对话教学法,在落实学科认知的同时有效融合德性育人、审美育人、健康育人、劳动育人,全面提升学生的语文素养,全方位培养德智体美劳全面发展的新时代建设者和接班人。

第一节　小学语文学科全息育人教学实施的原则

教学实施的原则是有效进行教学必须遵守的基本要求，贯穿于教学过程的各个方面和始终。小学语文学科全息育人教学，遵循全面性、主体性、生成性等实施原则，实现全方位、全过程育人的目标。

一、全面性原则

全面性原则是指在教学活动中，"不仅重视开发和培养智力因素，而且重视开发和培养非智力因素；不仅教会学生学习，而且还要使学生学会生存，学会做人"，"使学生的各项基本素质包括德、智、体、美、劳以及个性特长的充分、自由、和谐发展"[1]。

小学语文学科全息育人教学实施过程中的全面性原则，是指既面向全体学生，又尊重学生的个性差异，在落实学科认知的基础上，有效融合德性育人、审美育人、健康育人、劳动育人，使每个学生通过参与学习活动，在原有知识和能力的基础上，获得德智体美劳的全面发展。

全人教育和学科核心素养是实施全面性原则的重要依据。全人教育就是培养"全人"或"完人"的教育，目的是培养学生成为有道德、有知识、有能力、和谐发展的"全人"。基于义务教育语文学科核心素养的小学语文学科全息育人，将德智体美劳"五育"融合的要求，落实于语文实践活动，注重面向全体学生，实现全员育人、全过程育人和全方位育人的目标，促进学生的全面发展。

在小学语文学科全息育人教学中贯彻全面性原则，有三个方面的要求：

第一，"五育"融合，实现课程的全面性。小学语文学科全息育人教学，以学科认知为基础，融合德性育人、审美育人、健康育人、劳动育人，实现课程的全面性，努力让每个学生的个性获得全面发展。如在古诗教学中，学生不仅认识生字、理解诗意，掌握学科知识，培养学科思维和学科能力；还会在品读中体会音韵美，在想象画面中体会意境

---

[1] 李春超，赵慧君.基础教育改革的理论与实践[M].长春：吉林人民出版社，2004：80.

美;在朗诵中体会作者对祖国大好河山和传统文化的热爱;在理解诗意的基础上,增强尊重劳动人民、珍惜劳动成果的意识;在体会诗歌情感的同时学习诗人心胸豁达的健康心态。"五育"有效融合,实现课程的全面育人。

第二,分层设问,实现教学的全面性。要真正面向全体学生,就必须尊重学生的差异,在教学中设置有梯度的问题。有的学生基础薄弱,反应稍慢,课堂讨论的机会往往被反应较快的学生抢走,失去了发言的机会,也就失去了获得成功和得到鼓励的机会。长此以往,他们就容易成为课堂教学活动的旁观者。因此,教师在创设问题上设置难易程度不同的问题,才能让不同层次的学生都有机会表现自我,并且在参与中体会学习的快乐,真正实现教学的全面性。

第三,多元评价,实现评价的全面性。多元评价,即采用不同形式、不同标准的评价,让评价变得立体,为每个学生提供平等发展的机会。如一年级语文教学中采用星级评价,培养学生良好的习惯,提升综合素养。"学习星""书写星""表达星""纪律星""进步星",让学生在成长过程中都能发现自己的闪光点,增强自信心,促进个体全面发展;"朗读之星""书写达标""阅读闯关""挑战表达",让学生学而不厌,"最具风采""最佳小组""最具创新",促进学生实践能力、合作意识及创新精神的发展。多元评价,让每一个学生有机会得到肯定和欣赏,促进了学生的全面和谐发展。

二、主体性原则

主体性原则是指在教学过程中正确认识学生的主体地位和教师的主导地位,使教师和学生的主动性、积极性和创造性都得以充分发挥,让教学过程处于师生协同活动、相互促进的状态,最终达成学生的全面发展。

小学语文学科全息育人教学实施过程中的主体性原则,是指教师在进行"五育"融合的小学语文课堂教学活动时,从学生所处的学习主体地位出发,制定教学策略,选择教学原则和方法,设计教学方案,组织教学过程,以学生的全面发展为根本出发点和归宿,充分发挥"教""学"双方的主体性。

在小学语文学科全息育人教学中贯彻主体性原则,有三个方面的要求:

第一,转变观念,凸显学生的主体性。教师转变教学观念,必须以学生的发展为教学活动的价值取向。教学活动的主要目的不是教师的"教",而是学生的"学"。学生是学习活动的主人,教师是教学活动的组织者、引导者。教师要充分发挥学生学习的主动性,以问题为纽带,培养学生动脑思考、动手操作,在观察、实践中进行探索和研究,创造性地解决问题的能力。教师必须树立"学生为主体、教师为主导"的"双主体"教学观,既发挥教师的导学主体作用,又充分体现学生的学习主体作用,即把"教师中心"和"学生中心"两种模式的长处吸收过来,避免它们的消极因素。教师要尊重学生的主体地位,尊重学生的学习体验,让学生具有选择学习活动的自主性。学生自主选择学习,能激起学生生命的活力,激发学生强烈的积极参与,使学生的学习拥有强劲的发展动力。

小学语文学科全息育人教学实施的过程中,教师应面向全体学生根据学情制定教学目标,设计教学活动,开展教学评价。教师要改变传统的"一言堂""一讲到底""填鸭式"的教学方式,尊重学生的已有认知和学习体验,创新设计有趣的学习活动,多向互动交流,落实学科认知、德性育人、审美育人、健康育人、劳动育人五个育人点,实现教师和学生的共生共长。

第二,活动参与,调动学生的主体性。《课标》指出:"关注不同地区学校和学生的差异,合理安排学习内容,把握学习难度,组织学习活动。根据学生需求提供学习支持,引导学生在完成任务、解决问题的过程中积累语文学习经验,发展未来学习和生活所需的基本素养。"[1]课堂学习活动中,教师应充分调动学生的主动参与性,尊重每个学生的认知与对话个性,理解每个学生的表达和思考个性,开拓每个学生课堂语言的多样性和多层性。充分利用多媒体资源进行教学,主要采用引导启发式、讨论式、项目式、模拟式等多种教学方式,激发学生学习的积极性和参与性,使学生由被动学习转变为主动求知,培养学生解决问题和创新的能力。

全息育人背景下的语文教学活动,尊重或体现学生的主体地位和主体作用,让教师与学生、学生与学生之间的言语和表情、思想与情感更加充分地互动起来,让自由、批判的清新空气弥漫课堂,碰撞出更多的灵感与创造的火花,从而达成生命的交融、智慧的生成和精神的觉醒,使课堂成为一个跌宕起伏、和谐共生的"思想场域"。

第三,激励评价,激活学生的主体性。激励性评价充分尊重学生的独立人格,肯定学生的主体地位,激励学生产生浓厚的兴趣和竞争意识。激励性评价通过营造宽松、和谐的课堂氛围,鼓励学生想象驰骋,思路纵横,多种想法涌动、交汇,把"讲堂"变成"学堂",把教师的教学目标变为学生的学习目标,把"要我做"转化为"我要做",使学生真正成为学习的主人。激励性评价通过赞美的语言、关爱的眼神,给学生以精神上的激励,充分调动学习的积极性和主动性,使思维更加活跃,热情更加高涨,提高探索和发现问题的能力。

---

[1] 中华人民共和国教育部.义务教育语文课程标准(2022年版)[S].北京:北京师范大学出版社,2022:45.

小学语文学科全息育人教学面向全体学生,尊重学生个性的发展,创设自主、合作、探究的学习活动,通过激励性评价,充分唤醒学生的主体性,有效激发学生的学习热情,使教与学的任务都圆满完成。

三、生成性原则

生成性原则是指在师生交往互动的教学活动中,教师以临时出现的有价值、有创意的问题、情境或观点为契机,调整或改变预先的教学设计,挖掘学生的潜能,引发学生深入思考,充分展现学生的个性,从而达成或拓展教学目标。

小学语文学科全息育人教学实施过程中的生成性原则,是指在小学语文学科全息育人教学的过程中,教师与学生平等地交流对话,及时捕捉有价值的问题,调整预先的教学设计,激发学生的创新思维,有效融合德性育人、审美育人、健康育人、劳动育人,实现拓展学习内容、培养学生综合素养的目标。

在小学语文学科全息育人教学中贯彻生成性原则,有三个方面的要求。

第一,充分预设,孕育教学的生成性。贯彻生成性原则首先要进行课前充分预设,精心构建课堂交流的话题。教学活动前,教师要创设情境,通过构建具有针对性和启发性的话题,引导学生分析问题、解决问题,使每个学生都能通过思考表达自己的见解,实现课堂教学中的精彩生成。贯彻生成性原则要不拘泥于预设。没有预设的生成显得盲目,没有生成的预设显然低效。课堂具有多变性和复杂性,教师在教学实践与预设有差异的情况下,应灵活选择、整合乃至放弃教学预设,机智生成新的教学方案,使教学更加精彩。

第二,尊重学生,达成教学的生成性。贯彻生成性原则,教师要从内心尊重学生,尊重学生的主体地位。以学生为本,是生成性资源开发的前提。无论学生回答什么样的问题,得出怎样的答案,在价值观正确的前提下,都以尊重学生的创造和劳动为出发点,善待错误,激发思维,促进生成。贯彻生成性原则要让内容的价值取向与尊重学生的独特感受有机结合。《课标》指出:"感受语言文字的美,感悟作品的思想内涵和艺术价值,能结合自己的经验,理解、欣赏和初步评价语言文字作品,丰富自己的情感体验和精神世界。"[①]学生理解作品会有自己独特的感受,对于课堂上与教师预设有出入的答案,教师不能简单否定,要尊重学生,也要尊重教材内容的价值取向,力求让学生也认同这种价值取向。

---

① 中华人民共和国教育部.义务教育语文课程标准(2022年版)[S].北京:北京师范大学出版社,2022:6-7.

第三,及时捕捉,凸显教学的生成性。贯彻生成性原则要求教师要善于抓住知识能力的生成点。首先,兴趣点是生成活动的前提。当教师发现学生对某种现象、某个事物产生浓厚兴趣时,可以确定有生成活动的可能性。这就需要教师用敏锐的眼光去观察、发现学生的兴趣,更需要教师学会倾听,支持学生。其次,矛盾点是生成活动的关键。当学生因为某个话题产生较大冲突时,教师可以主持者的身份组织活动,并围绕该主题与学生一起展开探究,抓住时机生成精彩的活动。贯彻生成性原则要及时捕捉教学契机。对于稍纵即逝的教学契机,教师要紧抓不舍,把它转化为新的教学资源,使课堂教学更加精彩。如果教师能在众多信息中通过比较、判断,选择有价值的信息作为教学的新契机,就能让课堂进入"柳暗花明又一村"的新境界。

坚持以学生的发展为本,多一些褒扬和唤醒,善于随机应变,灵活驾驭课堂,语文课堂一定会在动态生成中闪耀出创造的火花。

第二节 小学语文学科全息育人教学实施的方法

教学方法是教师和学生为了实现共同的教学目标,完成共同的教学任务,在教学过程中运用的方式与手段的总称。一种教学方法能在教学中运用并站得住脚,应该具备以下几个因素:一是与一定的教材知识结构或内容相适应,有利于知识教学;二是与一定的能力培养目标相适应,有利于学生能力的培养;三是与教师、学生及教学设备、教学环境、社会条件等因素相适应,切合当地的教学实际。教学方法只有与上述三个方面相适应,并与这三个方面达到优化组合,才能在教学过程中充分发挥效能,促进教学成效的提高。

当然,一种教学方法的确立,除涉及上述诸因素外,还受教学理论、教学思想等方面的限制,它们从理论上确定了教学方法的科学性。基于全息育人理念的全息性、全程性、主体性,小学语文学科全息育人教学实施的方法主要有全息情境教学法、全程活动教学法、主体对话教学法。这三种教学方法没有具体的、固定的教学模式,需要教师领会其思想内涵,在教学实施过程中创造性地灵活运用。

一、全息情境教学法

情境教学的概念最初是由英国的应用语言学家布朗、科林和杜吉德于1989年提出的,他们认为情境就是学习知识的环境。目前许多国内学者,如韦志成、顾明远、李吉林也从不同角度对情境教学进行了定义。李吉林认为,情境教学是教师为引起学生的注意和持续关注,从情与境、情与辞、情与理以及情与全面发展的辩证关系出发,创设典型的场景,激起学生热烈的情绪,把情感活动和认知活动结合起来,使其主动参与课堂教学的一种语文教学模式。

全息情境教学法是在小学语文学科全息育人的研究背景下提出来的。它根据学科负载的信息内容和学科育人的总规律,通过传统手段和现代信息技术,创设出全方位、多角度的模拟或虚拟情境,激发学生的学习兴趣,引导学生主动参与教学活动,达成基于学科认知的德性育人、审美育人、健康育人和劳动育人五个育人点的融合。

全息情境教学法中"全息"的核心思想,是指学科认知、德性育人、审美育人、健康育人、劳动育人这五个育人点与小学语文学科育人这个整体之间,都包含着相同的信息。其中,学科认知是显性秩序,德性育人、审美育人、健康育人、劳动育人是隐性秩序。全息教学情境的创设,体现在内容目标和手段方式的全息性两个方面。内容目标的全息性指的是五个育人点在学科认知基础上的融合。手段方式的全息性指的是传统方式与现代信息技术手段的混合。全息情境教学能够在最大程度上展现生动逼真的教学内容、丰富多彩的交互活动、欢乐有趣的教学过程,为学生带来不一样的学习体验。

(一)全息情境教学法的操作要素

教学的内容与目标,只有通过学生的积极参与、内化、吸收才能实现。教学的这一本质决定了学生是学习与发展的主体。学生的心灵世界中蕴藏着巨大的学习动机,他们的学习动机更多地为情感所驱使。全息情境教学法正是利用教学的这一本质和学生的心理特点,将学生带入情境,在主动探究的乐趣中,激发学习动机;又在连续的情境中,不断强化学习动机。创设全息情境,诱发学习动机,是全息情境教学法的第一要素。在此基础上,对全息情境进行优化、融合、凭借、拓宽,使学生获得学科认知,陶冶道德品性,提高审美素养,增强健康和劳动意识。

1.优化情境,获得学科认知

学习动机激发起来后,学生会兴致勃勃地去学习教材。部编版小学语文教材,采用"双线"组织单元结构:一条线索是"人文主题",选文内容、题材、体裁丰富多彩;另一条线索是"语文要素",包括基本的语文知识、必需的语文能力、适当的学习策略和学习习惯,由浅入深,由易及难,分布并体现在各个单元的课文导引或习题设计之中,形成一个螺旋上升的隐性序列。部编版小学语文教材内容的丰富性以及"双线并进"的编排方式,帮助教师打开了思路——采用多种形式优化教学情境,以"思维发展"为核心,促进学生语文知识的增长和语文能力的提升。

优化情境的形式有图画再现、音乐渲染、角色表演、课内游戏、语言描绘、生活直观甚至VR影像等。在具体操作中,教师应根据不同的教材,采用不同的形式:或创设问题情境,造成悬念,让学生因好奇而要学;或描绘画面,呈现形象,产生美感,使学生因爱美而要学;或出示实物,在观察中引起思考,使学生因探究而要学;或联系学生已有的生活经验,产生亲切感,使学生因贴近生活引发关注而要学;或触及学生的情绪领域,唤起心灵的共鸣,使学生因情感的驱动而要学;或引入VR影像技术,在逼真的虚拟情境中多方交互,使学生因现代信息技术带来的不一样的学习体验而要学……这些丰富多样、具体形象的情境,不仅蕴含着小学语文学科的五个育人点,而且对学生有潜移默化的暗示作用。

角色扮演是最常用的情境优化形式。学生扮演、担当与教学内容相关的角色,带着特定的角色意识去学习、感受、体会、揣摩,活化了教材文本,消弭了与学习材料之间的心理距离。角色扮演能弱化学习者的被动消极状态,使之兴趣盎然、主动积极地学习,凭借如临其境的感受,加速对学习内容的理解和顿悟,培育日渐成熟的主体意识和主体品质。角色扮演的情境,不管是真人扮演的角色模拟情境,还是VR技术支持下的虚拟角色情境,都能产生强烈的角色效应。角色效应的产生,有一个转换的过程。这一过程可以概括为:进入情境—扮演角色—理解角色—获得学科认知。

优化情境,是为了获得学科认知。获得学科认知,以思维发展为核心。因此,如何通过优化情境,有意发展学生的形象思维、抽象思维、创造性思维,提高思维品质就显得十分必要。形象思维离不开对形象的感觉与感受。形象越是鲜明丰富,感觉越是敏锐。右脑越是兴奋,形象思维越是活跃。全息情境教学法主张强化感受,淡化分析,运用图画再现、音乐渲染、角色扮演、课内游戏、语言描绘等创设生动形象的场景,作用于学生的感官,使之活跃、丰富、敏锐、完善起来。抽象思维的发展可以浓缩、积淀成一种瞬间的、敏捷的感觉性反应。在全息情境教学中,不仅要尊重、利用学生那些自发的直觉,更要利用直觉反馈、激发、强化学习动机,引导学生通过逻辑的推导、演绎,进一步认识事物的本质,加深对学科认知的认识。全息情境教学法注重感觉的训练和直觉的培养,实际上都是为了发展学生的创造性思维。情境中鲜明的形象和热烈的情绪,使眼前形象与学生的视觉记忆系列中的形象,连续地跳跃式地进行着。联想和想象活动近乎无意识地展开,右脑的非语言思维显得十分活跃。在此情此境中,学生潜在的创造性易于被激发和表现出来,但需要教师的启发引导,对其进行新形象的多种组合,并结合学科特点,变复现式的记忆力训练为创造性的语言训练。从课文内容出发,或改变体裁,或转变人称,或增添角色,或叙述故事,或抒发情感,或阐述道理;从语言形式出发,或独白,或对白,或多角色表演,促使学生灵活运用已学的词、句、篇及修辞手法,促进创造性思维的发展。

如教学《小蝌蚪找妈妈》,教师可以让学生戴上头饰扮演"小蝌蚪""鲤鱼""乌龟""青蛙",通过分角色朗读,进一步认识"小蝌蚪是怎样长成青蛙的";通过情境对话,学习用加点的动词("披""鼓""露""甩")各说一句话。这样,学生由具体到抽象的思考再到创造性的运用,词义细微的差别都一一领悟了,课文的内容也理解内化了。不难看出,通过优化情境,持续强化了学生的学习动机,增进了学生对小蝌蚪长成青蛙的自然科学知识的了解,丰富了学生对字、词、句等语文知识的积累。同时,学生的形象思维、创造性思维得到了发展,倾听和表达能力也得到了训练和提升。这样,由诸要素构成的相互作用的连续体不断向前推进,其中的诸要素得到了深化,整体情境也随之而丰富。学生的学科认知、德性育人、审美育人等育人点的融合也在这个过程中潜移默化地进行着。

2.融入情境,陶冶道德品性

部编版小学语文教材以"人文主题"这条显性线索组织单元,如"祖国山河""家乡""童年生活""伟人""伙伴""关爱""相处""美好品质""修身正己""挚爱亲情""人生之舟"等,这些单元选编的课文大都文质兼美,思想性强,人文内涵丰厚。国家意识、社会参与、个人修养等德性育人点潜藏在每篇文章的字里行间,营造了一个语言文字情境。在教学过程中,师生通过共同创设的学习情境,将潜藏在语言文字中的育人点显现出来,达到"随风潜入夜,润物细无声"的效果。

在全息情境教学中融入德性育人,首先要渗透国家意识,通过语文课程的育人优势落实"立德树人"的根本任务。语文课程传达的理念,教师传达的思想都在塑造着学生的价值观。在语文教学过程中,一定要树立国家意识,借助课文情境和课堂情境,潜移默化地渗透中华优秀传统文化教育、革命文化教育和社会主义先进文化教育,培养学生对中国共产党的认同,对国家的认同,对社会主义制度的认同。

国外有学者通过追踪研究指出,社会能力可以预测社会关系和学业成绩的好坏。当儿童逐步发展起在社交情境中能够体悟他人感受、倾听他人想法并愿意与人交往的心理倾向和技能时,他们在社会文化中进一步建构知识的学习才会真正得以发生。[①] 所以,在全息情境教学中融入德性育人,还要培养学生的社会参与能力。其中包括承担责任、尊重他人、合作、化解矛盾、集体做决定和小组中担任角色等社交技能,听、说、阅读、写、观看、演示和非语言交流等沟通技能(PYP超学科技能)。这些技能,有些体现在课文内容情境中,更多的体现在师生"双主体"营造的"共同学习"的课堂社交情境中。师生之间、同伴之间的互相信任与积极支持,温暖的伙伴关系,是所有学生进步的基石,具体表现为:低年级同理性的倾听、平等和尊重;中年级学习的主动性和责任感,相互学习的横向联系;高年级自主地合作性地解决问题。在全息情境教学中融入德性育人,更要培养学生的个人修养。具体而言,就是培养学生的文化素养和精神世界。儒家思想中的学以成人、仁者爱人、三省吾身等,都是希望个体向内追问自我的道德品质,通过自我的内省将道德认识固化为道德信念,成为一个求真向善的人。在今日,一个有文化修养的人,一定也是一个有公共道德、有同情心和同理心、对陌生的他人能表现出高素质和高修养的言行的人。在这个层面,着力点在于继承,将传统文化中的优秀品质通过课文情境和课堂情境,让学生在日常言行中继承下来。从个体的精神层面看,语文教育更重要的是让学生成为一个独立的个人,有属于自己的精神世界的"精神高贵的个人"。在这个层面,着力点是尊重。教师要借助相关的课文情境,营造平等和尊重的课堂情境,调动学生的积极性,有机渗透自我价值的认同,让学生获得尊严感,形成独立的自我。

如教学《小蝌蚪找妈妈》,教师可以指导学生通过角色扮演,体验课文讲述的童话故事情境。当小蝌蚪看见鲤鱼妈妈,迎上去问:"鲤鱼阿姨,我们的妈妈在哪里?"学生通过动作表演理解"迎上去",学习有礼貌地称呼长辈,学会用商量的语气询问。小蝌蚪在鲤鱼和乌龟的帮助下找到了妈妈。在小蝌蚪寻找妈妈的过程中,它不知不觉变成了小青蛙。在角色表演情境中,教师可以相机引导,让学生明白从小学会独立,遇事主动探索的道理;还可以相机补充以下信息:小青蛙天天跟妈妈捉害虫。据统计,一只青蛙一年可以消灭15000只左右的害虫。我们要保护青蛙。在全息情境教学实施过程中,要结合文本内容,发现德性育人点,将国家意识、社会参与、个性修养等相机融入真实或虚拟的教学情境中,陶冶学生的道德品性。

3. 凭借情境,提高审美素养

小学语文教材选材范围广泛,文质兼美,图文并茂,有学生喜闻乐见的各式文体,以具体、鲜明、生动的形象为载体,凝聚着强烈的情感,渗透着深刻的理性,向学生展现了一个由美的人、美的事、美的景、美的物交织而成的绚丽多彩的世界。全息情境教学

[①] 学习基础素养项目组.素养何以在课堂中生长[M].上海:华东师范大学出版社,2017:17.

将艺术的直观手段与教材的语言描绘相结合,创设或真实或模拟的情境,使学生在形象的感染、情感的陶冶和精神的愉悦中感知美、欣赏美、表现美、创造美,从而提高审美素养。

在全息情境教学中,提高学生的审美素养,包括内容美、形式美、情意美三个具体的审美育人点。内容美是指学生在情境中感受文本内容所蕴含的自然美、社会美、科学美、艺术美。形式美是指学生在情境中体会汉字的音韵美和形态美、语言的准确美和形象美、文本结构的严谨美和灵动美。情意美是指学生在情境中受到情感美、意境美的熏陶和感染。

这里重点说说"形式美"。首先谈谈汉字的音韵美和形态美。汉字本身的读音就具有音韵美,其声、韵、调三者的结合,以及不同声调的语汇的排列组合,形成了抑扬顿挫的音韵美。汉字的形态美,主要体现在整体形状和结构特点上。无论汉字呈什么形状,它们的形体都是活泼灵动的;无论汉字的结构有什么特点,它们的组合都显得错落有致。每一个汉字,带给我们的感受都是各占其位,各得其所,协调和谐,恰到好处。

其次谈谈语言的准确美和形象美。语言是构成文本的主要材料。准确,是语言表达最基本的要求,包括用词恰当、句式规范、合乎情境等,即明确而合理地表情达意。形象,是文学语言共同的准则,它能充分调动人们的形象思维,使表达具体可感。文学作品中的语言具有高度的形象美,实用作品中的语言也可以通过形象美在理趣中增强表达的情趣。

最后谈谈文本结构的严谨美和灵动美。文本结构,是指文章各部分之间的组织安排。文体不同,文本结构也不同。叙事性作品常常按照时间、空间、人物、事件、情感等结构全文。说明性文章常常按时间、空间、逻辑等顺序结构全文。议论类文章一般按照提出问题、分析问题、解决问题的顺序安排结构。诗歌的结构往往讲究起、承、转、合。小学语文教材中的文本无不注重结构严谨、匀称,同时自然、灵动,富于变化。

全息育人的教学情境向儿童展示的是可感的生活场景、生动的画面、音乐的旋律、角色的扮演或是实物的演示,这些具体生动的形象,为儿童理解语言做好认识上的准备,而且是笼罩着情感色彩的认识的准备。[①]儿童作为审美主体,凭借情境,在形象的感染中去感受、发现、欣赏文本赋予的内容美、形式美、情意美,进而加以运用,去表现、创造这种美。

如教学《小蝌蚪找妈妈》,学生可以凭借形象的图片创设的情境,结合课文中描写青蛙动作的词("蹲""披""露""鼓"),体会青蛙的形态美;结合课文中描写青蛙颜色的

---

① 李吉林.小学语文情境教学:李吉林与青年教师的谈话[M].北京:人民教育出版社,2003:346.

词("碧绿的""雪白的"),体会青蛙的颜色美;凭借图片情境,通过删词、换词的方法对比朗读,感受语言的准确美和形象美;通过运用动词或形容词分别说一句话,表现生活中类似事物的形象美,创造类似句式的语言美。这样的全息情境教学,既突出了童话角色的鲜明形象,又培养了学生的语感,自然而然地提高了审美素养。

4.拓宽情境,增强健康和劳动意识

小学语文教材的选文题材丰富,有很多课文都蕴含着健康育人和劳动育人的情境要素。如《怎么都快乐》《青蛙卖泥塘》《鲁滨逊漂流记(节选)》《盼》等课文,可以渗透健康育人,尤其是心理健康教育。如《纸的发明》《中国石拱桥》《祖父的园子》《那个星期天》等体现劳动人民的勤劳和智慧、歌颂劳动精神的课文,可以渗透劳动育人,尤其是劳动意识和劳动情感态度教育。除此之外,还可以挖掘课文以外的人物、课文以外的文章、课文以外的书籍、课文以外的综合实践活动等,将课文情境拓宽到真实的学生生活情境,有机渗透健康、劳动等育人点,滋养学生的心灵,培养学生劳动的能力,塑造学生健全的人格。

小学语文学科全息育人教学的健康育人点包括身体健康、心理健康和和谐的课堂氛围。劳动育人点包括劳动意识、劳动能力、劳动情感态度。在全息情境教学中,这两个育人点仍然可以从教材文本内容情境和课堂学习情境两个方面去落实,但更需要拓宽情境,增强学生的健康和劳动意识。

健康育人在全息情境教学中的实施,贯穿小学全学段真实的学习情境。如听课的姿势、朗读的姿势、写字的姿势,正确的坐姿、站姿,如何用眼,做作业时如何保持手和书本的整洁等,重点渗透身体健康的教育。首先,全息育人的课堂需要营造和谐的氛围,建立友善互助的师生关系和生生关系,关注学习过程中开放、轻松、愉悦的心理感受,帮助学生悦纳自己、增强自信,形成良好的心理品质。其次,还需要根据课文中的健康育人点来拓宽课堂教学情境和课外生活情境,有机渗透热爱生活、同伴交往、学习探索、悦纳自我、感恩生活、学会判断等心理健康教育。

劳动育人在全息情境教学中的实施,也贯穿小学全学段真实的学习情境。首先,应该让学生意识到劳动每时每刻都在课堂中、班级内和学习中发生。学习本身就是一种艰苦的劳动,是每个人一生当中都需要持续迈过的"劳动关"。其次,可以在相关课文营造的情境中渗透劳动意识、劳动情感、劳动态度。再次,还需要将情境拓宽到课前、课后,拓宽到学科之间,拓宽到生活中,引导学生参与日常生活劳动和生产劳动,以及校园和社会服务性劳动,学习劳动技能,通过对劳动过程、劳动体验的学科性表达,提升对劳动的感悟与理解,培养劳动的意识与习惯,增强劳动与创造的能力。

如教学《小蝌蚪找妈妈》，教师可以将角色扮演的模拟情境进一步拓展，创设小蝌蚪独白的情境，让学生体验到小蝌蚪在寻找妈妈的过程中的急切、疑惑、愉悦等心理感受，以及如何认知和调适这些心理。然后，继续将小蝌蚪和青蛙妈妈的角色扮演延伸到课外生活情境中，创设班级"悄悄话"秘密空间，学生可以通过说（写）悄悄话，把自己内心深处的喜怒哀乐真情流露，跟老师和同伴更好地沟通，起到更好的心理调节作用。课外，还可以开展观察蝌蚪、养蝌蚪、小蝌蚪农耕文化体验周等综合实践活动，在拓展的生活情境中，激发劳动的情感，培育积极的劳动精神，树立正确的劳动观念，培养必备的劳动能力，养成良好的劳动习惯和品质。

全息情境教学法的操作要素有优化、融入、凭借、拓宽四个方面，围绕学科认知、德性育人、审美育人、健康育人、劳动育人五个育人点，最大限度地实现了诸要素的功能耦合，极大地提高了教学效率，给课堂注入勃勃生机。学生在学习中获得了学科认知，提高了德性和审美的素养，增强了健康和劳动的意识，感受到无穷的乐趣。

（二）全息情境教学法的落实途径

小学语文教材的每篇课文都有一个整体情境，其中包含一个连着一个的局部情境，这些情境都是客观存在着的。作者进入了特定情境，才能写出表现特定情境的作品，所以全息情境教学再现的是教材本身描写的模拟情境，拓展链接的也是跟教材相关联的生活情境。全息情境教学法就是通过一定的途径，把学生带到作者笔下的那个情境中去，同时又从作者笔下的情境走出来，走向真实的生活情境，从而实现小学语文学科全息育人的目标。

1.借用直观手段，再现情境

教学知识性的课文，以实物为中心，提供必要背景，构成一个整体，再现某一特定情境。这个"实物"可以是真实的原型实物，也可以是模拟的替代实物。不管哪一种实物，为了使儿童能认识某一事物的本质属性，都需选取典型的个体。既然是以实物再现情境，就必须有一定的背景，考虑其整体性，形成真切感。

图画是展示形象的主要手段，用图画再现课文情境，实际上就是把课文内容形象化。课文插图、特意绘制的挂图、剪贴画、简笔画、多媒体动态图等都可以用来再现课文情境。无论用哪一种图画，都需要教师加以指点、启发、描绘，引导学生关注需要感知的角度及侧重点，从而充分感受形象，进入情境。

音乐像文学一样，也有丰富的语言、鲜明的形象和深远的意境。它抒情功能极强，通过乐曲进行中的力度的强弱、旋律的起伏变化以及节奏的抑扬顿挫，用直感的方式，作用于人的听觉，产生感性上的直接体验，唤起听者心理上的类似的反应，引起情感上的共鸣。通过音乐，更容易把学生带到特定的情境中。不管是播放现成的乐曲、歌曲，还是现场的教师弹奏、清唱以及学生表演唱、哼唱等，都需要注意选取的音乐与教材语言在整个基调和意境上的和谐与一致。

2.引入教育戏剧，表演情境

教育戏剧的理念起源于英国，距今已有一百多年的历史。许多欧美国家已经将其纳入基础教育的范畴，把它当成"全人教育"的重要部分。教育戏剧运用戏剧的元素，通过角色扮演、虚拟情境等戏剧方式，引导学生在接纳自我的前提下进入课文的情境，在情境体验中观察、想象、反思、创造……最后带着习得的生命力重回自我，成为更完整的人。教育戏剧中教师与学生共生出来的所有情境，都是一次崭新的生命成长历程。

全息情境教学法的教育戏剧有两种：一是整节课采用教育戏剧的方式，有"暖身游戏""教师入戏""专家外衣""定格画面""思路追踪""论坛剧场"等策略；二是某个环节采用角色表演的方式，有"进入角色""扮演角色"两种。"进入角色"即"假如我是课文中的某某"，"扮演角色"则是担当课文中的某一角色进行表演。不管是哪种方式，都是在用戏剧化的方法表演情境，实现全息育人的目的。

3.运用语言文字，描绘情境

当各种情境在学生眼前展现时，需要教师用语言文字的描绘来调节和支配学生的认知活动，把学生带入情境，激起与教材情境相一致的情感活动，使学生获得确切的、丰满的感性知识。运用语言文字描绘情境，可以与直观手段结合，对情境进行补充；也可以单独运用，用语言文字的描绘引导学生想象，让学生在想象中进入情境。

教师运用的语言文字不仅应具有相当的规范性和示范性，还要具有主导性、形象性、启发性和可知性。主导性是指教师通过语言文字的描绘，引导学生明确需要注意什么、感受什么、联想什么，以及观察后怎么表达。形象性是指教师要用语言文字去画画，去揭示形象，再现具体生动的整体情境，使学生产生身临其境的感觉。启发性是指教师通过语言文字的描绘，引导学生积极进行思维活动，由此及彼、由表及里、由浅入深、由因到果、由个别到一般。可知性是指教师用来描绘情境的语言文字，所包含的概念、形象，在学生的记忆的表象中应该或多或少有所贮存，但并不等于学生全部熟知，即让学生既可理解，又有收获。

4.联结学生生活，展现情境

知识来源于生活，还要回归生活。只有紧密联结学生生活实际，学生才能在真实的生活情境中，深入理解、应用、探索、建构，形成良性循环，增强学科全息育人的效益。

教师从生活中选取某一典型场景,用鲜明的语言描绘,帮助学生延续对课文的深入理解。

生活的场景是广阔的,联结学生生活,教师事先要优选鲜明的富有典型意义的具体场景,安排观察顺序,考虑指导观察和启发思考的导语,才能把学生带入生活的情境中。优选情境应有主次,有取舍,使情境具有鲜明性和新异性。程序安排应有条理,便于学生对所获得的感性材料进行思考,促进学生的思维活动有序进行。教师要启发学生在观察中以已有的生活经验为基础适当展开想象,加深对情境的体验和对世界的认识。

5.应用信息技术,虚拟情境

信息时代,传感技术、网络技术、多媒体技术及人工智能技术蓬勃发展。信息技术在教育领域的广泛应用,对教育理念、模式和走向都产生了革命性的影响。应用无线网络技术、传感技术、交互联动及遥指技术等新兴信息技术,并与外接头戴、移动头显、裸眼VR等移动设备结合,为学生创设人机共存、人机交互的虚拟情境,既能优化学科认知信息的传递效果,又能落实德性、审美、健康、劳动等育人点的渗透。

实践证明,情境教学实现了儿童主动学和乐学,获得全面发展的目标。特别是近20年来,具身认知学说席卷全球,它强调认知的涉身性、体验性、环境嵌入性,主张把心智根植于身体,把身体根植于环境,从身体与环境互动的视角看待学习。特别是学生在虚拟情境下的主动观察学习,可以改变他们的思维和感知,促进其自身正向行为与情感的内化,获得更多的知识和体验,获得更完整的全人发展。可以借鉴的是,当前国外对具身学习环境的教育教学研究已经取得了长足进步,具有代表性的是亚利桑那大学开发的互动空间。这种具身学习环境融合了实体环境与网络虚拟环境,是一种能够使学习者完全沉浸其中的混合现实环境,学习者通过肢体动作进行适时的观察和互动,学习和体验知识及原理。[①]这项研究成果,对全息情境教学具有前瞻性的借鉴意义。

二、全程活动教学法

活动是人存在和发展的基本方式。儿童生命的本性便是活动。全国著名特级教师李吉林老师认为:"在课堂教学中促进儿童素质发展的主要途径,便是儿童的活动。"

作为一种教学方法的"活动教学",首先是由皮亚杰提出并积极倡导的。他认为,儿童智力发展的根本原因和机制是活动,儿童认识(智慧)的发展是主体(主动)建构

---

① 学习基础素养项目组.素养何以在课堂中生长[M].上海:华东师范大学出版社,2017:156.

的,教学要发展儿童的主动性,要重视儿童的实际活动。我国也不乏学者赋予"活动教学"一种教学方法的含义,吴一凡、田慧生、彭小明等学者都强调了主体参与、主体互动、主体建构和整体素质发展。在小学语文学科全息育人教学过程中的全程活动教学法,是指教师通过构建让学生积极主动、全员参与、全程参与、全身心参与的立体的、多维的语文学习活动,不断优化语文活动的方式和过程,尽可能地开放学习的空间,增大学习的自由度,探求学生自主发展的内在动力,充分弘扬学生的主体性、能动性和创造性,使学生在学科认知、道德品性、审美素养、健康意识、劳动技能五个方面得到和谐的发展。

全程活动教学中的"全程",可以从时间和空间两个维度去理解。从时间维度看,纵向覆盖个体发展的全部时间,做时间上的持续支持。从空间维度看,横向覆盖个体成长的全部环节,做空间上的持续支持。

(一)全程活动教学法的操作要素

教育教学的过程是一种特殊的活动过程,教育的最终目的,是要实现教育对象的全面发展,而教育对象的发展,归根到底要靠他的自我作用,靠他在对象化活动中形成内在本质。[①]因此,教师要充分重视活动在语文教学中的独特价值。

作为小学语文学科全息育人教学的"活动",由外显活动和内隐活动构成,涉及外显活动的内化与内隐活动的外化两个双向转化过程。外显活动主要包括感知活动、操作活动与言语活动,形成的是相对低级的心理技能。内隐活动主要包括认知活动、情感活动与意志活动,形成的是相对高级的心理技能。教师设计让学生自主参与的各种外显的学习活动,激发学生全身心投入,促使外显活动与内隐活动相互转化,学生的知识掌握、能力形成和情意发展才得以协调发展。小学语文学科全息育人全程活动教学法的独特价值,在于通过主动参与多层次的主客体相互作用的主体活动,通过交流、合作、沟通等全程活动,通过广阔的、开放的、能促进学生主动参与的活动环境,最终指向由学科认知、德性育人、审美育人、健康育人、劳动育人构成的"五育"融合的和谐发展,以及更深层次的以差异化、创新性为核心的整体素质的全面发展。

1.活动全程化,推进"五育"整体融合

全程活动教学法的活动全程化有两层含义:一是指课堂教学过程中,基于"双主共学"的课堂教学理念,用一个又一个的学习活动来推进课堂学习;二是指突破传统课堂教学从课堂开始到课堂结束的时空限制,让学习活动从课前开始,在课堂发展,到课后延续,经历一个完整的过程。这样的全程化的活动教学,可以充分激活学生的学习动

---

① 陈建翔.教育中项论[J].教育研究与实验,1995(03):5-8.

力,让学生充分地经历学习的全过程,从而有效推进小学语文学科的"五育"整体融合。

(1)课前学习活动,让学习有备而来。

课前,学生在自主学习活动中积累前经验,形成学习意向。学生凭借已有的学科认知,发现问题、初步探究问题,促进前理解,建立前概念,有准备地进入课堂学习。课前启动学习活动,能让学生成为真正的学习者。

课前的学习活动是与教学重点和难点有关的准备性的学习活动,主要针对小学语文学科全息育人框架中的学科认知这个育人点,包括陈述性知识、程序性知识、策略性知识。陈述性知识是关于"是什么"的知识,包括事实性知识、概念性知识和原理性知识,具体指与教材直接或间接相关的知识,即小学语文教材中的语文基础知识点和基本能力点。程序性知识是关于"为什么"或"怎么做"的知识,是关于完成某个学习任务的行为或操作步骤的知识,可用来操作和实践,具有动态的性质,包括方法性知识、过程性知识和操作性知识。策略性知识是关于"怎么思维和认知"的知识,即元认知。它是指学习者在学习情境中对任务的认识、对学习方法的选择和对学习过程的调控,是由学习方法、学习调控和元认知等要素构成的监控系统。它以认知过程与结果为对象,是调节认知过程的认知活动,是对认知的认知,有助于知识的激活和提取。

课前学习活动的内容,可以设计成纸质的导学单,包括大问题串联式、大信息搜索式、新旧知联结式等;也可以借助QQ、微信、钉钉、腾讯课堂等互联网技术平台或学校自主研发的学习云平台进行发布。

(2)课堂学习活动,实现"双主共学"。

课堂学习活动,由学生和教师双主体的共同配合来展开。在课堂"双主共学"的学习活动中,课堂是一个集体,学习活动是这个集体的学习活动,每个学生作为个体学习者,积极参与、相互惠及、共同发展。

课堂学习活动的形式有集体向心式、联结互助式等。集体向心式是以某位学生为"圆心",其余学生为"圆周"组织开展学习活动。如作文互评时,安排一位学生朗读自己的习作,其余学生认真倾听,听后进行评议。联结互助式是以共同承担责任为基础,通过合作、同构、联合等形式开展学习活动。如综合性学习,学生同构一个目标,合理分工、合作互助、共同承担。

课堂学习活动要创设自由和宽松的"共学"氛围,为学生求异思维、创造性思维的发展提供有利的机会,为学生的个性发展得到充分的、健康的、全面的、最优的发展提供有利的条件。课堂学习活动要明确学习目标,聚焦核心问题,拓展问题容量,重视合作前的自主学习,激发相互依赖相互交流的合作需要,让学生在学习活动中有话想说、有话能说、有话可说,通过自讲、互讲、共讲,立足讲清、讲透,促进知识的内化,让学习真正发生,引发课堂交响,从而提升其思维张力,发展其学习能力,提升其一生有用的综合素养。

在课堂学习活动中,学生真正成为学习的主人,学习真正成为学生自己的事情。学生是主动的学习者,天生具有学习的本能。学生的这种本能需要成熟的共同学习者——教师的引导和培养:一是在学习进程中随时诊断学生的学习表现和学习情况;二是在学生需要的时候搭建学习"脚手架"进行必要的引导和启发,为学生提供各种学习支持。

(3)课后学习活动,让学习得以延续。

学生带着问题走进课堂,还要带着问题走出课堂,检测问题和解决问题。课堂所学能否得到巩固,学生能否熟练掌握所学内容,能否将其转化为自己的能力,能否学以致用,能否获得德性、审美、健康、劳动等方面的成长,往往取决于课后学习活动的质量。

课后学习活动的内容大致包括对所学语文知识和技能的巩固,从所学的知识和技能拓展出来的迁移深化、实践探究等活动。课后学习活动的方式有书面式、实践式、网络式。课后反思本、生活日记本、课后练习本、课后采蜜本等属于书面式,表演、调查、采访、研究、班队会等属于实践式,文字、图片、语音、视频分享等属于网络式。课后学习活动通过紧密联系学生的生活实际,可以促进学生对所学知识和技能的迁移,提升学习力。

活动教学的全程化,还隐含常规化和系列化。常规化能够让学生在摸索中体验,在体验中获得,在获得中适应,在适应中调整。系列化能够避免断裂式的思维习惯和碎片化的学习习惯,让学生清晰地把握课程设计和学习方式的内在逻辑,促进"五育"的整体融合式发展。

2.活动主体化,尊重"五育"差异发展

教学活动是由教师的教和学生的学组成的双边活动。在学习活动中,学生始终是积极参与的、不断发展的学的主体。各种内容的活动都需要学生的亲身实践和操作体验,离开了学生的主体活动,教学活动就无从谈起。教师作为促进学生发挥主体作用的教的主体,是活动内容和活动过程的创造者、组织者、领导者。教师要尊重、信任、理解、关心、爱护和解放学生,尽一切可能,创造一切条件,最大限度地增加学生学习的自由度。将各种教学内容中的间接经验转换为学生活动情境中的直接经验,教师可以从中了解学生的内在活动需要、活动特点和水平,及时给予调整,着力发挥学生在学习活动中的自觉性、积极性、独立性,使学生真正掌握学习的主动权。

人的活动是丰富多样的，因而人的活动对象也是丰富多样的。语文学习活动的对象包括实物存在的客观事物和客观环境，以及心理映象或以符号形式存在的活动对象。这些活动对象，对应的是小学语文学科全息育人框架的学科认知、德性育人、审美育人、健康育人、劳动育人五个育人点。从学生个体发展的角度来看，学生身心发展的年龄特征也制约着学习活动的内容和水平。维果茨基学派的研究表明，每个年龄阶段的儿童都有多种活动，但其中必有一个最主要的主导活动。在学习活动中，智力活动（即学科认知）无疑应当是贯穿学生整个学习生活的主导性活动，其他各类活动（即德性育人、审美育人、健康育人、劳动育人）则是伴随性活动。但同样是智力活动，不同年龄阶段的儿童，其智力活动的特点、内容水平是有显著差异的。7—10岁儿童的形象思维处于优势地位，抽象思维在逐渐形成之中。他们对外部事物的把握以图像为主。10岁后的儿童抽象思维逐渐得到发展，对事物的认识逐渐转向以符号把握为主。

因此，在学习活动中，教师要依据学生身心发展的年龄特征，依据活动对象的内容和特点，依据语文学科的特点，合理设计活动，引导学生主动参与到活动对象的建构中，充分激发其活动的积极性和能动性。教师要倡导自主学习、自主活动、自主实践、自主探索，去发现和解决问题，促使学生在活动中主动实施，促进主体能力的发展。中低年级可以通过组织各种观察活动和游戏活动，提供丰富的材料和接触实物、接触现实生活的机会，促进学生形象思维的发展。高年级可以在丰富的感性实践活动的基础上，加大探索研讨活动的力度，提高活动内容的概括化水平，促进学生的思维向抽象方面转化。

保证活动的主体化，尊重学生"五育"融合下的差异发展，是衡量全程活动教学成功与否的标志。教师要确立学生在活动中的主体地位，尊重学生的自主权，尊重他们独特的思维方式和活动方式，让学生在活动中始终保持主动状态，主动参与、积极探究。教师还要在学习活动中实实在在地去培养学生的主体意识和主体精神，促使其养成独特的个体精神品质、气质和性格。

在学习活动中，教师应客观面对学生之间的差异，理解和尊重学生的差异化发展需求。其一，在制定活动目标时，遵循统一性与多样性相结合的原则，根据学生的差异，制定有内在逻辑联系的基础目标和发展目标，以适应不同发展水平的学生的实际要求。其二，在活动形式上，根据教学组织具有多样性和差异性的特点，强调学生个体的独立学习与集体的合作学习相结合。活动形式既有两人、四人、集体围坐等合作学习，又有针对一个或一组的个别辅导和个别教育。其三，在活动过程中，了解和掌握学生学习的真实情况，从每一个学生的学习情况出发，加强针对性指导。不仅要重视对学生基础知识、基本技能的传授和训练，更要重视针对学生的差异进行认识方法、思维方式的训练和培养，帮助学生建构合理的认知结构。不仅要将着力点放在学科认知这个基础育人点上，也要关注德性、审美、健康、劳动四个育人点的渗透，从而让不同个体的不同个性得到充分的展现和健全的发展。

3.活动开放化，体现"五育"持续创新

全程活动教学过程中，由于活动中的双主体都是能动的人，同时影响和参与教学活动的还有诸多内外因素，所以这个过程的发展就潜藏着多种可能性，新的状态不断生成和呈现。全程活动教学的这种极富变化性和动态性，使它的开放化特点尤其凸显。

在活动目标上，要以发展学生的学科认知为基础目标，以德性育人、审美育人、健康育人、劳动育人的整体发展为取向。对整个课堂教学活动的目标调整留有余地，根据丰富多样的活动现实和学生多样性的需求，根据课堂活动各种因素的变化来适时做出目标的调整。

在活动内容上，给学生提供的活动内容要具有一定的广泛性和可选择性，向学生的生活实际和经验开放。如作文教学，要将活动内容和学生的生活经验紧密联系在一起，创造生动活泼的局面。

在活动时空上，不限于一堂课和在校学习时间，要将课堂引向大自然、社会生活、互联网，充分开发和利用更为广泛的课堂内外、学校内外、现实与虚拟世界的教育资源，展开语文学习活动，使学生得到更为广阔的关注与发展。

在活动结果上，从课堂活动发展来看，未必所有的活动都是教师作结论，在有些情况下，完全可以由学生自己去总结。有时，可以给学生留下思考的余地，留下必要的教育空间，引起长时间思考，对学生真正产生深刻的启发。

在活动评价上，手段、方法多种多样。教师要重视活动过程评价而非终结性评价，注重学生思维方式、方法的运用，创设多样的问题情境，从新颖的思维角度去评价，让评价成为促进学生语言文字能力发展的重要激励机制。在活动氛围上，教师要建立一种相互尊重、民主平等、和谐相悦、为学生所接纳、无威胁的、利于创造性、主体性发挥的人际关系与人文环境，使学生形成一种自由的、无所畏惧的、独立的探索心态，激发学生参与各种活动的积极性。

全程活动教学的开放化特点，使小学语文学科全息育人之"五育"的持续创新得以体现。全程活动的开放化，解放了学生的眼睛，给学生创造了观察的机会；解放了学生的嘴巴，给学生创造了表达的机会；解放了学生的双手，为学生提供了动手操作的机会；解放了学生的头脑，给学生创造了独立思考的机会；解放了学生的空间，为学生提供了自我表现的机会；解放了学生的时间，为学生提供了小组合作交流的机会。许多问题尽量让学生发挥主观能动性和创造性来解决，让学生获得终身学习的本领，学科认知、德性与审美、健康和劳动意识等协调发展，达到身心全面、自主、和谐发展的境界，充分展示人类的创新智慧。

在开放化的活动教学过程中，学生如果解决了自己从来没有解决过的问题，就是创造。这种创造同科学家发明创造的过程在本质上是相同的。学生在语言上的每一点新的发展过程就是其语言创新性发展的过程。学生与他人互相合作交流，对一些问题作出自己独立的判断和解决，主动去选择自己应该学习的内容，就能形成自主创新性的学习观和人生观。

在开放化的活动教学过程中，教师是"导演"，有序地引领学生走向教材，不断给予学生新的内容，让学生有新的发现，进行新的开拓，在活动中达到一种新的境界。教师也是"演员"，通过一系列的师生间、同学间的合作交流，让学生在平等、自主、和谐的学习氛围中学会动脑，达到个体与群体的协调发展。在"双主共学"的课堂形态下，从课堂问题的选择到教学结构的安排，教师常常新意迭起，出人意料，构筑起学生跃动的"思维场"，体现出全息育人之"五育"持续创新的活力。

(二)全程活动教学法的落实途径

在小学语文学科全息育人研究背景下，全程活动教学法中的"活动"，既有人类活动的一般特征，又具有自己的独特性。这个独特性体现在它既要学生获得学科认知，又要获得德性、审美、健康、劳动四个育人点的发展，更重要的是培养学生的适应能力以及创新精神。

一般来说，全程活动教学过程中，学生要经历的学程是：生发兴趣—自主尝试—合作探究—创造拓展。首先，学生在教师的引导下生发出强烈的学习兴趣。然后，学生积极开始自主学习活动，尝试解决所要达到的学习目标或完成某项学习任务。在自主尝试的基础上，进入"双主共学"活动，充分体现合作性和发展性，共学共生。最后，在自主尝试、合作探究的基础上，进一步展开创造拓展活动，对所学知识进行深化、延伸和开发。

教师需要做的，就是从语文学科的视角，细化学习活动的内容；从组织形式的角度，设计、组织、开展好小组学习活动，让合作共学成为常态；从未来发展的角度，尝试一些具有开拓性的、能让学生适应未来社会的学习活动。

1.聚焦内容,细化语文学科活动

学生学习语文,首先是掌握祖国的语言文字,使自己的言语心智能力和言语应用能力得到发展。既然如此,将活动贯穿于语文教学过程,就必须针对教材特点,突出教材重点,凸现教材难点,与能力训练相结合,体现鲜明的学科特征,从而强调学科认知这个基本育人点。德性育人、审美育人、健康育人和劳动育人这四个育人点并不是外加的,是贯穿在以学科认知为基础的学习活动过程中的。

(1)识字写字类活动。

识字写字,是小学生学习书面语言的开端。学生阅读量的扩展、阅读能力的提高、沟通能力的提升、写作水平的提高等,都需要识字写字作基础。识字写字类活动,重点激发兴趣,教给方法,发挥学生主体作用。

在每个学期初,教师将全册生字进行重新归类,整体设计,集中先学。先学的时候,教师可以重点教给学生一些自主识字的方法。课外,让每一位学生自制一套生字卡片。每天用5—10分钟,开展"我是识字小能手"的常规系列活动,让学生交流自己的识字收获。

在后续的阅读教学中,教师可以让学生在朗读课文时对生字分散复学,还可以开展生字创编活动,把每课要求会认会写的生字用口头或书面的形式,编成短文、故事、儿歌、顺口溜等,在多语境下高频复现生字,以达到巩固和迁移的目的。在课堂教学中,通过找一找、读一读、听一听、猜一猜、记一记、写一写、画一画、做一做、唱一唱、演一演等形式,开展"识字大王争霸赛""汉字听写大会"等识字写字活动。

每个月,组织高年级学生到低年级班当"小助教",帮助开展识字写字测查活动,一来可以对前一阶段已识会写的字进行检查、评价、统计,二来可以对学生还不会识写的生字进行即时辅导,促进识字写字目标的高效达成。

教室的布置也要体现识字写字的活动情境。教师可以在墙上设置"趣味汉字王国",将一学期所要学的汉字全部上墙,并从音、形、字、词、笔画、偏旁、结构等角度进行分类组合。学生可以随时随地畅游汉字王国,开展自主识字、合作交流活动。

(2)阅读类活动。

小学阶段,阅读教学所占课时量最多。教师结合文本特点,通过课内与课外相结合的阅读活动,可以教会学生阅读方法,培养学生对语言文字的敏感性和领悟力,激发学生的创造力。

阅读类活动,重点在掌握适合文本的阅读方法,扩大阅读量,养成良好的阅读习惯,培养搜集和处理信息的能力。

诗歌类文本,最适宜朗读。朗读时,融合古诗的平仄、音韵的知识,关注内在情绪的变化,读起来更有节奏和韵味。诗歌类文本,需要加入想象和联想。运用关注韵脚、品味语言、比照勾兑等阅读策略,体察诗歌的情致、情理、情趣。诗歌类文本,需要走进诗人,可以从生活经验和矛盾冲突入手,层层发问,可以采用"知人论世"的方式和"作品赏读"的形式,还可以运用"群文阅读"的策略,不仅是走近一个诗人,还走近一群有着共性的诗人,与诗人、与诗人心中那个理想中的"人"相遇。

散文类文本,首先要会其意。通常采用铺垫性的活动,激发学生的阅读期待;采用直入性的活动,以简要的问题引领文本的理解,引导学生触摸作者的情感。其次要理其文。可以从陌生化的语言、个性化的表达入手,可以着眼于文中意蕴深刻的句子或特色鲜明的句式、让人怦然心动的细节,还可以推敲富有意味的标点。通过这样的细细咀嚼,揣摩比较,反复回味,从语言出发,再回到语言,对文本作理性梳理,在梳理中经历文本形成的过程,从而得其章法布局之妙。最终要得其法。其"法"有二:一个是活法,即作者的人生经验;一个是写法,即作者的语文经验。活法与写法,需要通过转换活动来获得。实现活法的转换,最有效的方法是朗读,历经一个产生感情的过程而朗读;最真切的路径是比照,将文中所叙写的情景、心绪等与自身经验相比照;最可行的策略是批注,适时适度地批注感想,静心表达对文章内涵的解读,更能使学生入境、入情、入心。实现写法的转换,首先需要欣赏,欣赏作者言语表达的功力,激发读者对作者以言达意的功力的敬重;还要进行比较,在不同作家、不同文本、不同词句的比较中思考、辨析,领悟言意之间的联系;最要紧的是仿写,在欣赏积累的基础上有选择地模仿迁移,习得意言转换的方法,提高意言转换的能力。

小说类文本,需要二度讲述,除了把握情节结构,更要整体把握小说的故事梗概。小说类文本,需要细读场景,体会细节意蕴;需要品味对话中的对白和独白,感受人物形象;需要多维解读,了解作者的生平、时代背景、人物当时的生存状态,触摸作者的立场;还要关注读者和编者的立场,领悟小说表现的主题。

寓言童话神话类文本,需要讲述。通过分角色朗读体会对话,通过复述故事把握内容,通过讲故事转化语言,通过戏剧化表演丰富体验。寓言童话神话类文本,需要解释。抓住故事的矛盾处、情节的反转处或荒谬处,组织学生讨论、交流理解,帮助学生或评述人物,或从故事内容中抽象出寓意,或传承文化。寓言童话神话类文本,需要延展。可以组织群文阅读、比较阅读,可以安排故事续写、故事创编等。

戏剧类文本,最佳的学习方式就是表演,在角色体验中感受人物形象。通过演读人物语言,领会"潜台词",把握人物微妙的内心世界;通过分析舞台提示场景、分角色朗读、复述故事或者整合故事、播放视频、表演剧本等方式,丰富"舞台感"的体验。当然,表演之前,需要梳理人物关系,把握情节的矛盾冲突,加深对主题的理解。表演之后,可以运用剧本常识,尝试改编剧本甚至创作剧本。

记叙文中的叙事文,需要理清顺序,找到主角,抓住动作,复述事件;需要领会暗示,从知识、道理、情趣三个角度去把握主旨;需要多维比较,从材料的取舍、叙述的快慢、叙述的顺逆、视点的聚散、前后的断连这几个方面去提炼笔法;需要关涉生活,以如实的写作态度,破解记叙文叙述的技巧、事件的详略裁剪,完成习作迁移。

记叙文中的写人文,需要把握事件和人物特点的关联。把握事件,要针对不同的文本特点选择不同的概括方法。通过一件事来表现人物的,可以采用"谁干什么,结果怎样"的句式结构进行概括;通过几件事来表现人物的,可以把几件事连接起来进行概括。把握人物特点,可以抓事件的转折处、关键处、矛盾处、细微处。发现事件和人物之间的关联处,体现在恰当选材、分清详略和确立顺序这三个方面。记叙文中的写人文,需要聚焦人物特点,描述人物形象。通过朗读语段、抓住重点、用概要描述、形象描述、转换视角描述的方法描述人物形象;用对话式、讨论式、书面写作式、批注式等方法,对人物的性格、品质和精神进行佐证性评述、比较性评述、批注式评述。记叙文中的写人文,需要围绕人物,拓展读写,在读中悟法,在写中得法。

记叙文中的状物文,需要感受形象,把握特点。一是把握整体形象;二是感受事物外形、内在、变化的特点;三是关注所处的背景。记叙文中的状物文,需要体会情趣、体会想象。一是通过词语置换、句式比较的方法,从寻常或陌生的词句中,体会到背后隐藏的情趣;二是通过动词、形容词和结构鲜明的语段,在朗读中想象,得其神韵。记叙文中的状物文,需要学会观察,迁移仿写,做到有序、有点、有情、有境。

记叙文中的状物文,需要辨物识景,把握特点;绘物成像,再现画面。记叙文中的状物文,需要涵泳文字,从题目、关键语句、景物的细致描写、段落结构去体会作者情感。记叙文中的状物文,需要诵读积累,从定位观察到迁移观察,在描述中加入想象,注意详略与衔接,实现读写迁移。

说明文,需要从文章标题、分析材料入手,把握事物的特点;注意文本的写作顺序,用自己的语言重述对事物的认识,或借助资料进行创造性表达;需要巧用比较,通过置换、增删、对比,体会说明文语言的特点;需要了解说明方法,体会表达效果;需要准确把握说明对象的要点,创设合适的任务情境,仿照文本的写法,选择并运用符合学生年龄特点和生活经历的说明方法练习表达。

议论文,需要联系生活,感悟体验说理;通过类篇比照,把握论证规律;通过叙议比较,界定表达异同;借此把握文本结构和表达特点。议论文,需要基于事例,领会用意,概括事理，把握关联，以此发现事与理之间的内在联系。议论文，需要基于问题，遵循礼貌、合作、经济等论述原则，运用目的与对象相结合、记叙与议论相结合的论述策略，选择举例、道理、对比等论证方法，提高论说的实践能力。

应用文，需要从真实或仿真的情境中准确获取信息，明确写作意图；需要把握开头、主体、结尾、过渡、呼应的一般格式，探析叙述、说明、议论为主的语言特点；需要贴近生活，创设情境，在交际中运用。

课内阅读活动的重点是根据文本特点，学会阅读的方法。这些阅读方法，需要迁移到课外阅读中，在扩大阅读量的同时，提高阅读的效度和深度。

低年级的课外阅读入门，可以选择以图为主或图文结合的阅读材料，以激发阅读兴趣。中高年级的课外阅读，可以选择合适的阅读书目，制订阅读计划，做好阅读记录或读书笔记，经常组织朗诵会、故事会、阅读报告会、阅读方法交流会、阅读成果表彰会等，让学生感受阅读的乐趣，灌注持续阅读的动力。高年级学生还可以到低年级担当辅导课外阅读的小老师。老师也可以经常把自己喜爱的书推荐给学生，与学生一起阅读，分享自己的阅读心得，以影响和感染学生。建立晨间大声读、午间静默读、晚间自由读的阅读制度，也能帮助学生养成终身阅读的好习惯。

（3）表达类活动。

小学语文学科的表达，分为口语交际和习作两个方面。口语交际主要指向口头语言的表达能力，习作主要指向书面语言的表达能力。不管是口头语言还是书面语言，都承载着交际功能。活动心理学认为，言语交际功能的发展是由每个年龄阶段的主导活动所决定的。吴立岗研究认为：小学一、二年级学生的主导活动是读、写、算入门和游戏活动，要发展他们概括信息与自我表达的言语功能，教会他们遣词造句的基本能力。在此基础上，还可以充分发挥低年段学生丰富的想象力，鼓励他们学说童话故事、学写童诗，让他们的语言鲜活起来。小学三、四年级学生的主导活动是比较系统的学习，要发展他们概括信息和交流信息的言语功能，必须让他们学会构段和谋篇的基本功。与此同时，根据中年级学生处于观察能力发展的关键期，倡导学生借鉴例文的写法，进行素描作文，即围绕一个事物进行多向观察后加以描写、记述或者说明，鼓励他们写成简短的记叙文、说明文。小学五、六年级学生的主导活动是人际关系，要发展他们的语言调节功能和根据不同对象施加影响的功能，教会他们写比较复杂的记叙文和比较熟练地写书信、书评、会议记录和讲演稿等应用文。针对不同学科的表达需要，可以将习作与学科学习融合起来，设计学科交融习作课程，鼓励学生写科学实验报告、社会调查报告、数学小论文、体育小游戏介绍等各类实用文体，借助习作加深学科学习。

口语交际,本身就具有活动化教学的特点,其内容应向真实或模拟的生活取材,以丰富学生的生活素材,让学生有话想说、有话可说;其形式应符合学生的年龄特点,低年级可以开展讲故事比赛、边观察边说话等活动,增加说话的机会、丰富说话的内容;中高年级可以开展生活见闻、热门话题、即兴演讲、读评结合、自发讨论等活动,训练学生的交际语言,打好语言基础,有效地促进语言的发展。

习作,强调让学生动起来,可以通过活动使他们有情可动,有言可发。如采蜜活动,能使学生养成爱动笔的习惯,积累一些素材,学会一些写作方法。情境体验活动,能通过移情,丰富学生的情感体验,获得美的愉悦,从内心深处萌发表达美好事物的愿望,从而调动全部的智慧,选取最美的语言来描绘意境,抒发情感。无拘无束但又有计划的游戏活动,能让学生的身心得到放松,然后抓住游戏活动的特点进行大胆的描述。文艺、体育或接触社会等活动,能让学生熟悉生活,在辨别真善美的过程中,激发表达欲望。操作实践活动,学生通过直接参与和亲身体验,感受真切,产生思想,完成的习作有血有肉,富有个性,学生的分析比较和实践创新能力也得到了提升。创编表演活动、自办小报活动、采访活动等,都能达到从生活和语言的源头去汲取营养、学习语言、运用语言的成效。

(4)跨学科学习类活动。

《课标》指出,跨学科学习旨在引导学生在语文实践活动中,联结课堂内外、学校内外,拓宽语文学习和运用领域;围绕学科学习、社会生活中有意义的话题,开展阅读、梳理、探究、交流等活动,在综合运用多学科知识发现问题、分析问题、解决问题的过程中,提高语言文字运用能力。[1]

跨学科学习,超越了课堂,超越了学校,走向学生的现实生活。在各种各样的跨学科学习活动中,学生基于自己的生活经验和语文经验,通过亲身实践,体验对知识的综合运用。学生可以根据自己的兴趣和问题自由选择学习内容或学习课题,通过读书、观察、调查、访谈、多渠道查阅资料等方式获取信息,通过自主、合作、探究的方式处理信息,最终解决问题或完成课题,在语文实践活动中提升语文实践能力。

综合性学习类活动以语文教材的单元或题材为中心,由另一个或几个学科的单元或题材的一部分相配合形成语文综合性学习活动。第一种类型是语文学科目标体系的综合,包括识字与写字、阅读、习作、口语交际知识的整合,可以结合教材内容,组织设计语文综合性学习活动。如单元综合性学习,根据教材文本以主题组元的形式,设计识字、阅读、习作、口语交际的综合性学习活动;题材综合性学习,可以把不同年级教

---

[1] 中华人民共和国教育部.义务教育语文课程标准(2022年版)[S].北京:北京师范大学出版社,2022:34.

材的相关知识进行大胆的有机整合,创造性地设计语文综合性学习活动。第二种类型是跨学科的综合性学习。如学习《赵州桥》一课,可联系美术教材中《家乡的桥》《我为祖国造大桥》和科学教材中的《桥》,设计以"桥"为题的综合性学习活动:①知桥。利用图书馆、网络、实地考察等渠道获取有关"桥"的资料,了解古今中外著名的桥梁和相关的力学知识。②画桥。画一幅自己设计的桥的图纸。③造桥。按照设计图纸,用胶泥或其他材料造一座自己喜欢的桥。④颂桥。写一篇赞美桥的文章。

2.关注形式,组织小组学习活动

小组学习活动是全程活动教学法的基本组织形式。这种学习活动的组织形式符合学生的认知发展规律,能调动学生的学习积极性,让学生主动参与学习活动的全过程。在小组学习活动中,学生互相启发,共同进步,不断获得进步和成功的体验,使学科认知、德性育人、审美育人、健康育人、劳动育人更好地融合在一起,更有效地体现学科全息育人的教学理念。

小组学习活动是一种社会性的学习活动,它强调学习主体之间的交互作用。小组学习活动,能培养学生从被动的重复者变为主动的学习者,能增进学生的合作精神与能力,能发展学生的思维、语言、交际能力,能给不同学习风格的学生提供更多的学习机会;有助于增加学习过程中学生与教师、同学、文本之间的多向互动,帮助学生保持学习热情,加深对学习内容的理解,加强对已经习得的知识技能的运用。

组织好小组学习活动,需要注意以下几点。

第一,小组的组合要灵活交叉。组合形式可以采取同质分组,也可以采取异质分组;可以同桌组合为二人组,也可以4—6人组合为多人组,还可以将二人组与多人组编排为矩阵式组合。

第二,小组的分工要明确可变。每个小组成员各有职责,组长的责任尤为重要,可以固定一人持续担任组长以保证小组学习活动有效开展,也可以轮流担任组长以增强每一位学生的责任意识和平等观念。

第三,小组的活动规则要人人遵守。要学会倾听同学的发言,要学会陈述自己的想法,要学会先肯定再补充或修正他人的观点,要学会接受他人的意见,要懂得尊重,要控制音量……规则还可以不断修改,渐趋完善,以促使小组学习活动有序有效地进行。

第四,小组的学习内容和目标要精准可行。要立足于精准的教学目标,定位于教学重难点;要把握好难度和深度,刚好在学生的最近发展区;要控制好广度,适当延伸拓展。

第五,小组的学习形式要切实多样。可以是练习型,如在小组内仿照例句练习说话;可以是理解型,如在小组内合作完成作业纸上的表格,通过梳理,发现段落的相似结构;可以是巩固型,如在小组内互相给同学出题以巩固所学知识;可以是探究型,如在小组内讨论探究,发现句子之间的联系或文本语言的密码;可以是拓展型,如在小组内分工合作,搜集同类素材以拓展信息;可以是比赛型,如在小组内、小组之间比赛朗读;还可以是表演型,如在小组内合作表演故事情节,以培养学生的想象力和语言创造力,让每个学生都有表现的机会。

第六,小组的学习时间要充足。每次小组学习活动的时间至少在10—15分钟,学生才能够充分地讨论,思维才能充分地展开。同时,在小组学习活动中,还要注意讨论和反馈的时间分配,比例要尽量科学。

第七,在小组学习活动中,教师与学生之间是"双主共学"理念下的合作共学关系。教师作为教的主体,要创造一种民主和谐的学习氛围,让学生自己走向学习。教师还要积极参与到学生的小组学习活动中,或耐心倾听,或提出问题,或提供支架,或辅助指导,真正成为学习活动的一分子。教师更要重视学习结果的及时反馈,可以每个小组派一名代表发言,汇报学习结果;可以一个小组担当核心发言人,其他小组结合本组学习结果,互动交流;还可以针对未完成的学习任务或生成的有价值的新问题,指导学生开展第二次小组学习活动。不管哪一种反馈形式,都需要教师的因势利导。

3.思考发展,开拓未来学习活动

未来学习活动,主要着眼于培养学生对未来学习和生活的适应能力及推动作用,具有前瞻性和创造性。

(1)游戏化学习活动。

面向未来的全程活动教学,要让学生在真实的情境中作出反应并解决问题,即让真正的学习发生。游戏是人类的天性。游戏化学习活动,就是将游戏融入全程活动教学,设计具有游戏要素的学习活动与课堂规则,用积极情感驱动学生主动学习,从而获得学科认知,渗透德性、审美、健康、劳动育人,促进学生全面发展。游戏化学习活动,不仅可以促进学生主动学习,能激发学生创造力的发展,还可以维护学生在学习活动过程中的身心健康。

小学语文学科作为实践性较强的语言学科,学生要有充分的交流表达的实践机会,以促进语言及社会性发展。游戏化学习活动,首先要围绕"学科认知"创设概念性游戏空间;其次要明确学习者在游戏中的角色与任务,遵守主动倾听、相互联系、合作探究等游戏规则,运用可直接操作的实体或虚拟材料、VR/AR/MR设备、体感游戏设备、可视化编程软件等工具,最后顺利完成游戏过程。

未来,具身认知理论中的"身体参与学习"的核心要义,对游戏化学习活动的影响,也逐渐进入全程活动教学的视野中。它强调游戏的材料不是前面提到的实体材料或电子设备,而是把儿童的身体本身作为游戏的重要材料,把儿童的身体(而不仅仅是大脑)本身作为认知发展及全息育人的重要工具。

(2)项目化学习活动。

项目化学习是舶来品,也是欧美等国家的课堂教学常态,其思想来源是杜威"做中学"的教育思想。近年,国内有些经济发达地区的部分学校也有所尝试和探索,但都不是在常态的课堂教学领域,大都在拓展型或研究型的校本课程中进行。

项目化学习活动,是一种基于真实问题的探究性学习活动。它不仅能让学生全身心地投入问题解决,在持续的参与中体验主动与坚持,在探究中形成问题解决的能力,实现学科认知的融会贯通,还可以通过共同完成任务学会学习与合作,有效提升学生的学习内驱力,促进学科认知基础上的德性、审美、健康、劳动育人。

小学语文学科全息育人理念下的项目化学习活动,以小学语文学科认知为基础,以课程标准中如阅读与写作等关键概念或能力为依据,从部编版教材中开发和重组学习内容,并与真实情境中的问题相结合。通过压缩琐碎的语文知识学习的时间,创设真实的情境任务,以语文的关键能力为主线,让儿童进行有意义的言语实践,以此带动儿童真实的语文学习实践能力。如单元项目化学习活动,在提出驱动型问题后,整个过程按照"组织探究活动—开展主题阅读—多元化个性化表达"的流程来进行,时间是5—8个课时,也包含一些课外的实践性作业。

(3)体验式学习活动。

体验是最好的老师。每天,我们都在我们意识到的体验中徜徉,完全被自己的体验包围。如何弄清楚我们的体验,并找到生活的意义、目的、方向,被称为从体验中学习,或者体验式学习。体验式学习在20世纪被诸多著名思想家研究过,他们在多年的研究中,将体验式学习理论和实践运用到从幼儿园到十二年级的儿童教育、大学本科教育和职业教育中。

体验学习周期是体验、反思、领会、行动,它将我们带入全周期学习,是一个适应所学内容和所处环境的持续过程。通过体验式学习,我们有了改变的能力,并选择最令自己满意的体验,改变自己未来的命运。

小学语文学科全息育人理念下的体验式学习活动,强调学生的主动体验,将体验作为学生获得学科认知、德性育人、审美育人、健康育人、劳动育人全面发展和学生个性形成、个人成长的基础。它强调加强语言文字探究过程的体验,在体验中反思,在反思中领会,在领会中行动,强调体验活动的外部行为引起学生心理内部的变化。在体验式学习活动的周期循环中,将学生引向自然、社会和生活,丰富他们的经历,增长他们解决问题的才干,增强他们改变学习风格的能力,进而拥有改变自己命运的能力。

三、主体对话教学法

巴西著名的教育哲学家弗莱雷说"教育应该具有对话性"。没有了对话,就没有了交流;没有了交流,也就没有真正的教育。真正的教学只有师生在对话中学习,在学习中对话,才有可能发生。教学的精彩只有在师生畅所欲言、精神自由的"对话场"中才有可能实现。

主体对话教学法,是以教师、学生和文本作为教学的主体,在教学场域中通过交互式全体对话促进各方视域的融合,在融合中和谐共生,进而促进各方发展的一种教学形态。

小学语文学科全息育人教学背景下的主体对话教学法,以小学语文学科认知为核心,有效融合德性育人、审美育人、健康育人、劳动育人,更具有时代气息和创新特点。

(一)主体对话教学法的操作要素

主体对话教学不仅可以发生在人与人之间,即教师与教师、教师与学生、学生与学生之间,也可以发生在人与人的精神产品,亦即人与各种文本、音像、自然等之间,主要具有多元主体、平等交流、共生共长等要素。

1.多元主体,共建智慧育美的课堂

(1)对话创生多元课堂。

主体对话教学的主体是多元化的,既包括教师、学生、作者、教材编写者等显性主体,也包括教学环境、文本、音像、教师的理想自我、学生的理想自我等隐性主体。其中,教师和学生是语文学习中最重要的主体。

在小学语文学科全息育人教学背景下,教师和学生作为教学活动中两个最重要的主体,通过对话达到教学主体之间、个体与人类文化之间生命能量的转换,促进个体的生命质量不断提升。在多元课堂中,教学活动在交互式对话中促进各主体的共同发展,学生的主体作用和教师的主导作用得以充分体现。教学活动中,教师注重互动形式和评价方式的多样性,在潜移默化中培养学生广阔的视角,创生不拘一格、百花齐放的多元课堂。

(2)对话创生智慧课堂。

知识具有育智的价值,它对个体的智力开发、智慧增长具有积极的促进作用。学习知识的过程,就是智力活动的过程。全息育人背景下的小学语文学习,学生在获得语文知识的同时,发展了思维能力、语文能力。

德国教育家克林伯格认为,在所有的教学中,相互作用的对话都是优秀教学的一种本质性标志。主体对话教学的课堂,教师正确处理多主体对话关系,努力搭建教师与学生对话的平台,疏通学生与文本对话的渠道,提供生生之间对话的载体,创造互动的、生成的、富有感情色彩和理解深度的高质量的对话课堂。"石本无火,相击而成灵光。"主体对话教学的课堂构建了平等、民主、互动的教学关系,凸显着生成、创造、发展的精神魅力,在对话过程中实现知识的积淀、人文的浸润、智慧的构筑。

对话教学要经历三个层次:一、师本对话,深入解读;二、生本对话,潜心涵咏;三、教学对话,共生共长。在此过程中,不断融合,激活学生、教师、文本之间的对话交流,让对话双方敞开心扉,"接纳"和"分享",实现学生语文能力以及德智体美劳五个方面综合素养的提升。

(3)对话创生育美课堂。

知识能够提升人的精神生活能力,使人不仅能够发现美、鉴赏美,也能自觉地去追寻美和创造美。小学语文课文文质兼美,蕴含了许多美的形式,有清新的自然美,也有伟大的人格美,更有耐人寻味的哲理美。教师应充分利用和挖掘课本中的资源,为学生创设更多的审美机会,引领学生进入一片美的天地,呼吸美的气息,感受美的温情,在学生的心田播撒美的种子。在语文教学中,教师要创设条件,以美育人,启发学生和引导学生感受美、欣赏美、体现美、创设美,使学生从乐学到爱学,不断增强审美意识,提高审美情趣,做一个有高尚情操和审美情趣的人。

学科全息育人背景下的主体对话教学,要求教师挖掘课文中的美育素材,选择多种方式,感受内容美、形式美、情意美。学生作为独立的主体,在美的熏陶和教育中,在体验"喜悦"和"激动"的学习活动中,逐步提高感受美、欣赏美和创造美的能力,实现个性自由和人格的全面发展。

2.平等交流,营造健康育德的课堂

(1)对话营造平等课堂。

民主与平等是对话教学的第一法则,是实施主体对话教学的前提。平等对话不仅是人与人或人与物之间的沟通理解,更是思想的碰撞和灵魂的交流。主体对话教学中的平等对话,是师生基于相互尊重、信任和平等的立场,通过言谈和倾听而进行双向沟通、共同学习的方式。小学语文学科全息育人主体对话教学中的平等对话,是在语文课堂教学这个特殊的空间,构建平等对话的平台,促进学生自主和自由发展。具体说来,就是在师生人格对等、相互信赖的语文学习过程中,学生自主参与、大胆表达、展现自我,教师关注学生在课堂上的生命状态,珍视学生的独特感受,重视对话题的调控、交流和引导,以及对学生的鼓励、评价,使学生的认识得到深化,语文素养得到提高,情感、价值观得到升华。

在小学语文学科全息育人主体对话教学中,教师、学生、教材、作者、编者,在课堂学习活动中平等对话。教师退出传授的权威地位,转变为学生学习的帮助者和同伴。学生始终处于学习的主体地位,主动参与、乐于探索、勤于动手。作者、编者的思想得到尊重,教材作为独立的意义结构也平等参与对话。

(2)对话营造健康课堂。

小学语文学科全息育人教学中健康育人指标包括身体健康、心理健康和课堂和谐三个方面。小学语文教学活动中的课堂和谐,是指学生生命自然生长的态势,主要表现为师生平等、氛围和谐、方式有效。

为了营造和谐健康的课堂氛围,教师要变身三种身份。

第一,做一名出色的主持。教师要营造轻松愉悦的交流氛围,构建恰当的话题,引导、点拨和启迪学生的思维,及时捕捉智慧的火花,并且鼓励和支持学生积极参与评价,在交流中培养学生的思维和表达能力。

第二,做一位忠实的观众。教师要学习蹲下身耐心倾听,用欣赏的眼光看待学生也许并不完美的见解,赞赏学生精彩的表现,为其点滴进步鼓掌,分享学生学习的喜悦。让学生真正成为课堂活动的主体,站在课堂学习的正中央,体会学习的乐趣,形成健康的心态。

第三,做一个友好的伙伴。教师要平等参与到学生的交流中,或者补充发言,或者给学生提供帮助,适时提出合理的建议,在陪伴学生的学习过程中,见证学生的点滴成长。

(3)对话营造育德课堂。

苏格拉底认为"知识即美德"。对于知识的育德价值而言,这是个非常经典的命题。立德树人是教育的根本任务,课堂是学校立德树人的主要阵地。《课标》指出:"热爱国家通用语言文字,感受语言文字及作品的独特价值,认识中华文化的丰厚博大,汲取智慧,弘扬社会主义先进文化、革命文化、中华优秀传统文化,建立文化自信。"[1]学科全息育人背景下的小学语文对话教学,既是知识的传递,也是道德的播撒。

---

[1] 中华人民共和国教育部.义务教育语文课程标准(2022年版)[S].北京:北京师范大学出版社,2022:6.

育人价值蕴藏在平等对话学习知识的过程中。在师生平等对话中,可以潜移默化地培养学生国家意识、社会参与、个人修养等方面的价值观,培养学生热爱祖国、热爱生命、自我认同、尊重他人等情感。培养学生正确的思想观念、科学的思维方式、高尚的道德情操、健康的审美情趣和积极的人生态度,是与帮助他们掌握学习方法、提高语文能力的过程融为一体的。主体对话教学根据语文学科的特点,注重熏陶感染、潜移默化,把这些内容渗透于日常的对话、合作、生成教学过程之中,共同作用于学生的精神乃至身体,促进其道德品质不断完善。

3.共生共长,生成"五育"融合的课堂

(1)对话实现生长课堂。

英国美学家克莱夫·贝尔认为,理想的教育应当是师生之间的一种精神对话,是一个对共同感兴趣的领域、相互提出问题、共同解决问题的过程。美国课程学者威廉姆·多尔对教师角色的界定是"平等中的首席"。对话是师生之间通过交流与互动,对课本知识进行再生产形成新知识的过程。

在主体对话的过程中,教师与学生进行平等的交流,共享知识,注重教学过程中的体验和生成,从而达到对知识理解的一致性。在教师和学生的合作互动中共生出新的知识价值,使教师与学生都能得到发展和自身的提升。小学语文学科全息育人教学背景下的主体对话教学,尊重多元、平等对话,实现课堂学习活动中的共生共长。

在对话中,教师引导学生发掘其思想意识中未经开发的潜在能量,学生从教师那里汲取充足的精神食粮。对话还可以使知识、意义和真理通过讨论而被接受。正如德国哲学家雅斯贝尔斯所言:"对话是探索真理和自我认识的途径。"对话过程就是思想、情感、意义的呈现和彼此渗透的过程,是师生的精神境界发生变革的过程。师生在互相对话的过程中,分享知识、经验、阅历、价值等,建立和谐融洽的关系,并完成各自的意义建构,实现师生双方的成长。

(2)对话实现融合课堂。

课堂是生命相遇、心灵相约的场所,是实现生命成长的天地。主体对话教学,聚焦对话,营造理解尊重的课堂氛围,形成合作共进的师生关系,塑造尊重接纳的健康心态,培养多元解读的学习能力。师生对话实现了生命主体间知识与精神的沟通、感悟和融合,促进了知识和精神的同构共生。

教学对话是在教学主体间展开的活动。主体对话教学中,师本对话、生本对话,以及包括了师生对话和生生对话的教学对话,融入了学科认知、德性育人、审美育人、健康育人、劳动育人五个方面,以此全面提高学生的语文素养。

文本对话,特别是学生和文本的对话,能让学生在学习语文知识的同时促进思维发展,培养语文能力。学生阅读文本,在国家意识、社会参与、个人修养等方面受到熏陶,塑造良好的道德情操;在朗读、鉴赏,甚至是欣赏图画中,培养审美能力。总之,多样化的教学素材,能够促进学生思维、道德品质、审美能力等方面的提升,培养语文综合能力,提升语文素养。

教学对话中的师生对话,传递了平等尊重、心灵交融的能量。在师生的对话交流、心灵传递,思维的相互碰撞、相互融合中,营造健康和谐的课堂氛围,学生的智慧得以生成。

教学对话中的同伴对话,分享智慧碰撞的果实。萧伯纳曾说:"倘若你有一种思想,我也有一种思想,而我们彼此交流这种思想,那么我们每个人则将各有两种思想。"倾听、汲取同伴的发言精华,让自己的表达更完整,思考更深入,这种智慧果实的分享,就是课堂上最好的生命状态。

在课堂教学中,在交流、探讨、发现、总结的过程中,学生会实现自我对话。他们经过感悟、反思,用一个个新的认知覆盖自己旧有的认知,一步步更新,一步步成长,焕发出更加鲜活的生命力。在对话的过程中,教师的启发引导、同伴的交流探讨,能够促进学生不断地完善自己的想法、说法,让他们自我成长。与此同时,学生的自主学习、自动生成是学习的重要内因。

主体对话教学的课堂洋溢着生命力。适宜的素材选用实现恰当的文本对话,充分的探讨交流促进师生对话、生生对话、自我对话。这些"对话",必将赋予学生生长的力量,沐浴对话教学的阳光和雨露,吐露勃勃生机。

(二)主体对话教学法的落实途径

落实主体对话教学法主要有师本对话、生本对话、教学对话等途径。

1.师本对话

主体对话教学法的师本对话是指教师充分尊重文本的主体参与性,通过理解、分析与想象等方法,批文入情地关照文本的一种独特的精神活动。因此获得文本包含的价值,即外在的构成文本的语言特质,以及内在的文化、经验、思维方式、情感和价值观,产生视野的相遇与融合,在融合中和谐共生,促进各方的发展。[①]

上海师范大学王荣生教授提出,语文教学内容的改善要建立在文本解读的基础上。文本解读,即与文本对话,包括与文本作者对话,与教材编者对话。语文教师与文本对话有三种身份:首先,作为读者进行常态阅读,尊重自己的阅读理解和感受;其次,

---

① 刘才利,杨蔚.主体式对话教学——小学语文阅读教学的实践探索[M].重庆:重庆大学出版社,2008:15.

作为研究者,从语文教师教学的角度分析文本的关键点;最后,站在学生的立场,明确学生阅读的困难点。语文教师与文本对话的三种身份,是从教师的角度提出的解决目前语文教学主要问题的一条出路。

(1)作为常态的读者。

教师从一般读者的角度与文本对话,能够彰显对话教学的主体性。教师从一般读者的角度与文本对话,意义在于做到阅读的充分自由,彰显个性化的阅读。从解读方法来看,有的教师抓住文章题目解读文本,有的教师抓住主要问题与文本对话,有的教师通过反复读获得不同的感受。从解读内容看,有的教师侧重于分析文本的表达方法,有的又着重分析文章的主题思想,也有教师通过咬文嚼字品析、鉴赏文本的语言特色。这就说明,即使是同一篇文章也会从不同的角度与读者产生共鸣。反之,又因读者各自不同的文化背景、经历和爱好,对文学作品的欣赏都带有各自的喜好。

教师从一般读者的角度与文本对话,就是要在充分自由的情况下,以一颗真诚的心与作者交流、碰撞,产生共鸣。这个共鸣处就是读者与作者共同认可的地方,也是读者最钟情、最感兴趣的地方,或者说是读者的兴奋点。如果从这个角度入手再次与文本对话,交流会更加通畅,交流的信息会更多,彼此共享的内容就会更丰富,教师与文本的对话就会更深刻。这样,在课堂教学对话中教师的主体性就能得到充分的体现。

从一般读者的角度与文本对话,是教师解读文本的第一步,也是教师进一步解读文本的切入点,是确定教学内容、选择教学方法的基本起点。

(2)作为教学研究者。

教师是特殊的读者,是与文本对话的首席发言人。部编版小学语文教材中的文本集中体现了编者的教育思想,也是编者对课程标准、教学目标诠释的表现。

教师在阅读文本,体会编者意图的时候,要学会从编者的视角,宏观把握引领,微观着眼落实。首先,与全套书、全册书对话,了解教材的编写体例、知识结构和整体安排。其次,与单元对话,交流单元目标和重点。最后,潜心与文本对话。思考这篇文章的特点是什么,把它放在这册书、这个单元的意图是什么,有何地位和作用,课后练习题的设计又体现了编者的什么用意。从编者的角度解读文本是为了充分实现文本在教材中的应有价值,突出教材的重点。

由于学生是不成熟的对话者,需要对话在先、对话有方、对话更优的教师相机点拨、扶掖和导引。因此,作为"首席对话者"身份的语文教师,首先必须承担与文本充分对话的职责,建立语文对话教学的平台,充分挖掘教材的育人点。作为语文教师身份的文本对话就是学生不喜欢的,使他喜欢;学生读不懂的,使他读懂;学生读不好的,使他读好。

小学语文教师还应该是优秀的解读者。一名能够胜任阅读教学的语文教师，必是以广泛的终身阅读为基础，不断地开阔视野，增长见识，学会思考。爱读书，爱思考，才是语文教师能够胜任阅读教学的"本钱"。小学语文教师要有针对性地深入学习，弥补自己在知识结构上的欠缺，永无止境地阅读、思考、学习，使自己成为优秀的阅读者，与文本深度对话，保证对话教学深入有效地开展。

(3)站在学生的立场。

教师与文本对话的最终目的，是实现学生与文本的对话。教师需站在学生的角度与文本对话。教师与文本对话不能替代学生独立地与文本对话。唯有当学生独立思考，展开活动，积极地与文本深度对话时，即唯有当学生成为学习活动的主体时，真正的学习过程才能形成，这其中需要教师的激励和指导。要做好学生对话的指导者、引路人，就需要教师从学生的角度对话文本，站在学生的经验世界里，遵循学生的认知规律，换位思考。教师要把自己当成学生与文本交流，更好地预测学生理解的多样性，探索学生阅读的好奇心，寻找到学生与文本对话的兴奋点，特别是学生与文本对话的疑惑点和难点，找到学生思维的路径，更好地为引导学生正确有效地与文本对话做好准备。

2.生本对话

生本对话是作为阅读主体的学生与作为主体的文本互相交流、双向互动的对话过程。在生本对话中，存在两个最基本的要素，即"学生"与"文本"。学生和文本是对话的主体，通过对话，落实学科认知目标，强化课程育人方向。

(1)与图画对话。

部编版小学语文教材的插图、情境图等图画形象生动、色彩和谐，非常适合小学生阅读与对话。

与图画对话，可以培养学生的学科认知能力。如部编版小学《语文》二年级上册《植物妈妈有办法》一文，学生通过观察图画中苍耳满身尖刺的外形，很容易就能理解"铠甲"就是苍耳外表很坚硬的刺。二年级上册《小蝌蚪找妈妈》课后习题"小蝌蚪是怎样长成青蛙的？按顺序把下面的图片连起来，再讲一讲小蝌蚪找妈妈的故事"。学生通过与图画对话，就能领会图画提供的方法，很直观地了解小蝌蚪从"有尾巴没有腿"，到"有腿有尾巴"，再到"有腿没尾巴"的成长过程，轻松地完成讲故事的任务，其学科思维能力也得到培养。

与图画对话，可以培养学生的道德品质。课本中有的图画具有浓厚的中国味道，如二年级下册《古诗二首》中的《村居》，草长莺飞，杨柳拂堤，春烟弥漫。三五个儿童提绳拽线,欢呼雀跃,欢快地放着风筝。一只只风筝随风飞舞,尽情飘荡。插画师只是几笔便勾勒出一幅富有中国水墨画风格的明媚欢快的春光图。学生与生动的情境图对话,不仅激发了学生的学习兴趣,从中还学习了中国传统文化,在润物细无声中培养了学生热爱祖国的情感,让学科渗透德育落地生根。

与图画对话,可以培养学生的审美能力。单元导读的图画不仅体现了单元主题,而且画面或色彩明丽或意蕴深远,特别有意境。如三年级上册第二单元导读页围绕"金色的秋天"配了望不到边的山林,骑车郊游的孩子的图画。特别是那山林,深黄、浅黄、金黄、鹅黄,直逼人眼,强烈的视觉冲击让人惊叹、陶醉。学生与图画对话,在色彩鲜艳的图画中受到美的熏陶。三年级上册第三单元的导读页围绕"童话和想象"的主题,配了有趣的图画:童话书籍,以及从书中钻出来唱歌的星星、跳舞的花朵。学生与图画对话,在漂亮的图画中感受学习的乐趣。课堂上,学生与图画对话,在直观的感知中理解学习内容的同时,还能领略课文中所体现的美。学习三年级下册的《翠鸟》,学生通过与图画对话,欣赏外形可爱和羽毛鲜艳的翠鸟,审美能力便得到培养。

与图画对话,还能培养学生的健康意识。一年级上册《我爱学语文》,学生与图画对话,学习正确的读书、写字姿势,在潜移默化中渗透健康读写的意识。

与图画对话,还能培养学生的劳动意识。语文教材选取了大量讴歌劳动人民、劳动模范、劳动精神的课文,还配了图画。二年级上册"我爱阅读"栏目选取文章《鲁班造锯》讲述鲁班受生活经验的启发而发明了锯的故事,配了锯子、小草齿形叶子的图画。学生与图画对话,更容易理解文本内容,感受到古代劳动人民热爱劳动、善于创造的劳动精神。

(2)与文字对话。

部编版小学语文教材文质兼美。从"质"的方面来看,部编版小学语文教材中的传统文化内容或歌颂祖国大好河山,或抒发爱国孝亲、珍惜友谊、热爱家乡等高尚情怀,或反映人们对自然规律的深刻认识,对引导小学生树立正确的世界观、人生观、价值观具有积极意义。从"文"的方面来看,部编版小学语文教材所选取的内容,或是传诵千古、经过时间检验的名篇佳句,或是家喻户晓、流传广泛的谚语,其艺术形式非常成熟。从教学的适用性来看,部编版小学语文教材选取的范文或阅读材料难易适当,容易被小学生阅读和理解。学生与文字对话,能培养学科认知能力、审美能力等。正如温儒敏教授所言,如果过多地引入图片等资料,很容易让学生先入为主,导致他们对画面的想象,对动态描写的感受趋同,从而在一定程度上丧失品读的个性化。所以,教师应重点引导学生与文字对话,在自主感受中产生个人独特的理解和感悟。

与文字对话,融合"五育"。如与"晒""暖""曛"对话,看到偏旁"日"就知道与太阳有关。与"牧""攻""教"对话,看到偏旁"攵"就知道与鞭打、敲打有关。与汉字对话,利用形旁推猜字义,提升学生的思维能力,潜移默化中激发其对祖国传统文化的热爱之情。

与词语对话,融合"五育"。运用拆拼组词法,把词语每个字的意思拆开来组词,再合起来综合理解整个词语的意思。运用拆拼组词法与词语对话,可以发展学生的学科思维。如二年级上册《我是什么》,与"灌溉"对话,可从偏旁"氵"推测它与"水"有关,联系上下文可以知道"灌溉田地"就是给田地浇水,同时还可以相机渗透劳动教育。三年级下册《燕子》,联系生活实际与"赶集"对话,"赶集"的意思便迎刃而解。周末的"小鬼当家"实践活动,可以通过赶集和家人一起买蔬菜、水果,相机渗透劳动教育、品德教育。

与句子对话,融合"五育"。联系上下文与句子对话,抓关键词与句子对话,抓中心句、过渡句、特殊句式与句子对话,增强学生的学科理解能力、审美能力。如三年级上册《荷花》,课文描写了荷花的三种姿态,学生通过想象把荷花的姿态转化为具体形象的画面。在此基础上教师可以启发学生继续想象:还有什么姿态的荷花?学生说:荷花的姿态还有许多,有的已经开了一半的花瓣了,在向我们微微点头;有的只开了一片花瓣,好像是一位害羞的小女孩,躲在妈妈的身后想出来却又不敢出来……与关键句对话,学生品读文字想象,让文字鲜活起来,培养其审美能力。

与篇章对话,融合"五育"。与文章题目对话,与文章结构对话,与文章中心段对话,培养学生的学科认知、学科整合能力。

主体对话教学中,教师指导学生潜心品读,能为学生搭建与文本深入对话的平台,全面提高学生的学科认知、道德品质、审美素养、健康身心、劳动素养。

(3)图文结合对话。

小学语文部编版教材,采用课文和图画结合的方式,帮助学生更好地学习。与图文对话,学生能更好地理解学习内容。如一年级上册"日积月累"栏目选取古诗《悯农》,配了一位老农在炎炎烈日下锄草的图画。学生在诵读、观察的过程中,与图画、古诗对话,了解劳动的辛苦,加深对诗歌内容的理解,懂得尊重劳动人民,珍惜来之不易的劳动成果。与图画对话,与文字对话,图文结合对话,这些途径有着紧密的联系,在实践中综合运用,效果更加明显。

3.教学对话

教师和学生是教学对话过程中的双主体。主体对话教学法的教学对话包括对话教学中的师生对话和生生对话,通过生成话题,引领对话;会文思考,准备对话;交流回应,分享沟通;建构意义,共融共生四个途径得到落实。

(1)生成话题,引领对话。

"凡事预则立,不预则废。"在教学对话之前以充分的预设为基础,才可能在对话活动中捕捉住精彩的生成。

①教师预设话题。

教学是一个有目标、有计划、有组织的活动。教师是学习活动的组织者和引导者,教学对话开始之前,教师先要与文本进行充分的对话,预设话题,引领学习活动。教师要与作者对话,反复研读教材,深入领会文本表达的特点;要与编者对话,根据《课标》年段要求,解读教材单元整体构想,解读课后习题的意图,预设学习活动交流的话题。教师构建的问题,还要设身处地地站在学生的立场,根据本班每个学生的学情实际,并充分考虑课堂上可能出现的情况,引领整个学习活动,还要努力使整个预设留有更大的包容度和自由度,给学生留足空间。教学对话之前,教师深入地与文本对话,预设学习活动的话题,能有效促进教师教学能力的提高。这也是教学对话有效、高质的有力保证。

②交流生成话题。

课堂教学具有复杂性和不确定性,教学对话是动态生成的过程。教学过程中,当预设的话题与实际的教学不一致时,教师应该根据具体情况及时调整,改变教学程序、教学内容,生成新的有价值的话题。

教学对话因生成而精彩。为了捕捉住对话中的智慧火花,教师要有四种意识:第一,正确的文本观。尊重文本,学习借鉴文本,也要敢于质疑,敢于创新。第二,要有独立思考的意识和能力。在认识文本和实践文本的过程中,要深入思考,也要恰当运用。第三,要有开放的意识和胸怀。教学对话是个开放的过程。教师在认识和实践文本的时候,要勇于修正自己已有的认知结构,吸纳其中科学合理的内容。第四,要将文本回归生活。回归生活的文本才能体现教学对话的意义,才能最终促进教师和学生的发展。

在学科全息育人背景下的小学语文教学对话,教师预设的话题和在交流中生成的话题,都要紧紧着眼于学科认知、德性育人、审美育人、健康育人、劳动育人,以"五育"融合的途径,达到促进学生全面发展的目的。

(2)会文思考,准备对话。

①留足时空。

学生是教学对话的主体。学生、教师、文本之间对话的前提,是学生与文本直接对话,进行充分自主的、个性化的阅读。课堂中要引导学生"潜心会文本",不要动辄讨论,把对话误认为只是课堂交流。学生静静地默读,一边读一边想,悟出其中的含义,才能和同学、老师对话。所以,师生、生生之间的对话必须建立在学生与文本充分对话的基础上。学生与文字对话,与图画对话,图文结合对话,需要充足的时间和自由的空间,教师有足够的耐心,才能收获学生各具个性的精彩发言。

②深入思考。

教学对话要通过学生、教师、文本之间的一次次对话,实现学生的自我建构,包括增加知识积累,习得语文学习方法,养成语文学习习惯,形成语文学习能力,受到情感熏陶,获得思想启迪,享受审美乐趣,塑造健康心理,培养劳动意识。要提高生本对话的实效,需要教师指导学生带着问题读,边读边思考,一边勾画一边批注。学生在与文本对话中找到语言、思维和情感的结合点,边读边想,从中捕捉有用的信息,作出积极的心灵反应,把读与悟结合起来,在交流活动中充满自信,大胆表达,体会学习的乐趣。

(3)交流回应,分享沟通。

①师生对话。

教师和学生在教学中是两个相互依存的主体,是两个能说话、能交流的鲜活的行为主体。教师将学生视为与自己一样具有生命尊严和价值的独特个体,学生才有能力在教师的引导下发展自己。师生对话,要注意以下两个方面:

第一,教师与学生的对话要平等。当教师作为对话者平等地介入关于文本的对话,传递自己的理解、情感和价值观,影响和感召学生的同时,整个对话过程就发生了令人兴奋的戏剧性变化。首先,教师要善于倾听,善于欣赏。其次,要积极营造学生愿意对话的阅读氛围。再次,鼓励学生与他人大胆、真诚地对话。

第二,教师要有与学生对话的引领能力。首先,当学生的思维方式不对时,教师要能巧妙地引领学生调整思维方式。其次,当学生的价值取向发生错误时,教师要及时地引导、纠正。再次,当学生的思维狭窄的时候,教师要不断开阔他们的视野。

②生生对话。

"水本无华,相荡而成涟漪;石本无火,相击而发灵光。"对话教学中生与生的交流,是思维的碰撞,智慧的共生,具有非常重要的价值。生生对话,包括同桌对话、小组对话、全班对话等形式。

生生对话有利于丰富和完善学生知识的学习。在生生对话的过程中,如果学生能敞开自己的心扉,分享自己的思想,对知识的学习和感悟就可以更丰富、更完善。

生生对话有利于提升学生自主学习的能力。在教学中,教师引导生生对话,在倾听、言说、思考、判断、表达和搜集资料等方面,学生相互借鉴或反思,通过展开平等对话,最终达到交流之后的提升。

生生对话有利于引导学生做人与做事。生生之间的对话让学生意识到在学习中表达自己的意见,贡献自己的智慧是每个人的责任。这不仅是对自己负责,也是对同伴负责,只有同学之间相互交流、相互补充才能共同提高。在生生平等、民主、开放的对话氛围中,学生潜移默化地学会"尊重和理解他人",受到文本本身所蕴含的思想文化的教育和人文情感的熏陶。学生在学习知识的同时学习做人,学习做事,全面健康地成长。

刘勰认为"缀文者情动而辞发,观文者披文以入情"。建构主义心理学认为,教学对话是读者运用原有知识经验去解释语言文字所传导的信息的过程。个人的知识经验不同,对文本的理解也就不同。学生在对话中切磋讨论、互相启迪,交流各自的独特体验,能够丰富对文本的理解,体会到作者的情感。这样,学生在讨论文本的语言文字、图画特点、内容结构和写作特色等互动活动中,受到美的陶冶,探究美的能力自然也会提高。

(4)建构意义,共融共生。

①学生自主建构。

学生在文本的对话中,深入探寻作者生活经验和文本的内在联系,理解文字背后所包含的深刻内容和丰富的情感,更为重要的是超越文本的内容,实现自我知识的建构。

学生与学生的对话,与同学分享自己的见解,并在小组内交流、全班讨论或辩论等形式中通过倾听、回应、整理和反思,也从同学那里获取了更多关于主题的智慧资源,丰富自己的前理解,实现意义的建构或对话精神、品质的培养。

②师生共同建构。

教学过程充满不确定性、多样性和复杂性。教师以开放、接纳的心态,面对课堂对话中众多的新问题、新资源,及时地反思与改进,适时调整教学程序。在教学对话中,教师与学生、学生与学生围绕教学内容进行平等的交流、真诚的沟通,互相借鉴,取长补短,在合作的氛围中,各自生成或建构自己的认识与知识。师生之间心灵的碰撞和智慧的对话,与学生一起共同建构新知识,收获课堂上精彩的生成,促进师生之间共同的进步和成长。

在对话教学的"生成话题,引领对话""会文思考,准备对话""交流回应,分享沟通"

"建构意义,共融共生"四个途径之后,教师和学生在学科认知、德性育人、审美育人、健康育人、劳动育人"五育"融合的活动中,完成知识、情感、能力的重新建构,实现了师生在教学对话中的生命成长。

第三节　小学语文学科全息育人教学实施的案例评析

小学语文学科全息育人教学在课堂中具体怎么实施?本小节,精选了西南大学附属小学阅读教学课例《四季之美》、朝阳小学习作教学课例《国宝大熊猫》、朝阳小学综合性学习课例《难忘的小学生活》,呈现了研究背景、研究过程、研究结论,并对案例进行了评析,可以让教师更加清晰、理性地了解研究背后的理念和路径,找到可借鉴的方法。

一、阅读教学课例研究案例评析

如何挖掘散文教学中的育人要素
——以部编版小学《语文》五年级上册《四季之美》为例

(一)研究过程

(第一次授课)
在突出语文要素的基础上,需要凸显德性育人吗?

【教学实录】
一、简单回顾,自读勾画寻找美
1.继续走进日本作家清少纳言的散文——《四季之美》。
师:四季如画,各美其美。通过上节课的学习,我们知道了清少纳言最钟情春夏秋冬这一早一晚、一晨一昏的美。彩云、萤火虫、归鸦、大雁、炭火,是这些时刻里作者眼中最美的景致。我们跟随作者的文字,重点体会了春天黎明时刻云彩的变化之美。

(引读课文春天、冬天段落)
师:这节课,我们继续走进夏天的夜晚和秋天的黄昏。

2.默读第二、三自然段,一边读一边在你觉得美的地方轻轻勾画,还可以简单地批注自己的感受。

(学生默读勾画,自由汇报)

师:看来,萤火虫、归鸦和大雁飞行的动态,引起了你们的关注。(板书:动态)同样是飞,感觉是不是一样的呢?接下来,我们就来好好品品这几句动态描写背后的味道。

二、走进"秋",抓动态描写品读美

1.整体读,想画面。

师:按照时间顺序,黄昏和夜晚,谁在前?

生:黄昏。

师:那就先来看看黄昏时萤火虫、归鸦和大雁飞行的动态描写。一边读,一边想象画面。

(学生齐读)

师:脑海里出现画面了吗?你能先给画面取个名字,再把画面的内容说清楚吗?赶紧和组内的伙伴们分享一下。

(小组交流)

师:分享是一件快乐的事情。谁来说说你脑海里的画面?

生:我看到"归鸦回巢""归鸦急飞"。乌鸦在着急地飞回家……

师:文字在你们脑海里变成了一幅幅活画啦!你们还想到了什么画面?

生:我看到"大雁高飞""群雁飞翔"。一群大雁在天上飞,一会儿排成人字,一会儿排成一字……

师:边读边想象画面,真有意思!

2.对比读,说景美。

师:画面当中,除了归鸦、大雁这突出的景物外,还有没有别的景物?

生:还有夕阳、西山、高空。

师:它们就是归鸦和大雁飞行时的背景。能不能把它们去掉呢?想着画面,自己对比着读读看!

(学生对比阅读)

生:我觉得不可以,因为有了夕阳斜照西山的背景,可以衬托出点点归鸦,而归鸦就是背景的点缀……

师:有了背景的映衬,动态会更有美感。读给大家听!

(学生朗读)

生:我也觉得不行,夕阳是很美的,它的颜色和乌鸦、大雁的颜色搭配起来,更有美感。

师:冷暖色调一搭配,美感就来了。读出你心中的美!

(学生朗读)

生:我觉得不能去掉"在高空中",因为……

师:嗯,有自己独到的见解,相信你也能读出这种独特的美感。

(学生朗读)

师:孩子们,看看这大自然美如剪影的画作,静中有动,色调和谐。在对比品读当中,我们看到了大背景下的动态描写这相映成趣的美。

(师生合作读)

3.品词语,悟情美。

师:此时,再来看看这急飞的归鸦,你是什么心情?有什么感受?

(学生交流,教师引导朗读,相机评价)

师:同学们很棒,抓住了关键的词语,体会到了画面背后的情。(板书:情)这群飞的大雁又给了你怎样的感觉呢?

生:我很感动/震撼,因为大雁都是成群结队地飞,就像相亲相爱的一家人。

师:同心协力,守望相助。"成群结队"这个词,让他很有感触。

(学生动情朗读)

师:抓住了关键词语,说得明白,读得动情。

(学生发言谈想法,教师提示先说再读)

师:同学们,我静静地看着,静静地听着,突然觉得此时的你们就像那雁群,在学习的时空里,齐心协力,共同进步。

(学生齐读"秋天"段落)

师:就在这夕阳下,清少纳言的视线追随着这急飞的归鸦,追随着这高飞的雁群,猜想一下她会是怎样的心情?

生:感动 / 温暖 /美好 / 陶醉……

(出示清少纳言人生经历的资料,学生快速浏览,交流新的想法)

师:读大作家的文字,对她多一些了解,也许能产生情感上的共鸣。

(学生齐读"秋天"段落)

师:真有韵味!读着读着,有没有觉得这归鸦,这大雁,在咱们的古诗词中似曾相识呢?

生:……

师:一起来回味回味——

斜阳外,寒鸦万点,流水绕孤村。

枯藤老树昏鸦，小桥流水人家。

风翻白浪花千片，雁点青天字一行。

雁过也，正伤心，却是旧时相识。

（学生齐读诗句）

师：清少纳言的文字和咱们的古诗词是不是有着异曲同工之妙？都是那么言有尽而意无穷。其实，清少纳言深受汉学文化的影响，尤其受唐代一位大诗人的影响最大，猜猜这位大诗人是谁。

（出示小短片，介绍清少纳言代表作，以及作品风格——将白居易的风格融入日本的审美）

师：因为心中有诗意，她看到的画面是动人的；因为心中有诗意，她听到的声音是愉悦的。夕阳西沉，夜幕降临，那风声、虫鸣……

（朗读"秋天"段落第四句）

师：这就是清少纳言心中有声有色的秋日黄昏。也许，很多年后，在某一个夕阳西沉的时刻，沐浴着落日的余晖，你就会情不自禁地想起清少纳言的文字。

（引背、背诵"秋天"段落）

三、走进"夏"，运用学法自悟美

师：现在，请你们用刚才的学法，体会夏天的动态描写。先回顾一下阅读方法。

整体读，想画面。（先给画面取名，再具体地说）

对比读，说美景。（结合飞的背景，说出画面的美）

品词语，动情读。（抓关键词，说出自己的感受，最后动情地读；学生自读自悟，再分享；学生先说景美，再抓关键词体会情美，最后有感情地朗读）

师：这个同学说出了画面的美，结合词语说了心中的情。有条有理，掌声鼓励！孩子们，读吧！

（学生动情朗读）

师：同学们，听了你们的分享，我发现萤火虫不但给夏夜增添了美丽，还增添了无穷的乐趣。（板书：趣）看似简单的两句话，有景有情有趣，情景交融，情趣十足。看似简单的动态描写，真的不简单！

（师生合作朗读，背诵"夏天"段落）

四、配乐读全文，拓展阅读延伸美

师：一年四季，清少纳言总能触景生情。这让她觉得生活即使充满波折，也充满美，充满情趣。在周作人翻译的版本里，《四季之美》又叫《四时的情趣》。好文不厌百回读，捧起书本，咱们一起来成为美文的朗读者，传递这四季之趣、四季之美吧！

（师生合作配乐读）

师：同学们,都说"见字如见人,见文如见心"。学到这儿,你们觉得清少纳言有一颗怎样的心?是一个怎样的人呢?

生：心思细腻;善于观察;热爱生活;安静;才华横溢;浪漫……

师：这样一位了不起的作家,只读她的一篇文章,过瘾吗?

师：我们已经知道,《四季之美》选自清少纳言的散文集《枕草子》,今天老师把《枕草子》带来了。《枕草子》如同一扇门,指引我们通往清少纳言的内心世界。想不想多看点儿里面的内容?

生：想。

师：老师摘录了其中几处写景的地方,一起先睹为快。说说你有什么发现。

生：选材很新颖 / 文字很简洁 / 喜欢用"有趣"来表达……

师：是的,四时之景物,在清少纳言的笔下落笔成趣,因趣而美。你觉得她写得有趣吗?

生：……

师：觉得无趣也正常,因为清少纳言说了这样一句话,读——

生：我这儿说:有趣得很;可是别人却认为:毫无趣味;那才又有趣哩。

师：原来,能看到别人觉得无趣的事物的有趣之处,这才是最大的趣味。学一篇文,识一个人,读一本书,其实也很有趣。下课以后,你们也可以备一本《枕草子》放在枕边。闲暇之时,到清少纳言的世界去看一看。祝愿你也能成为一个眼中有景,心中有情,生活有趣的人。

板书：

```
            22 四季之美
                |
         动态   趣
              /   \
            情     景
```

第一次教研组研讨:育人导向——语文学科教学的应然选择

《四季之美》是部编版小学《语文》五年级上册第七单元的一篇精读课文,选自日本著名女作家清少纳言的随笔作品《枕草子》。在清少纳言的眼里,四季之美在四时:春天的黎明,鱼肚色的天空与红紫云彩交融;夏天的夜晚,萤火虫着实迷人;秋天的黄昏,点点归鸦、比翼齐飞的雁群,传递着回家的温暖;冬天的早晨,火盆是和谐的保障。字里行间,作者细腻而真挚的情感溢于言表,让我们深深感受到清少纳言对自然、对生命、对生活的热爱。

本单元围绕主题"四时景物皆成趣",共编排了四篇课文:有《古诗词三首》(唐代诗人王维的《山居秋暝》和张继的《枫桥夜泊》,清代词人纳兰性德的《长相思》),有日本作家清少纳言的《四季之美》,有我国著名作家巴金的《鸟的天堂》、贾平凹的《月迹》。古诗词与日积月累的《渔歌子》相呼应,引导学生借助诗句中的画面,初步感受动态、静态描写,同时体会"诗中有画,画中有诗"的美妙意境。三篇散文分别从动态描写、动态与静态的对比描写中,进一步引导学生从文字中读出画面,从画面中读出情感,初步形成诗歌散文的审美能力。古诗词与写景散文自由组合,寄情于景、情景交融,让学生跨越时空从唐代到清代到现当代,跨越国界从国内到国外,领略诗人、词人、作家笔下的景物之韵味,体悟作者寄情于景的那份情思,品味作者对大自然、对生活、对生命独特的灵性与热爱。

本单元的语文要素是:"初步体会景物的静态美和动态美",学习描写景物的变化。教材安排了两个课后习题:(1)反复朗读课文,体会作者笔下四季之美的独特韵味。(2)背诵课文。

"体会作者笔下四季之美的独特韵味",其实就是体会作者所描绘出来的"情境"的独特之美。学习语文,要学习表达,尤其是赏析文章的遣词造句和结构形式。本文语言表达的学习,主要侧重在"静态与动态描写相结合"表现"景物之趣",即"对四季景物的动态描写"表现"四季之趣"。

"作者笔下四季之美的独特韵味",是作者独特视角下表达的"四个季节在一天的不同时段'静态背景下的动态景物特点'及其表达出来的独特感受"。作者选取的这些独特内容有一个共同特点就是"静中之动"。春夏秋冬,四个季节的不同时段的自然环境,一般来讲是相对"安静的"。但是,作者从这相对"静"的环境中选取了"动",用"色彩、光亮"的变化来写"动态",以"静"衬"动",让"动"引发读者美妙的联想和想象,体会四季景物的情趣所在,陶醉其间。

读下面的句子,联系上下文,体会其中的动态描写。

即使是蒙蒙细雨的夜晚,也有一只两只萤火虫,闪着朦胧的微光在飞行,这情景着实迷人。

夕阳斜照西山时,动人的是点点归鸦急急匆匆地朝窠里飞去。

成群结队的大雁,在高空中比翼而飞,更是叫人感动。

编者安排这个课后习题的目的是结合这三个句子来体会"动态描写",落实"初步体会课文中静态描写和动态描写"。刘彩姣在《论教育学视野下的知识观》中谈到,教育学视野下的知识由三种要素组成,其中之"意义"是指"知识内具有的促进人的思想、精神和能力发展的力量,是知识与人的发展之间的一种价值关系"。笔者理解这句话,知识的意义指的是"知识在背景中发生的、读者能够体会出来的价值"。从语文的角度来说,"如何表达的知识"的意义,就是这样的写法对表现事物特点、表达情感,有怎样独特的积极作用。

按照这样的理解,"体会其中的动态描写",就需要把这些描写放到"蒙蒙细雨的夜晚""秋夜的黄昏"这样相对"静""暗"的环境之中,体会这样的景物能引发人们产生联想、想象和情思,设身处地地去联想和想象,唤起自己的情思变化,体会自己的感受,揣摩作者的目的,再通过朗读,把作者的意图和自己的感受表达出来。

所以,教研组认为,这个"提示",与第一个提示,两者是属种关系。第一个是总的要求,第二个是对"体会独特感受"过程中关于表达方法方面加以明确要求的"属",是"体会动态描写"内容中强调指出的例子,而不是并列关系。

基于此,在第一次试教时,执教者非常注重语文要素的落实,引导学生抓住描写动态变化的关键词语和句子,结合语境和生活实际展开想象,体会作者所表达的感受和情感。产生自己的独特的阅读感受之后,再反复朗读,从而体会"独特韵味、动静态描写的作用"。随后创设语境,引导学生练习背诵,积累优质的语言。从"落实本体性知识"这一维度而言,这堂课基本达到了学科认知目标。

第一次试教后,参与课例研磨跟进的北碚区教师进修学院语文教研员、重庆名师杨蔚老师提出了新的看法,她引领我们从学科全息育人的视野来审视这堂课的教学。我们猛然发现,恰恰是我们追求的课例的"设计感",让课堂中的学习主体——学生被忽视了。我们通过精巧的诱导,让学生从"大小、明暗、动静"的角度去体会"背景和主体景物之间的相映成趣",以教师视角取代学生视角,有解读过度的嫌疑。忽略了学习主体,不利于学生在文本的沉浸式学习中获得精神的愉悦和心灵的成长。

非传统的红色经典散文,要实现从"语文要素"转向"学科育人",突破口在哪儿?教学的路径又如何开掘呢?

杨老师又提出两个关键词:立德树人和核心素养。她说,只重视学科知识和技能训练的课堂,学生的成长便少了精神之钙;一味空洞地说教,育人便成了形式主义,学科核心素养有被空心化的危险。

育人导向,是语文学科教学的应然选择。我们开始了第二次尝试。

（第二次授课）

如何处理好学科认知和德性育人的关系？

【教学实录】

课前谈话：

师：同学们好！换种感觉，同学们，好！你们听出什么来了？

生：夸奖……

师：看看你们，精神面貌多好；看看她，笑眯眯的样子，多好；看看大家，目光追随我的感觉，真好！最是细节能动人啊！咱们重新互动一下。同学们，好！

生：老师，好！

师：我哪儿好？

生：……

师：谢谢孩子们！冬天虽冷，此刻的我们心里很暖。你们早就进入七单元的学习了，是吧？在本单元的第一课又学了一些诗词：月落乌啼霜满天；明月松间照；竹喧归浣女。

生：江枫渔火对愁眠；清泉石上流；莲动下渔舟……

师：对答如流！还记得诗句当中那些静态或动态的画面吗？景致不多，却让人印象深刻。老师准备了一些画，看看你们能否说出相应的诗句。

生：碧玉妆成一树高，万条垂下绿丝绦。不知细叶谁裁出，二月春风似剪刀。

师：为什么会想到这句诗？

生：我看到画面上的燕子、柳树……

师：抓住关键景物进行联想，好方法！

（学生陆续说出诗句）

师：这些画面都充满了诗情画意呀！知道吗？有大画家说过"孩子就是天生的艺术家"，还有文学家说过"儿童天生就是诗人"。看看，你们在大人的心中是多么厉害。

师：其实，很多时候你们都可以成为大人的老师。今天的课堂，咱们就相互学习，一起到散文的字里行间去寻找诗情画意。

一、回顾旧知，切入教学

师：这节课，我们继续走进日本作家清少纳言的散文，齐读课题。

师：四季如画，各美其美。通过上节课的学习，我们知道——

（引读）

师：清少纳言最钟情于春天的黎明，夏天的夜晚，秋天的黄昏，冬天的早晨，这些时刻里的彩云、萤火虫、归鸦、大雁、炭火，是作者眼中最美的景致。

师:我们还重点学习了"春""冬"两个段落,充分感受了色彩的变化之美。这节课,我们继续走进夏天的夜晚和秋天的黄昏,重点去感受虫、鸟飞行的动态之美。(板书:动态美)

二、整体感知,想象画面

师:请打开书,默读第二、三自然段,一边读一边在你觉得美或者心动的地方,轻轻地勾画。

师:很喜欢你们静静地和文字对话的样子!你们勾画了哪些地方?

(学生自由汇报)

师:看来,萤火虫、归鸦和大雁飞行的动态,尤其引人关注。这相同的飞,给你们的感觉一样吗?

生:不一样。

师:接下来,我们就来好好品品这动态描写独特的韵味。

三、语例导学,体会动态美

1.整体读。

师:我们先来读读归鸦飞行这句话。

(学生齐读)

2.抓细节,体会动态美。

师:这归鸦飞行的动态让你心动了吗?说说看。

生:乌鸦急急匆匆地,想要赶快飞回家……

师:为什么那么着急呀?

生:想赶快回去给孩子喂食,想赶快和家人团聚,回家了才有安全感……

师相机评价:这急急匆匆的背后,是满满当当的温情!归心似箭啊!这份对家的依恋让人感动!家才是最温暖的港湾!

(教师引导读好关键词)

师:看着这急急匆匆往家飞去的归鸦,你的心里泛起了怎样的感受?

生:温馨、温暖、感动……

师:带着自己的感受,齐读。

师小结:好一个"急急匆匆",好一个"朝巢里"。"飞"这个动作(板书:动作),通过这样细腻的描写(板书:描写),让我们感受到了动态的美。

3.找背景。

师:孩子们再看看,在这幅画面里,除了飞行的归鸦,还有没有别的景物?

生：还有夕阳、西山。

4.对比阅读，体会背景映衬下的动态美。

师：能不能把它们去掉呢？想着画面，对比着读读看！

生：我觉得不可以，因为有了夕阳和西山，画面更丰富……

师：描述给我们听一听。

生：把画面说得更具体。

师：说得真好！这夕阳斜照西山，让归鸦飞行的动态有了背景的烘托，更有韵味。把你的体会送进朗读。

（学生朗读此句）

5.指导朗读，读出背景的宏大。

师：孩子们，这夕阳，远在天边；这西山，巍峨高耸。这样的背景，给你们什么感觉？

生：很大，很高远。

师：如此宏大，如此辽远，谁能读出这种感觉？

（引导：放慢语速，延长声音，把时空放大——这样读起来，多有韵味啊；教师指名读，齐读）

6.角色置换，交流体会。

师：此时，你就是急飞的归鸦中的一员，飞在夕阳下，飞在西山前，有什么感受？

生：我觉得很美……

师：这色彩的映衬自然天成，真的很美！读——

生：我觉得很着急，想趁天黑之前赶紧飞回家。

师：归家心切啊！读——

师：有了这夕阳和西山，有了这背景的映衬，飞行的动态更加多情，更有意思了。

（板书：背景映衬）

师：这可真应了一个词——相映成趣！

师小结：同学们很会学习，从描写动作的词语和画面的背景当中，体会到了归鸦飞行的动态之美，越读越有韵味。

四、运用学法，合作学习

1.推进学习

师：老师相信，你们在另外三幅画面合作学习的过程中，会表现得更加出色。先看看合作小贴士。

选画面——在组长的带领下，选一幅画面齐读；

谈体会——抓住句中描写动作的词语和背景,体会动态美;

练朗读——带着感受合作朗读,推荐一名发言人。

2.小组交流汇报(背景、朗读交互灵活处理)。

师:团结合作、相互鼓励,你们真是美丽的风景!哪个小组的代表先来分享?

(小组交流、合作朗读;朗读时,一个小男孩不够自信,老师的宽容、鼓励,给了孩子信心和机会。老师慢下脚步,耐心地等待,让大家看到了孩子的生命成长)

师:每个人的感受都是独特的,那就读出自己的感受吧!全班齐读。

师小结:你们都是我心中最棒的朗读者!这动态的画面,着实迷人!

五、迁移语境,配乐背诵

师:孩子们,我们就这样一次又一次地读着,体会着,相信这萤火虫、归鸦、大雁已经飞进了你们的脑海,还会飞向你们的记忆深处。也许,在某个夏夜,你们就会触景生情,想起清少纳言笔下充满情趣的萤火虫飞行图。

(引背"夏天"段落)

师:也许,很多年后的秋天,你还会想起清少纳言笔下归鸦急飞、雁群高飞的画面。

(引背"秋天"段落)

师:无论夏秋,无论春冬,作者笔下的动态描写都是那么美,那么耐人寻味。

六、补充诗词,感受文化美

师:像清少纳言这样,把动态的景物置于大背景之中,让画面充满意境的写法,其实在我们的古诗词里很常见。一起再来感受感受。

生:白日依山尽,黄河入海流。

两只黄鹂鸣翠柳,一行白鹭上青天。

斜阳外,寒鸦万点,流水绕孤村。

风翻白浪花千片,雁点青天字一行。

师:这依山而下的落日,冲向天空的白鹭;这斜阳外的寒鸦,青天上成行的大雁。这些动态的画面同样相映成趣,同样意境深远。清少纳言的文字和我们的古诗词是不是有着异曲同工之妙?你会不会觉得很好奇呢?

师:学贵有疑,仔细看短片。找到答案了吗?

生:清少纳言曾深受白居易的影响,所以她的语言风格和我们的古诗词有点儿相似。

师:是啊!文化是相通的,虽然身处不同的国家,也可以有相似的审美,也可以有相似的表达。一千多年前的古代,清少纳言借鉴我们的诗歌;一千多年后的今天,我们又在学习她的文章。有意思吧？捧起书,我们一起来合作,让这《四季之美》发出最动人的声音。

（师生合作配乐读）

七、拓展阅读,延伸美

师:听童声,读美文,真享受！都说"见字如见人,读文如见心"。学到这儿,你觉得清少纳言有一颗怎样的心？是一个怎样的人呢？

师:要想多了解一个作家,就得多走进她的文字。我们都知道《四季之美》选自清少纳言的代表作《枕草子》。老师还摘录了书中的一些句子,一起先睹为快。（出示清少纳言的简介和作品）

师:现在你觉得清少纳言还是一个怎样的人？

生:热爱生活,喜欢观察,有情趣……

师:都说"好看的皮囊千篇一律,有趣的灵魂万里挑一",清少纳言的确是一个内心充满情趣的人。再读读她写的这句话——

生:我这儿说:有趣得很;可是别人却认为:毫无趣味;那才又有趣哩。

师:有趣吧？学一篇文,识一个人,读一本书,其实也很有趣。课后,你们也可以备一本《枕草子》放在枕边。七单元的单元主题告诉了我们"四时景物皆成趣"《枕草子》里,四时之景物,真的在清少纳言的笔下落笔成趣。课文《四季之美》在另一个翻译的版本里,又叫《四时的情趣》。希望同学们多阅读清少纳言的文字,也许你会更热爱生活,发现更多的趣味,写出更美的文字！

板书:

22 四季之美

色彩变化

动态美　动作描写

背景映衬

第二次教研组研讨:化育——审美、文化与语文要素的交融

《四季之美》是日本平安时期作家清少纳言的代表作《枕草子》的开篇之作。文章以四季为序,以宏大的背景画面来烘托主体景物的动态,给人无与伦比的审美享受。课文是美的,而赵欣老师引领孩子们不断沉入文字,去想象、去言说、去朗读、去思辨,文本、教师、学生三情共振,弹拨出课堂最美的和声,有效落实学科育人。

学科本位

从学段目标到单元目标,到课文目标,再到课时目标,西南大学附属小学语文团队和北碚区教师进修学院语文教研员杨蔚老师一道,认真琢磨"初步体会动态描写和静态描写"在这一课的落点。基于学情制定了适切的教学目标,教学路径清晰,在学生认知疑难处,通过"举象、造境、比较"策略,精准介入教学支架,有效突破了教学重难点,学生的语言和思维都得到了拔节。

德性化育

诚如全国著名特级教师王文丽老师所言:"德性育人不是掷地有声,而是感染和孕育。而这一点,在赵欣老师的课堂上有很好的体现。"无论是课前问候时的"未成曲调先有情",还是课中对那个朗读时怯怯的小男孩的一次次鼓励,鲜明的育人导向,充分诠释了老师在课堂上对"人"的理解。

审美场域

课堂是语言的艺术,是结构的艺术。纵观赵老师的课堂,处处都是语言的珍珠。赵老师言语间的声气、节奏,带动着学生在文本描绘的妙境中不断穿行,让人如沐春风,如饮纯醇。对"复习回顾,唤醒美""举象造境,感受美""合作学习,分享美""由文到人,崇尚美"四大教学板块中轻重缓急的拿捏,让课堂疏密有致,收放自如,动静分明。

文化自觉

在课中,学生借助微课学习,感受到清少纳言深受唐朝文化的影响,尤其是白居易的影响时,学生对中华文化又一次肃然起敬,赵老师没有到此为止,而是特意强调了文化间的相互交流是很有意思的。这种点拨让学生有文化自信的同时,还强调了文化的相互认同和理解,可圈可点!

(二)研究结论

1.学科,是育人基点

基于学生发展核心素养的形成,找到学生发展的生长起点;基于学科核心素养的培养,确立语文要素为教学起点,学科育人便有了扎根的土壤。

2.教师,是育人关键

学科育人的力量,生成于教学活动中情感、言行的真实熏陶。教育是文化精神生命的传承和发展。在学生文化精神生命的成长过程中,一方面要汲取代表人类文化传承的各学科的书本知识,获得学科知识对成长的滋养。另一方面也要从学科教师及其学习同伴身上直接感知学科知识对人的形塑以及对自我的影响。

学科育人的力量,既生成于这样的"身教"当中,也生成在教师所采用的教学方法之中。学科教师让学生"做什么"和"怎么做",会直接地形塑学生的行为。教师长期"灌输",学生便养成"服从";教师倡导"探究",学生便学会"求真";教师策动"协作",学生学会"合作";教师布置"长程作业",学生学习"自我规划";教师提供"多元课程",学生学会"选择"。教师和学生沉入文本,直面文字,心心相印,情情相融,师生共同去经历一场言语的盛宴,一段精神的旅程。

3.化育,是育人灵魂

所谓"无痕",就是要将具体的育人点巧妙地融合在学生的学习活动中,培养健全的人格、良好的道德品质及其正确的政治选择和信仰归属。就如唐诗所喻"好雨知时节,当春乃发生。随风潜入夜,润物细无声"。但同时,也要结合学科实践活动,抓住或创设一些"关键节点""关键事件",整体综合提升情感的体验度、行为的规范性、道德的判断力,甚或政治立场的坚定性。在学生的成长过程中,若能经历若干次印象深刻的、正向的学科体验活动,对学生的精神世界的健康成长无疑有十分重要的作用。

基于此,我们一致认为,全息育人理念烛照下的语文学科教学,是对学生言语生命最好的呵护与滋养。

(三)案例评析

部编版小学《语文》五年级下册第七单元编排的语文要素为"初步体会景物的静态美和动态美,学习描写景物的变化"。如何落实语文要素,突破教学重难点呢?赵欣老师以阅读"四季之美"为执教内容,以情境对话教学为抓手,进行"在主体对话的过程中初步学习体会动态美"的阅读教学,并采用"课例观摩—互动研讨—行动跟进—反思改进"的方式开展研究,在语文教学中渗透"五育",促进了学生语文素养的全面提升。

1.小学语文学科全息育人"学科认知+"育人点渗透

(1)学科认知。

赵欣老师和教研团队深入解读教材,精心创设了四个对话环节:简单回顾,自读勾画;走进"秋",抓动态描写;走进"夏",运用学法;配乐读,拓展阅读。在"春"的学习中抓动态描写,总结"整体读,想画面;对比读,说美景;品词语,动情读"的学法,在"夏"的学习中运用。在生本、师生、生生的对话中,培养了朗读、想象、感悟、表达等语文能力。

(2)德性育人。

"德性育人不是掷地有声,而是感染和孕育。"课前对学生的问候,课中对学生的鼓励,这些鲜明的育人导向,充分诠释了教师在课堂上对"人"的理解和尊重。更为重要的是,在"走进秋,品读感悟"环节,补充我国唐宋诗词中关于"鸦"和"雁"的名句,在品读后通过短片介绍清少纳言深受汉学文化的影响,尤其深受唐代大诗人白居易的影响。从而了解汉文化对日本文化的影响,培养了学生的文化传承、国家认同等国家意识,激发了民族自豪感。

(3)审美育人。

本课的教学从学段目标到单元目标,到课文目标,再到课时目标,紧紧围绕本单元"初步体会景物的静态美和动态美"的语文要素。通过"寻找美,品读美,自悟美,延伸美",一步步引导学生简单回顾,自读勾画。想象画面美,交流语言美,品读语言美,感悟情感美,让学生感受到课文的内容美与情意美。

(4)健康育人。

学生是学习活动的主体,教师是组织学习的主体。课堂主体对话中,赵欣老师珍视学生的独特感受,重视情境对话教学的多元性、平等性和生长性。教学中,教师与学生平等交流,在倾听、欣赏中实现教学相长。与此同时,还特别尊重学生的个性差异,关注发展缓慢的学生,耐心等待,适时点拨,润物无声。在对话情境中,氛围和谐,学习有实效,学生身心得到健康发展。

2.小学语文学科全息育人"主体对话"教学法渗透

(1)生成话题,引领对话。

课前谈话中,教师创设对话情境,和学生对诗,引导学生想象诗中的画面。

然后教师出示图画,学生猜诗句,教师点拨聚焦关键景物、想诗句的方法,引出本节课学习的课文,虽然不是诗,但字里行间同样充满了诗情画意,从而生成话题,引领对话。这样的对话有趣又充满诗意,为学生做好了学习的心理准备和情感铺垫。

(2)多元对话,交流回响。

教师和学生是教学对话过程中的双主体。在本课主体对话的过程中,教师与学生平等交流、互相启发、彼此回响,实现了课堂学习活动中的共生共长。

赵欣老师的这节课,在"简单回顾,自读勾画寻找美"的环节,学生首先与文本对话:默读第二、三自然段,勾画、批注、朗读。在"走进'秋',抓动态描写品读美"环节,是生生对话、生本对话、师生对话:"想画面"是生本对话、生生对话;"说情美"是生本对话、师生对话;"悟情美"是师生对话。在"走进'夏',运用学法自悟美"环节,是生本对话、师生对话:在生本对话的基础上师生对话,体会夏天的动态描写,交流阅读收获。对话的过程中,教师既是倾听者,了解学生的自读收获、阅读体会,也是引导者,适时点拨、引领,提升学生的学习认知,并在过程中渗透德性育人、审美育人、健康育人、劳动育人,真正做到"润物细无声",培养学生的想象、理解、感悟、朗读等能力。教师在与学生的交流中,提升了点拨、引导、评价的能力。

(3)建构意义,共融共生。

在"配乐读全文,拓展阅读延伸美"环节,赵欣老师和学生合作配乐朗读课文,体会清少纳言的性情;推荐清少纳言的散文集《枕草子》,并摘录其中几处写景的地方,以此作为《草枕子》的导读,激发了学生的阅读兴趣;教给"跳读""朗读""图像化"等阅读散文整本书的策略,引领学生做眼中有景、心中有情、生活有趣的人,将课堂学习拓展到生活,师生在意义的建构中共融共生。

(此案例由西南大学附属小学周胜华、赵欣和重庆市北碚区两江名居第二小学李静提供)

二、习作教学课例研究案例评析

在活动化学习情境中初步学习整合信息
——以部编版小学《语文》三年级下册习作《国宝大熊猫》为例

(一)研究报告

1.研究背景

当今是一个信息爆炸的时代,图书、报纸、电视、广播、网络充盈着孩子们的生活,布告、报廊、标牌广告也随处可见。《课标》指出,增强学生在各种场合学语文、用语文的意识,多方面提高学生的语文能力,很关键的一点就是培养学生搜集和处理信息的能力。部编版小学《语文》三年级下册第七单元,安排了"初步学习整合信息,介绍一种事物"这样的语文要素。介绍一种事物,在以前的教材中不同年级都涉及过,但是,用初步学习整合信息的方式来介绍一种事物,属首次提及。

什么是整合?关于"整合",《现代汉语词典》给出的解释是:通过整顿、协调重新组合。《当代修辞学》指出,整合是一个系统理论概念。作者必须从他的经验中挑选出相关的概念和事件,用一种对听者或读者有利的方式将其组织起来;而作为信息接受者的听者或读者,必须将听或读到的话语统一为一个连贯的表征,帮助自己去获取或建立与言者、作者相一致的概念或事件。这句话意即作者围绕着自己要达到的表达目的,将其他文章通过一句句、一段段重新组合来完成一篇文章。

三年级下册第七单元安排的"整合信息",就是训练学生对原本并不是围绕这一个意思完整、系统地整合在一起的信息,按照表达的目的需求,重新选择、排序、组织加工,使之成为一个能够让读者明白自己要表达意思的文章整体。然而,在观察与研究中,我们有了这样的思考:要求学生把众多零散的信息按照一定的表达意图,进行重新选择、排序,再连贯地表达。首先,学习内容方面,学生是否会觉得比较枯燥?其次,学习难点方面,信息不准确、答非所问这样的学习难点如何突破?

在迷茫之际,活动化作文教学的出现让我们如醍醐灌顶。活动化作文教学体现以学生为中心、以生活为中心、以活动为中心。通过实施活动化作文教学,建立"现场活动、现场体验—现场观察、现场指导—现场交流、及时习作—现场评议、现场修改"这一教与学活动模式,利用儿童爱玩的年龄特点,在玩的过程中解决习作动机和习作素材问题,在具体观察、交流过程中解决习作表达和习作方法问题。

2.教学内容的选定

部编版小学《语文》三年级下册第七单元安排的习作内容是:介绍"国宝大熊猫"。与过去的三年级习作要求相比较,本次习作有一个突出的特点,不再单纯地写一个或一种事物的一个方面,而是要求学生能够从几个方面来介绍。要求学生不仅要介绍自己所知道的,而且要求学生去搜集相关资料,再把这些信息有选择地进行重新排序、组织语言介绍清楚。这就是初步学习整合信息,介绍一种事物。另外,大熊猫离孩子们的生活比较遥远,在全程活动化的教学情境中可以很好地激发学生参与、探索、实践的兴趣,拉近与国宝之间的距离。因此,我们选了《国宝大熊猫》为教学内容。

3.策略预期

能够根据问题查找信息,并尝试学习整合信息,一个方面一个方面地介绍清楚。全程活动化作文教学,让课堂活起来,让思维活跃起来,让语言灵动起来。

4.研究过程

(1)研究时间:两个月。

(2)研究形式:由教研组周老师以部编版小学《语文》三年级下册第七单元的习作教学为执教内容,进行"在活动化学习情境中初步学习整合信息"的习作教学,并采用"课例观摩—互动研讨—行动跟进—反思改进"的形式进行。

(3)具体过程。

第一次活动:确定主题,相关理论学习,确定研究形式和教学内容。

第二次活动:周老师第一次执教及课后研讨。第一次执教,周老师循序渐进地让学生认识到,初步学习整合信息,从阅读提取信息的角度来说,是读完文章之后,学生能够对信息的各个段落所表达的不同意思,进行提炼、概括,然后进行综合表达。从写的角度来说,其实就是认识一篇文章,围绕要表达的一个意思,可以从几个方面去表达。但是,本堂课指导的痕迹太重,活动设计的目标性不强,给人以"为了活动而活动"之感,因此,活动化已失去活动化的味道,学生被引进了毫无活力的僵化的训练模式。

第二次活动:周老师第二次执教及课后研讨。第二次执教,周老师在听取组内老师建议的基础上调整了教学思路,优化了教学设计,比较巧妙地以重庆自然博物馆的熊猫时代展厅为切入点,创设了为博物馆设计大熊猫知识卡的活动情境,激发学生的写作兴趣,还录制了一段微课视频来帮助学生化解该怎么写的教学难点。这看似循序渐进,水到渠成,可是教学效果令人瞠目结舌:约15%的学生无话可说,无从下笔;约20%的学生信息不准确,答非所问。课后,周老师和组内老师共同研讨,大家一致认为,问题的根源在于忽视了活动化作文教学的自主性与开放性,忽视了观察、聆听、思考、表达这样的动态过程,忽视了教学渠道的开放、写作方式的开放、作文评价的开放,学生"实践—认识—表达"的通路受阻。如何帮助学生打开这一通路,做到胸中有沟壑,下笔自流畅?老师们开始了深度思考……

第四次活动:周老师第三次执教及课后研讨。第三次执教,周老师积极寻找打开学生"实践—认识—表达"的通路的策略,围绕活动化作文教学的核心,帮助学生构建智慧表达的思维模式:活动—智慧地看—智慧地思—智慧地悟—智慧地表达,引导学生主动参与、主动探索、主动实践,并在探索、实践的过程中,巧妙点拨、适时引导。课后,组内老师与周老师一同反思、总结。大家认为,整堂课以学生为中心,以生活为中心,以活动为中心,既不露痕迹地落实语文要素,引导学生学会构段,围绕要介绍的内容,面对大量纷繁复杂的信息资料,去粗取精,去伪存真,准确地选择材料,又把爱护国宝的价值观植入其中,渗透了国家意识、责任意识。

结合学科全息育人指标体系来看:第一,本课充分挖掘并落实教材中的语文要素,在活动中积极发展学生的语文学科思维,较好地体现了学科认知。第二,引导学生帮博物馆制作"大熊猫知识卡",向中外游客介绍国宝大熊猫,旨在培养学生社会参与能力和国家意识。第三,课末播放的国宝大熊猫濒临灭绝发人深思的视频,加上音乐、语言的渲染,传递出的是保护大熊猫的内容美与情感美。第四,活动中,学生自信参与、乐于分享、善于交流、课堂氛围和谐,师生关系融洽,课堂彰显的是自然生长的健康美。

5.研究取得的成果

(1)丰富了对活动化作文教学的认识。

活动化作文教学的内涵:活动化作文教学是在一个完善的创意方案作为活动路线图的引领下,在一定强度的调控支持系统下,进行任务通关或情境体验,在学生具备了鲜活真实的活动体验的基础上,将所读之事物、所悟之情感、所辩之哲思即时表达的创意写作模式。

活动化作文教学的心理动机:触发学生的写作兴趣,引发学生的写作需求,是写作教学的起点。活动化写作关注学生写作兴趣点的触发,关注学生写作意志力的培养,关注学生写作成功感的获得,使学生展开可持续性写作,逐步养成写作的习惯。

活动化作文教学的模式:现场活动、现场体验—现场观察、现场指导—现场交流、及时写作—现场评议、现场修改。

(2)提炼出活动化作文教学的几大特点。

让课堂"活动"起来:活动化作文教学以活动为载体,以轻松愉悦的活动情境激发学生的参与兴趣与表达动机,达到人人参与和人人表达的目的,在活动过程中无痕地完成观察、体验与表达等训练与指导目标,使活动化作文教学焕发动态之美。

让学生"激动"起来:活动化作文教学打破了传统习作"粗略指导—回忆编写—教师批改—教师评讲"的封闭模式,它抓住学生爱玩的天性,注重通过活动建设开放的课堂,激发学生的写作兴趣和写作动机,让每一个学生在课堂上都能兴奋起来,激动起来。

让思维"跃动"起来:做中学、学中做,教、学、做合一,符合小学生的身心发展特点。活动化作文教学以体验和发现为侧重点,能帮助学生打开思路,不拘形式地把看到的、听到的、想到的写下来,让思维更加趋于敏捷。

让语言"灵动"起来:在活动中,给学生创造体验生活的机会,捕捉写作素材的机会,真实体验的机会,这样,写出来的文字必然是个性的、灵动的。生活经验得到唤醒,习作会更具张力和灵气。

(3)激发了后续研究的热情。

在前面研究的基础上,我们萌生了"初步学习整合信息,介绍一种事物"是本单元很重要的一个语文要素这样的想法。既然可以让活动与作文牵手,能否让活动与阅读牵手,让活动与口语交际牵手,将"初步学习整合信息,介绍一种事物"这一要素在阅读课、口语交际课中均得以落实?

阅读课:在活动化学习情境中初步学习整合信息。《我们奇妙的世界》一文的教学,我们创设了"答记者问"的活动情境,引导学生分组开展活动,对所学内容分析归类,然后,对课文进行删改,与原文进行对比阅读,以"答记者问"的活动形式组织讨论:为什么还要写雷雨、傍晚和夜间天空的景色?引导学生在活动化的情境中对比阅读,进一步体会"从春夏秋冬几个方面来介绍大地奇妙变化",进而感受"从几个方面来介绍一种事物,能够让读者更清楚地了解这种事物"。

口语交际课:在活动化学习情境中初步学习整合信息。本单元的口语交际内容为"劝说",我们创设情境,引导学生模拟表演,顺势启发学生:我们的劝说,有哪些理由让对方非常信服？如果单独用一种理由劝说，效果会怎样？进而强化对"从几个方面来说明问题"的价值认识。

6. 后期研究方向

(1)活动化教学与写人、写事类作文教学的融合。

(2)活动化教学不适合哪些课型。

(二)案例评析

部编版小学《语文》三年级下册第七单元安排了"初步学习整合信息，介绍一种事物"这一语文要素。如何突破这一教学重难点呢？周老师以活动化教学为抓手，以习作"国宝大熊猫"为执教内容，进行"在活动化学习情境中初步学习整合信息"的习作教学，并采用"课例观摩—互动研讨—行动跟进—反思改进"的方式开展教研，激发了学生的写作兴趣，有效解决了习作表达和习作方法问题，让作文起步更坚实。

1. 小学语文学科全息育人"学科认知+"育人点渗透

(1)学科认知。

周老师和教研组老师一起围绕"初步学习整合信息，介绍一种事物"这一语文要素，确定了研究形式和教学内容，基于学情制订了切实可行的教学目标，开展了活动化习作教学。三次执教中，教学思路和过程一次比一次清晰。特别是第三次执教时，在游戏活动中积极发展学生的语文学科思维，以制作"大熊猫知识卡"引导学生抓住特点整合信息，有效突破教学重难点，在合作完成任务中语文素养得到了有效提升。

(2)德性育人。

大熊猫是我国最珍贵的一类保护动物，被称为"国宝"。周老师引导学生帮助博物馆制作"大熊猫知识卡"，向中外游客介绍大熊猫，不仅提高了学生的学习热情，也让学生对大熊猫的样子、生活环境、生活习性等有了更好的了解和认识，有效植入了爱护国宝的价值观，增强了学生的国家意识、责任意识。

(3)审美育人。

审美育人是语文学科育人的重要目标。课堂中，周老师循循善诱，利用"魔法包"牵线搭桥，引导学生清楚连贯地表达，抒发真实情感，打好语言修养基础。课末播放的有关"大熊猫濒临灭绝"的视频发人深思，加上音乐、语言的渲染，向学生传递出保护大熊猫的内容美与情感美。

(4)健康育人。

课堂教学活动中，周老师珍视学生的独特感受，尊重个性化差异，重视活动化教学的自主性与开放性。作前准备让学生胸中有沟壑，活动中学生个个有想法，人人有话说,都自信地参与到活动中,乐于分享,畅所欲言,争获三星知识卡,成功营造出和谐融洽的课堂氛围,彰显出自然生长的健康之美。

(5)劳动育人。

"纸上得来终觉浅,绝知此事要躬行。"在课堂中,周老师通过制作"大熊猫知识卡"等课堂活动,引导学生自己动手、主动参与,在做中学、在学中思、在思中悟、在悟中表达,既不露痕迹地落实了语文要素,也在潜移默化中培养了学生对劳动的热爱,提升了学生的劳动技能。

2.小学语文学科全息育人"全程活动"教学法渗透

(1)课前学习活动,让学习有备而来。

整合信息是一件比较枯燥的事情,学生初次接触,要让他们用此方式来介绍一种事物,是有难度的。许多学生在书上、电视上或者动物园里看到过大熊猫,也了解过有关知识。但是,由于大熊猫离我们的生活较远,即使了解也相对粗浅。因此,为了提升课堂学习的效果,周老师要求学生在课前做了作前准备:第一,提出一个最感兴趣的与大熊猫相关的问题,写在作前准备卡上;第二,通过网络、书籍或电视节目了解、搜集有关大熊猫的资料。这样做,培养了学生搜集信息的能力,激发了学生的学习热情。

(2)课堂学习活动,实现"双主共学"。

学生是学习活动的主体,具有自己独特的感受,会独立思考,具备听说读写、审美等能力。周老师围绕活动化作文教学的核心,以学生为主体,以小组学习为形式,设计了精彩而有趣的学习活动,营造出轻松愉快的学习氛围,引导学生主动参与、认真观察、聆听与思考,学会修改、归纳小结,不露痕迹地落实了语文要素。教师是学生学习活动的合作者和参与者。周老师在三次执教过程中,紧扣教学目标,积极参与学生的探究学习活动,始终关注学生的学习过程,鼓励学生提问发言,并发现新的信息,激发了学生的习作兴趣,锻炼了学生的自学能力、解决问题能力和口头表达能力。同时,周老师在执教过程中也在不断思考和探索更有效的教学方式方法,并在课后研讨中不断优化。

(3)课后学习活动,将学习得以延续。

周老师重视活动后的指导,将"初步学习整合信息,介绍一种事物"这一语文要素在阅读课和口语交际课上延伸,并尝试将活动化教学与写人、写事类作文教学融合,对此我们充满期待。

(此案例由重庆市北碚区朝阳小学周小娟、潘韵涵提供)

三、综合性学习课例研究案例评析

主体探究·问题解决·体验学习
——以部编版小学《语文》六年级下册综合性学习"难忘的小学生活"为例

(一)研究报告

1. 研究背景

语文是实践性很强的课程,应着重培养学生的语文实践能力,而培养这种能力的主要途径也应是语文实践。创设学习情境,教师应利用无时不有、无处不在的语文学习资源与实践机会,引导学生关注家庭生活、校园生活、社会生活等相关经验,增强在各种场合学语文、用语文的意识,建设开放的语文学习空间,激发学生探究问题、解决问题的兴趣和热情,引导学生在多样的日常生活场景和社会实践活动中学习语言文字运用。因而,应该让学生更多地直接接触语文材料,在大量的语文实践中体会、掌握运用语文的规律。语文跨学科学习,有利于学生在感兴趣的自主活动中全面提升语文素养,是培养学生主动探究、团结合作、勇于创新精神的重要途径,应该积极提倡。"生活处处皆语文","语文的外延等于生活的外延"。在对传统课程的审视与反思中,众多专家、学者提出语文学习要"回归生活"。"回归生活"也是语文跨学科学习的目标之一。因此,"语文跨学科学习"是时代发展下教育改革的需要。作为基础学科的语文与其他学科总是息息相通的。要引导学生在广阔的学习和生活情境中学语文、用语文,提高交流沟通、团队协作和实践创新能力。语文跨学科学习是适合学生终身学习和终身发展的需要。

经过调查发现,目前的跨学科学习任务群是以语文综合性学习为载体而开展的。语文综合性学习教学大都处于盲目和随意状态,存在"不知怎样教""随意教"甚至"不教"等问题和困惑。因此,迫切需要我们研究解决如何正确认识语文综合性学习的本质特征,如何实施语文综合性学习教学,如何设计内容丰富、形式多样、适应性强的语文综合性学习内容等问题。这些问题的解决对真正落实语文综合性学习是十分重要的。目前在基础教育改革中,综合性学习处于研究阶段,一些发达国家非常重视对其的研究,并建立了相关的理论和实践策略。在借鉴国外综合性学习经验的基础上,我国语文综合性学习注意了语文学科与其他学科的综合和课内外结合,目前还走在探索的路上。因此,本课例研究对构建小学语文综合性学习的基本理论框架和实践模式,具有重要的价值。

2.内容选定

小学生活是美好的,是快乐的,是值得回味的。此时,六年级的学生已经在小学学习、生活了六年,并即将结束小学生涯,开始新的学习与生活。结合部编版小学《语文》六年级下册第六单元综合性学习"难忘的小学生活",在即将毕业的时候,开展一系列有意义、有价值的语文综合性学习活动,把自己的感激之情表达出来,并永久珍藏,成为美好的回忆,是师生共同的心理需求。这次综合性学习就是开展丰富多彩的活动,并充分采用多种语文形式,让学生回忆美好的小学生涯,表达自己的真实感受,互相鼓励,共同提升语文素养。

3.综合性学习任务

第一课时:浏览六单元教材内容,讨论和制定相应的活动计划。

第二课时:回忆小学生活,写写自己难忘的老师和同学、难忘的校园生活、难忘的一节课、难忘的一次活动;和同学一起畅谈自己成长的故事,共同寻找班级"成长的足迹";和同学合作,制作班级纪念册。

第三课时:组织开展写同学及老师临别赠言,表达依依不舍之情。

第四课时:结合学校创意教学特色,了解学校办学特色,开展感恩母校(气象站、太阳能发电等)综合实践活动,设计"我的创意方案""我的发明故事"。

4.综合性学习过程

(1)将搜集的资料(班级和本人的照片)装订成册,制成班级纪念册。

(2)制作同学赠言卡片或贺卡并办展览。

(3)记录学习过程,写下自己的体会与收获,为毕业留下美好回忆。

(4)制作感恩母校主题手抄报,记录综合性学习过程。

(5)完成"我的创意方案",为学校发展提出"金点子"。

(6)通过小组制作的PPT,展示每个学生不同时期的活动体会,以及自己、同组成员、他组成员、老师、家长评价形成的综合评价。

表4-1 小组评价量表

	技能操作能力	学习研究能力	协作能力	综合能力
小组长	优□良□中□差□	优□良□中□差□	优□良□中□差□	优□良□中□差□
小组成员	优□良□中□差□	优□良□中□差□	优□良□中□差□	优□良□中□差□
	优□良□中□差□	优□良□中□差□	优□良□中□差□	优□良□中□差□
	优□良□中□差□	优□良□中□差□	优□良□中□差□	优□良□中□差□
	优□良□中□差□	优□良□中□差□	优□良□中□差□	优□良□中□差□
	优□良□中□差□	优□良□中□差□	优□良□中□差□	优□良□中□差□
	优□良□中□差□	优□良□中□差□	优□良□中□差□	优□良□中□差□
小组自评				

评价方式：

小组自评，"交流会"上师生共同进行评价。

从技能、内容、协作、表达等多方面、多角度评价作品，评价学生。

5.研究成效

（1）理论价值。

第一，教师的观念转变，对综合性学习的内容及形式有了全新的了解和认知，同时提高了教师的教学水平和科研能力，全面提升了教师的整体素质。在课例研究过程中，全体教师不仅重视经验和成果的积累，而且重视经验的推广、成果的应用。通过综合性实践活动的开展，教师深刻体会到综合性学习的教学与传统的文本教学有明显的不同，这集中体现在教学内涵的扩展及教师教的作用的逐步消解上。

第二，培养了学生的互助合作精神、探索创新能力。计算机和网络技术运用于综合性学习的研究过程中，学生的学习空间、载体发生了改变——教室、教材变成了网络、社会；学生的学习方式发生了改变——继承式学习变成了自主、探索、创新式学习。学生由原来的被动学习变为主动学习，实现了学生学习的研究性、探索性、交互性、自主性，极大地提高了学生学习中的自我管理和调节能力，促进了学生会话、沟通、合作能力的提高，发展了学生的合作精神和探究能力。

第三，学生的科学精神、人文素养和综合素质有所提高。在综合性学习活动过程中，锻炼了学生的交往能力，再加上在研究过程中需要师生、生生的会话、沟通、合作，部分原本内向型的学生逐渐变得外向，学生的个性得到了发展。

第四，探索出了综合性学习指导的三大策略。

①主题探究式研究性学习的策略：主题探究式学习方式的核心是问题研究，即"能提出学习和生活中的问题，有目的地进行资料搜集，共同讨论"，以此制定探究的主题。展开探究是开展语文综合性学习的关键，重在加强对探究活动过程的切实指导。一项完整的探究活动，大致要经历"确定探究主题—制定学习方案—开展探究活动—交流

与分享探究的成果"这样四个阶段。教师应以教材为依托,拓展语文教学空间,引导学生确立探究的主题。探究主题的选择与确定,通常要反映学生的生活背景和兴趣,以及特定的文化传统、自然资源状况等。

生活诱发式:教师利用学生对周围事物的好奇心,引导学生仔细观察、认真思考生活中各种各样的问题,促使学生从生活中产生探究的主题。如"怎样做合格毕业生",可以引导学生抓住生活中的热点,把"问题"变为"主题",让学生确定探究主题。教师还可以结合语文教材,根据学生的兴趣爱好与特长选择活动主题。

学科联系式:语文学科具有鲜明的综合性特点,这要求教师要引导学生从语文学科与其他学科的联系中发现语文综合性学习的主题。如在教学"感恩母校"综合性学习时,可以将语文学科与科学学科进行横向联系。可以以"科技"为主,联系科学老师,专门开展感恩母校的综合实践活动,引导学生更深入了解母校,激发学生为母校发明创新献计献策的情感。

②问题解决式应用性学习的策略:问题解决式应用性学习是语文综合性学习的基本学习活动方式,它着重于学生综合应用所学的语文和其他各学科知识与技能,解决学习、生活中面临的实际问题,使学生获得解决实际问题的技能。

问题解决式应用性学习的策略针对性体现为:应用所学的语文等知识能力解决学习、生活中面临的实际问题。一要因"题"制宜,行之有效。二要"因人"而异,发展个性。问题解决式应用性学习的策略操作性,指的是问题解决的应用性学习为一项活动性很强的语文实践活动,所以操作性必须强。即要求学生"用自己的头脑来想,用自己的眼睛来看,用自己的双手来做",使学生在语文综合性学习经历中获得直接经验,获得知识与技能。

③考察、参观、访问式体验性学习的策略:体验性学习活动是学生接触自然、社会,了解自然、社会,从而增加对自然、社会生活的积累,并获得对自然资源、社会物质文化、精神文化和制度文化的认知、理解、体验和感悟的语文学习与运用活动。它不以发展探究能力、操作能力为根本目标,而以丰富学生的阅历、生活积累和文化积累为目标。

第五,实现了语文与科学、美术的学科整合。语文综合性学习与科学课的整合,对提高学生的综合素质,开发学生的创作潜能,培养学生丰富的想象力、创造力和动手实践能力有着不可替代的独特功效。新的世纪,随着课程改革步伐的不断推进,以"创新"为核心的知识经济需要的是复合型人才,然而,在以知识为基础的学科课程里,学生在学习了很多看似严谨深奥的知识后,遇到实际问题依然无从下手。其实,学生在学习、生活中遇到的很多问题,并非单一的学科可以解决,往往需要学科课程与实践活动的综合运用。

为此,课题组尝试将科学学科、美术学科与语义综合性学习进行整合:课题组的语文教师和美术教师合作,共同指导学生进行手抄小报的设计专题教学,开展"我拿什么奉献给你,我的朝阳"感恩母校科技创新比赛,以培养学生的实践能力和综合素养。美术学科、科学学科与语文学科的学科特点不同,要将它们很好地整合在一起,相互支撑、相互渗透绝非易事。因此,课题组的语文教师和美术教师经常在一起探讨研究:如何在"手抄小报"中进行有机的整合。

在教学设计上,课题组采取共同制定教学目标、设计教学流程的方法完成综合性学习手抄报设计。在课堂教学中,先由美术教师进行综合性学习手抄报设计教学,语文教师结合学生在课堂上的活动及体验,根据自己课前的预设进行相应的语文教学活动,对学生进行口语交际与习作的指导。在课后的交流展示中,课题组引导学生充分运用语文学科及美术学科的知识、技能,发挥想象设计自己的"作品"。

苏霍姆林斯基说过:"在人的心灵深处,都有一种根深蒂固的需要,这就是希望自己是一个发现者、研究者、探索者。在儿童的精神世界里这种需要特别强烈。"在每一次综合性学习活动中,每个孩子都在亲身实践,他们都迫不及待地想说出自己的做法并希望得到别人的赞赏,渴望自己成功。由此,我们思考:若能在此时让学生将自己的独特感受与他人进行交流,效果一定不错。于是我们就进行了尝试:借学生这种迫切想与他人交流的心情,进行口语交际和习作的指导。学生的话匣子顷刻间打开了,无论收获多与少,他们都能在交流中感受到喜悦。在学生的习作中我们看到他们都有所收获了,那就是成功。在每一次综合性学习活动中,学生不仅学会了搜集和整理资料,遇到了问题更能积极主动地进行探讨与分析,在合作中学会了独创,在活动中萌发了科学探究精神。

6.后续研究

在深入开展语文综合性学习活动中,我们取得了一定的成效,但也暴露出一些问题,存在不少困惑。

第一,小学语文高段综合性学习研究的理论问题有待进一步深入研究,教师培训的领域还要加大,要彻底转变广大教师在思想中、思维定式上甚至潜意识中的传统的教育观念。

第二,有些教师还存在本本主义,不愿走出教材让学生自主确定主题开展综合性学习活动,有些教师注重成果展示,使得学生自主探究性不明显。

第三,由于综合性学习活动需要充足的时间,而学生的课业负担又较重,教师有时为了节省时间,留给学生活动的时间就受到了限制,所以学生自我实践、自我展示的机会就变少了,致使学生的潜能挖掘不够。

总之,语文是一门综合性、实践性很强的学科。综合性学习活动打破了课内与课外、学习与生活、语文学科与其他学科的界限,真正使我们的语文课更有灵性,更有趣味。只要我们能有组织有计划地开展,并持之以恒,就一定能使语文教学因有"综合性学习"而更加精彩。

(二)案例评析

本次综合性学习《难忘的小学生活》是部编版小学《语文》六年级下册第六单元的学习主题。

以蒋春玲老师为代表的朝阳小学六年级语文教师团队,在学生即将毕业之际,根据教材主题,结合学校实际,开展了一系列有目的、有效果的语文综合性学习活动。通过生动具体的教学内容、丰富多彩的交互活动、欢乐有趣的教学过程,与年级组内的美术、科学等学科的教师通力合作,为学生带来了不一样的语文学习体验,既培养了学生听、说、读、写、讲的语文能力,又实现了德性育人、审美育人、健康育人、劳动育人等。

1.小学语文学科全息育人"学科认知+"育人点渗透

(1)学科认知。

蒋春玲老师准确把握教材,根据本次语文综合性学习是学生小学生涯最后一次语文学习的特点,让学生通过听、说、读、写、讲、制定并实施方案等形式,充分地、综合性地运用祖国的语言文字,实现了小学语文学习的一次"阅兵"。

(2)德性育人。

通过一系列综合性学习活动的实施,学生对母校、对恩师、对同窗、对自己的小学生涯等情感得到升华,自然而然地接受了一次情感的洗礼,带着温情走向新的学习起点。

(3)审美育人。

儒贝尔说过:"美!这是用心灵的眼睛才能看到的东西。"在蒋老师组织学生完成的综合性学习活动中,有班级纪念册中的图画美,有留言册里的文字美,有师生相赠的语言美,更有感恩母校的心灵美……

(4)健康育人。

健康便是幸福。蒋老师组织的"难忘的小学生活"综合性学习,通过让学生互诉衷肠,为母校留金点子等活动,潜移默化地影响学生,在学生健康的身体之上,塑造他们健全的人格,渐渐成为一个身心健康的"全人"。

(5)劳动育人。

民生在勤,勤则不匮。在"难忘的小学生活"综合性学习活动中,学生策划实施感恩活动,搜集小学生活的主题照片,布置主题黑板报,精心修改文章并汇编资料……无不需要艰辛又用心的劳动。学生通过自己的努力,践行着习近平总书记"劳动开创未来"的嘱托。

2.小学语文学科全息育人"全息情境"教学法渗透

(1)借用直观手段,再现情境。

蒋老师组织学生办手抄报,通过图画展示形象,从而充分感受形象,进入情境。学生在策划实施感恩活动中,让音乐像文学一样,有自己的丰富的语言,鲜明的形象,深远的意境,把师生都带到特定的情境中,达到情景交融的效果。

(2)运用语言文字,描绘情境。

在指导学生策划并实施感恩活动方案、引导学生完成对学校提出金点子的过程中,蒋老师通过语言文字的点拨,引导学生明确需要注意什么,感受什么,联想什么,以及如何表达更合适。蒋老师引导学生积极进行思维活动,由此及彼,由表及里,由浅入深,由因到果,由个别到一般……实现了更有效的表达。

(3)联结儿童生活,展现情境。

知识来源于生活,还要回归生活。蒋老师组织学生策划感恩活动,优选鲜明的富有典型意义的具体场景,把学生带入生活的情境中。同时,让学生对小学生涯中的点点滴滴的感性材料进行回忆和串联,从而促进学生的思维活动有序进行。蒋老师启发学生在观察中以已有的生活经验为基础适当展开想象,加深了学生对情境的体验和对世界的认识,为小学语文学习画上了一个美丽的句号,为小学生涯画上了一个美丽的句号。

(此案例由重庆市北碚区朝阳小学蒋春玲、邵林提供)

第五章 小学语文学科全息育人评价

小学语文学科全息育人评价,是对立德树人、"五育"并举的有力回应,以"全体、全面、全域"的全息视角,努力实现对学习场域中的学习个体的观照。

本章从小学语文学科全息育人评价的原则、方法、案例评析等方面进行了分析。

第一节　小学语文学科全息育人评价的原则

《总体方案》指出:"教育评价事关教育发展方向,有什么样的评价指挥棒,就有什么样的办学导向。""改进结果评价,强化过程评价,探索增值评价,健全综合评价。"《总体方案》为教育评价改革指明了方向。

《课标》指出:"语文课程评价包括过程性评价和终结性评价。过程性评价贯串语文学习全过程,终结性评价包括学业水平考试和过程性评价的综合结果。"[1]过程性评价应有助于教与学的及时改进,应发挥多元评价主体的积极作用,应综合运用多种评价方法,增强评价的科学性、整体性。学业水平考试应为高一级学校招生录取提供依据,为评价区域和学校教学质量、改进教学提供参考。

由此可见,小学语文学科全息育人评价在《总体方案》精神的指引下,应体现学生核心素养的进阶,促进学生德智体美劳全面发展,落实立德树人的根本任务。如何基于教学实际,开发科学合宜的评价工具以促进儿童发展？这些评价工具又该如何在小学语文教学中有效运用？它们是否促进了育人目标的达成？这自然涉及对学习和评价的上位思考。评价为何？评价何为？这些追问,有助于教师进一步理解语文的学科特点、学生学习的学段特性、学生发展的全息性,并对评价应遵循的客观性、可行性、过程性原则达成共识。

一、客观性原则

(一)客观性原则的含义和依据

客观性原则是指基于学科全息育人的理念,在小学语文教学评价中,以客观事实为基础,从评价的目的、指标、主体等角度,对评价对象真实的知识、能力、态度、行为等方面作出平等、客观的价值判断,最大限度保障学生所获评价与其现实表现一致。在

---
[1] 中华人民共和国教育部.义务教育语文课程标准(2022年版)[S].北京:北京师范大学出版社,2022:46.

教学评价过程中,教师应秉持实事求是的态度,一视同仁,不能主观臆断或掺杂个人情绪,关注所有学生的共同发展和个性发展,最终帮助学生在平等客观的基础上获得最大化的发展。

教学评价客观是教育公平的范畴。在小学语文学科全息育人评价中遵循客观性原则,是落实和追求教育客观的重要举措,也是实现小学语文教学评价客观的有效路径。教学评价是否客观不仅直接影响教育公平在教学过程末端的实现,而且影响教育质量的好坏。客观公正的教学评价能够让每个学生感受到教师的关注,使学生的个性得到解放,差异得到尊重,对学生当下状态和未来发展都有重要的意义。

(二)贯彻客观性原则的基本要求

1.加强教师职业道德修养,增强客观意识

教学评价是教师在教学过程中对学生学习行为和效果给予的实事求是的价值判断。教师作为教学评价活动的主体,其所具备的客观意识对学生的评价有十分重要的影响。然而,由于主客观因素的影响,教师头脑中难免会存在一些对学生先入为主的印象,这种印象会左右教师对学生的公正评价。教师应该摒弃功利性的评价观念,不以学习成绩的好坏作为评价学生的唯一标准。教师应加强职业道德修养,提升职业道德境界,增强客观意识,以博爱为己任,把每个学生当成独立的生命个体,公正平等地对待每一个学生,真正做到关心和爱护每一个学生,用客观的评价来引导学生、激励学生,让每个学生都能感受到教师同等的爱、尊重和鼓励。

2.因材施评,尊重个体差异

著名心理发展学家霍华德·加德纳提出了多元智能理论,认为每个人都有多种智能成分,但不同的人会根据不同的问题和生活情境对智能产生不同的组合,从而形成不同的优势领域。语文学科本身的教学内容具有丰富性,"一千个读者心中,有一千个哈姆雷特",不同学生对同一个语文问题有不同的思考角度,其反应具有多样性,这就要求教师给予积极正面的引导和评价,让每个学生都敢于表达自己的真实想法。因此,基于小学语文学科全息育人的教学评价需要深入了解学生,承认学生之间存在差异,并且正确看待这些差异,发现潜藏在学生身上的不同点和闪光点,帮助学生正确认识自己,树立自信心,找到最适合他们成长和发展的教学评价方式,给予客观合理的评价,真正做到因材施评。教师只有充分尊重个体差异,采用个性化的教学评价,才能使不同层次、不同智能的学生得到最大限度的发展,实现真正意义上的客观。

3.评价指标和评价方法公开透明

教学评价具有诊断、指导、激励、导向的功能,旨在通过对学生的价值判断,调控和指导学生各方面的行为,引导学生产生最佳的表现,获得更好的发展。因此,教学评价必须"去神秘化",评价指标和评价方法应该公开透明,这是保障教学评价客观性的基本要求。评价指标和评价方法的公开透明应该体现在小学语文教学评价的全过程。一方面,在开展语文教学和评价之前,教师应提前告知学生评价指标和标准是什么,强调教学评价的维度,陈述清晰合理的教学评价方法,让学生明晰评价的指标和具体细则,熟悉评价方法。另一方面,在教学和评价过程中,教师应搜集和保存过程性材料,做到评价有理有据,从而切实维护好教学评价的客观性。

二、可行性原则

(一)可行性原则的含义和依据

可行性原则,即教学评价的标准应满足当前社会的迫切需要,符合当前教育改革的发展趋势,评价指标体系以及方法技术从人力、物力、财力、科学技术能力等方面来说,要尽可能简便易行,教学评价程序要便于实施和操作。这一原则决定着评价活动是否能够持久顺利地开展,评价目的是否能够达到。小学语文学科全息育人教学评价是对小学语文课堂教学进行实际的测量和评定,并根据测量和评定的真实结果作出的价值判断,可促进学生核心素养的形成。因此,教学评价的切实可行就显得尤其重要。

(二)贯彻可行性原则的基本要求

1.评价指标体系应明确清晰

教学评价指标是教学评价的因素和内容,是教学评价的导向和标尺,明确教学评价指标既是教学评价工作的基础,又是教学评价工作的核心。明确清晰的评价指标体系能够引导评价者围绕评价目标有效开展教学评价活动。因此,在小学语文学科全息育人教学评价中,评价指标应是明确清晰的,可以具体化、行为化,不能过于抽象,不能产生歧义,更不能具有双重含义。对于在理解上可能发生误解的指标,应该作出详尽的解释。此外,评价指标指向的对象、规定的要求应尽量用操作化的语言来表述,以便评价者能够通过课堂观察或课外调查进行对照测量以获得确切的价值判断。

2.评价指标体系要简便易测

全面性和先进性是建立小学语文学科全息育人教学评价指标体系的基础,但是,过分追求评价指标体系的全面性和先进性,可能会出现主次不分、评价项目过多、工作量过大等现象,给人力、物力、财力、科学技术能力等方面带来负担,也可能会使评价项目不符合大多数学校的实际工作和学生发展水平,导致学生离目标要求距离过大,得不到准确的评价结果,降低评价的实际功效。因此,在进行小学语文学科全息育人教学评价时必须处理好评价指标体系全面性、先进性和适切性之间的关系,因时而定、因地制宜,在保证评价指标体系多维融合、科学合理的同时,抓住评价对象的本质特征,尽量简化指标体系,从而保障教学评价指标体系的切实可行。

3.评价指标统一性和灵活性相结合

评价指标要有统一性包含两个方面的含义:一方面是指小学语文教学评价的目标是统一的,必须符合国家和地方教育部门规定的有关政策、法规,尤其要与小学语文课程标准的精神相一致,即国家规定的统一要求和基本标准必须坚持,不能降低,务求统一。另一方面是指在同一范围内,评价标准应具有普遍性,对相同的评价对象要用统一的评价标准。

评价指标要有灵活性是指同一范围内的不同学校、不同学生之间存在差异,评价指标、标准的制定以及评价方法与评价程序的选取,都应考虑这种差异,要灵活对待。因此,在小学语文学科全息育人教学评价中,既要落实评价指标的一致性,又要灵活应对其中的特殊性和差异性,在教学评价过程中根据学生的实际表现及时调整,将评价指标的统一性和灵活性结合起来,保障评价指标体系切实可行。

三、过程性原则

(一)过程性原则的含义和依据

过程性原则是指在小学语文学科全息育人的教学评价中,要对小学语文学科的全学段、全过程、全方位进行持续的观察、记录、反思,从而对学生作出发展性的价值判断。学生是发展中的人,其学习过程实际上是一种认知过程,因而教学评价应关注学生的学习过程,应该把学生当前的状况与其发展变化的过程联系起来,关注学生在学习过程中的变化和成长。过程性原则强调以学生在教育教学过程中的表现作为评价的主要内容,以"促进学生的发展"为目的,使教学评价成为改善教学效果和促进学生发展的过程。遵循过程性原则的教学评价为学生提供了一个不断自我完善与提高的机会,有助于提升学生语文核心素养。

小学语文全息育人评价的过程性原则有三个基本特征:第一,把教育教学过程中有价值的教育教学活动都纳入评价的范围;第二,评价采用定量与定性相结合的方式;第三,过程性原则强调过程本身的价值,强调评价者与评价对象之间的交流和相互理解。

(二)贯彻过程性原则的基本要求

1.关注学生的动态学习表现

小学语文学科全息育人的教学评价是对小学语文全学段、全过程、全方位学习活动的一种价值判断,体现的是学生学习经验的发展过程,它不是用某一事件评定某一结果,而是要体现学生发展的连续性和动态性。因此,评价者应改变以往小学语文教学评价中过分重视终结性评价的倾向,通过多种渠道、多种方法,搜集、综合和分析学生日常学习的信息,对学生日常学习过程中的表现、所取得的成绩,以及所反映出的情感、态度、方法、策略等方面的发展作出评估,了解他们的知识、能力、兴趣和需求,关注其动态学习表现,将评价的目光放在学生语文学习的全过程。

学生的动态学习表现具体包括以下三个方面:第一,反映评价对象智力发展的过程性成果,如学生通过语文学习实践,自己参悟和总结带有明显个人特征的学习策略和方法;第二,影响学习效果的学习方式,如合作、探究的学习方式能够有效提升学习效能;第三,与学习密切相关的非智力因素,影响学习最终成效的不仅有智力因素,也包括非智力因素,如学生的学习行为习惯、对学习的情感与态度等。

2.定量评价与定性评价相结合

定量评价是指对教育教学活动过程和结果采用定量计算的方法,即搜集每一个教学节点的数据资料,经统计处理得到的评价。定性评价是指对教育教学活动过程和结果的性质进行分析,在取得有关资料的基础上作出价值判断。小学语文学科中教学现象非常复杂,可变量多,影响因素多,可控性差,只用定量评价的方法对评价对象作出评价是很困难的。而小学语文教学中的定性评价往往是基于对教学活动的一定观察或经验作出的反应,难免带有主观成分或某些片面性。通常情况下,定性评价与定量评价是密不可分的,二者互为基础和补充。一方面,定性评价是定量评价的前提。对于不能直接量化的目标,可以根据评价细则,先给予定性评价,判断出优、良、中、差隶属度,再赋予各等级一定的权值,对评价结果进行"二次量化"。另一方面,定量评价又为定性评价提供了客观依据。因此,在小学语文学科全息育人的教学评价实施过程中,两种评价要紧密结合,互相参照、互为补充,提高教学评价的科学性。

3.反馈与调节相结合

教学评价不是目的,而是一种手段,评价不仅要注重学生当前的学习状况,更应该注重其今后的发展。对此,教学评价的结果必须反馈于教学过程,以达到改进教学活动、促进学生发展的目的。因而评价者在评价过程中,要把教学过程与评价过程融为一体,最大限度地发挥教学评价的反馈与调节功能,以促进学生的持续发展(图5-1)。一方面要边教学边评价,及时了解评价对象在教学活动过程中的进展情况,进而帮助教师完善教学计划、调节教学活动进程,保证教学目标的顺利实现;另一方面要边反馈边调节,通过反馈信息帮助评价对象及时正确认识自己,缩小自己与目标之间的差距,促进长远发展。

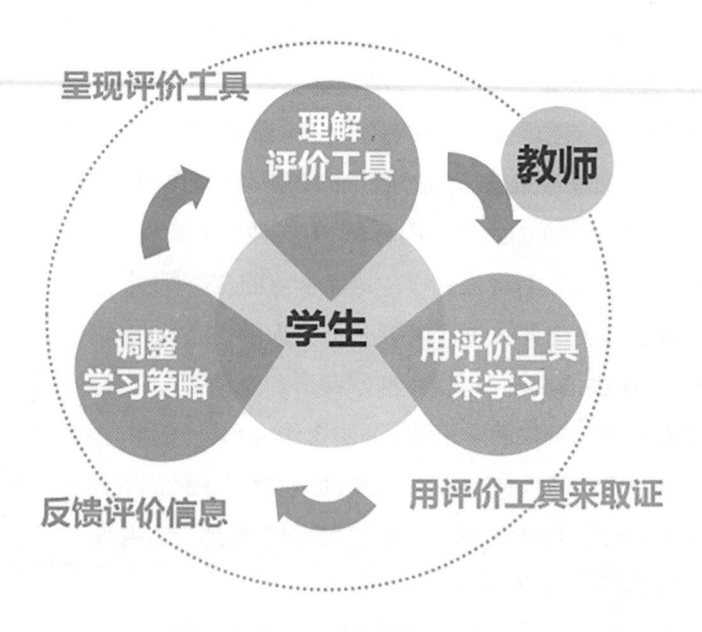

图5-1 评价工具与学生学习的关系图

四、多元开放性原则

(一)多元开放性原则的含义和依据

多元开放性原则是指在小学语文学科全息育人的教学评价中,评价内容、评价形式、评价主体、评价指标等是多元且开放的。因为语文教学本身是一个具有多样性、复杂性的系统,对语文教学进行评价不可能用整齐划一的标准来判定评价对象的行为,一个评价标准也不可能涵盖众多复杂的教学行为。因此,小学语文学科全息育人的教学评价应该遵循多元开放性的评价原则,构建符合小学语文学科特点的评价指标,从多角度对学生的学习、成长、价值观等进行全方位评价,促进学生更好地全面发展。

(二)贯彻多元开放性原则的基本要求

1.注重学生综合素质的发展

中国学生发展核心素养的提出,再次明确了我国教育以培养"全面发展的人"为核心,在小学语文教学中应打破传统应试教育思维的限制,确定智力教育与道德品质、人文底蕴、科学精神、责任担当、实践创新等素养目标的结合,进而加快学生综合素质的发展。因此,在小学语文学科全息育人的教学评价中,教师和其他评价主体应从促进学生全面、有个性和可持续发展的角度出发,不仅关注学生掌握知识的程度,还要对学生素质的各个方面、各个过程进行多渠道的全面、客观、综合的价值判断,关注学生的语言积累、思维品质、品德修养、审美情趣、个性品格等语文素养的提升,使评价能够准确、公正、科学,真正促进学生的综合发展。

2.推动评价主体由单一向多元转变

小学语文教学评价的对象是全体学生,但传统的语文教学评价大多是由教师完成的,导致评价具有片面性。贯彻小学语文学科全息育人的多元开放性评价原则要将评价主体由单一向多元、开放的方向转变。

多元化的评价主体除了任课教师,还应该包含学生、同伴和家长。学生是语文课堂教学的亲身经历者,他们有自己独特的体验与感受,已经具备了一定的对自己、对他人行为进行评价的能力,教师需要多鼓励和引导学生开展互评、自评,以批判的眼光剖析自己,在评价自己和同伴的过程中不断进行自我反思,在自我反思中不断进行自我完善,促进自我个性的健康发展。此外,家长也应该参与到教学评价的过程中来,以此增加对孩子学习情况的了解,见证孩子成长进步的每一个瞬间。同时,评价主体之间还应该进行沟通和互动,使得评价主体之间加强了解,凝聚家校合力,为教育教学活动的有效开展奠定良好基础。只有多方参与、多方评价相结合,才能使评价主体从多个渠道全面了解学生的具体信息,展示多元化的视角,这样的教学评价才更加真实、全面和科学。

3.注重评价内容的丰富性和评价标准的差异性

在传统的小学语文教学评价中,对学生的评价内容相对固定。在小学语文学科全息育人的教学评价中,针对小学语文学科的教学特点,改变只重阅读基础知识和基本能力考核的现象,从语言能力、思维能力、审美情趣和文化修养等方面进行评价,使得教学评价面向小学语文学科的全学段、全过程、全方位,评价内容更加丰富,更有利于促进学生素质的全面发展。

评价标准的差异性是指在教学评价过程中为了尊重学生的差异化发展,对学生的评价尺度和界限应该有所不同。第一,不同学生应达到的标准不同。第二,根据学生的实际情况对标相应的评价标准,采用多层评价策略。教师应该对学生的个体差异给予充分尊重,针对学生的不同情况使用分层评价策略,帮助学生在评价的过程中建立个人发展信心,了解学习过程中的进步,享受成功带来的喜悦,进而将学习系统不断完善。

小学语文学科全息育人教学评价是由很多要素组成的复杂系统,每一个评价要素都对促进语文学科核心素养的形成与发展起着重要作用,关系着学生某一个方面的优势和潜能发展。因此,在教学评价实施过程中要遵循客观性、可行性、过程性和多元开放性等评价原则,打破原来评价方式的藩篱,尝试在小学语文教学评价实践中创新教学评价方式,发现潜藏在每一个学生身上的不同智能和语文素养,激发他们学习语文的兴趣,以评促学,以评促发展,真正实现小学语文学科全息育人教学评价的目标。

第二节　小学语文学科全息育人评价的方法

小学语文现代教学评价起源于美国教育家、心理学家泰勒提出的以教育目标为核心的教育评价学。根据评价在教学活动中发挥作用的不同,可把教学评价分为诊断性评价、形成性评价和终结性评价。根据评价基准选择的不同,又可将教学评价分为相对性评价和绝对性评价。根据评价过程中方法运用的不同,又可将教学评价分为定性评价和定量评价。根据布鲁姆教学评价施教者和受教者角色的不同,又分为基于教师教学行为改善的教学评价和基于学生学业表现的学业评价。

素养立意下的小学语文学科全息育人评价,是对立德树人、"五育"并举的有力回应和积极探索。以"全体、全面、全域"的全息视角,努力实现对学习场域中的学习个体的观照,即过程性评价与终结性评价相结合,定性评价与定量评价相结合,自评与他评相结合。接下来,本书尝试从教师课堂教学评价和学生学业评价两个维度,对其相关评价方法作简要介绍。

一、小学语文学科全息育人课堂教学评价

课堂教学评价是对教师教学行为有效性的监控与评估。问卷调查法、量表观察法是对教师教学评价进行科学评估的简单实用的方法。其中,问卷调查法多以学生为评价主体,量表观察法多以教师为评价主体。

(一)课堂教学评价的维度

根据对国内外课堂教学评价相关文献的梳理,对现状的问卷调查和访谈,对有关信息的整理和分析,结合《课标》、全息育人教学理念、教学实践中的经验和评价对象及条件,我们初拟出小学语文学科全息育人课堂教学评价标准的七个维度,即教学目标、教学内容、教学策略与方法、教学心理环境、学生学习状态、教师素养和教学效果。

1.教学目标

《课标》把语文课程目标分为总体目标和学段目标,从文化自信、语言运用、思维能力、审美创造四个方面加以阐述。同时,基于全息育人教学理念,在聚焦学生语文核心素养的基础上,根据课程内容和问题设置,适时有效地实现"五育"融合的教学目标。其具体指标见表5-1。

2.教学内容

教学内容是教学过程中教师向学生传递的信息,教学要紧紧围绕教学目标,突出教学重难点。特别是全息育人理念下的小学语文课堂教学,在引导学生涵咏文字、落实语文训练、促进语言和思维同步发展的同时,教师要注重对教学内容中育人点的深层挖掘和开发,并以此为载体,引导学生在学习中习得语言和思维,感受天地大美,感受人性之光,体验实践的乐趣,有效促进学生德智体美劳全面发展。其具体指标见表5-1。

3.教学策略与方法

全息育人理念下的小学语文课堂教学方法,主要是以学生的探索和发现为主。教学要因势利导,照顾学生的个别差异,注意提问的质量、数量和时间,从学生思维的深度、广度和密度上设计问题,难度适中,具有启发性,在全息的教学环境中,帮助学生厘清思路,实现语言和思维的协调发展,情志和心性的培养。其具体指标见表5-1。

4.教学心理环境

课堂气氛是否融洽、师生关系是否和谐、能否做到教学相长,成为新课程理念下的课堂教学评价的重点。良好的课堂气氛有利于激发学生的学习热情,让学生积极主动地参与到学习当中,促使学生去发现、质疑和创造,提高课堂教学的效率。语文课上良

好的师生关系,有利于做到平等交流,相互启发,易于"五育"融合、全面发展的育人目标的达成。学生在教师的引导下,合作解决问题,共同发展。其具体指标见表5-1。

5.学生学习状态

这一维度直接考查学生在课堂教学过程中的表现和学习结果,主要关注学生学习活动的参与状态,看学生是否在"五育"融合的教学情境中积极主动参与学习。作为学习的主人,学生在整个课堂教学中是否被当作一个整体来看待,是否得到了充分的发展,是否激发了学习兴趣和学习热情,是否培养了创新精神、实践能力、探究意识与能力、对于知识的迁移与应用等高层次的能力,直接关系学生核心素养的形成。其具体指标见表5-1。

6.教师素养

教师的基本素养是小学语文学科全息育人课堂教学顺利进行的必要保证。语文课程是一门学习国家通用语言文字运用的综合性、实践性课程,需要教师在整体上熟悉、把握学科知识体系,厘清学科总目标、学段目标、单元目标、课时目标,以单元整体性教学为依托,不断淬炼文本解读力、目标设计力、教学过程的调控能力和学习环境的创设能力,更需要教师能够有效地捕捉育人点,在课堂上灵活运用育人点,以实现育人目标。其评价指标见表5-1。

7.教学效果

基于《课标》和全息育人教学理念,课堂教学效果应该着眼于学生学科核心素养的达成,对教学的核心问题作出自觉回应,如教学目标是否适切?教学内容取舍是否得当?教学路径是否优化?教学支架设计和运用是否有效驱动了学生语言、思维、审美、情志、实践能力的发展?教学情境中,学生的学习状态是否积极活跃?其具体指标见表5-1。

(二)评价量表的建构

通过使用"对偶比较法"确定一级指标的权重,采用"定量统计法"确定二级指标的权重[①]。同时,采用李克特分级量表,参考其他文献的研究成果,划分为A、B、C、D四个等级,并赋予一定的分值。A等赋值100分,B等赋值80分,C等赋值60分,D等赋值40分。根据以上的分析和总结,最终制定出《北碚区小学语文学科全息育人课堂教学评价表》(表5-1)和《北碚区中小学学科全息育人课堂教学评价表》(表5-2)。

[①] 吴钢.现代教育评价教程[M].北京:北京大学出版社,2008:106.

表5-1 北碚区小学语文学科全息育人课堂教学评价表

评价因素		评价等级				得分
一级指标	二级指标	A 100分	B 80分	C 60分	D 40分	
教学目标	1.体现知识与技能、过程与方法、情感态度价值观的有机整合					
	2.符合课程标准的要求和教学实际					
	3.具体明确,具有层次性、生成性和可操作性					
	4.贯穿于整个教学过程中,对教学实施具有导向和调节作用					
	5.面向全体学生,有意识地渗透学科育人思想					
教学内容	1.准确地把握教学内容的本质和学生认知发展规律,创造性地使用教材					
	2.语文教学素材中育人点的有效发掘					
	3.能揭示语文学习本质,突出重点,突破难点,抓住关键					
	4.点拨知识误区,提示获取知识的思维过程					
教学策略与方法	1.教学策略与方法灵活多样,注重语言、形象、意蕴三者的联系,注重举象、造境,通过融情朗读、多元对话等方式,实现育人点在语文课堂教学中的有效激活运用					
	2.活动方式多样,问题解决方法多样化,引导学生进行探究式学习					
	3.问题设计难度适中,具有启发性,有充分的考虑时间					
	4.关注学生的回答,帮助学生厘清思路,实现语文素养的提升					
	5.对学生的回答进行及时评价,使学生获得成功的体验					
教学心理环境	1.师生关系融洽和谐,师生平等交流,相互启发					
	2.课堂气氛活跃温馨,学生积极参与学习过程					
	3.在教师的引导下,促使学生发现、质疑和创造					
	4.师生互动、生生互动,产生学科育人的心理共鸣					
学生学习状态	1.在学习过程中表现出较强的主动性,能够自主学习					
	2.积极参与课堂探究与实践,丰富语文活动经验					
	3.积极参与合作学习,能够倾听、交流、协作、分享					
	4.运用所学知识表述语文问题,并能对育人点产生理解和感悟					
教师素养	1.对语文知识和问题,以及育人点有深刻的理解和把握,阐述得当,运用自如					
	2.教学技能扎实,教学方法运用娴熟,教态亲切自然,教学媒体运用得当					
	3.语言严密准确,板书书写正确					

(续表)

一级指标	二级指标	A 100分	B 80分	C 60分	D 40分
	4.具有良好的课堂调控能力,能机智地处理课堂偶发事件,灵活把握课堂教学流向				
教学效果	1.教学条理清楚,按时完成教学任务				
	2.通过语文学科活动,学生的学科素养得到提高,学科育人目标达成				
	3.学生理解和掌握了语文知识和思想方法,解决问题的能力得以提高				
	4.全体学生参与学习,每个学生的需要得到不同的满足				
	5.学生的创新意识和应用意识得到培养,思维活跃、兴趣浓厚				
总分					
评价意见					

表5-2　北碚区中小学学科全息育人课堂教学评价表

时间：　年　月　日　　地点＿＿＿＿＿＿＿＿＿＿

教学科目及内容＿＿＿＿＿＿＿＿＿＿＿　授课年级＿＿＿＿＿＿＿＿＿

授课教师＿＿＿＿＿＿＿＿＿　评价人单位＿＿＿＿＿＿＿＿＿

评价维度	价值导向	观察要点	可视化行为	评价等级					
				A	B	C	D	E
全要素设计	目标定位准确、全面,表述准确	目标设计	1.定位全面,凸显立德树人思想,聚焦学科核心素养					
			2.立足学科本质,蕴含德、智、体、美、劳育人要因(至少三项)					
			3.重难点的确定与处理得当,符合新课程标准要求和教材、学生实际					
	知识点与育人点恰切,切合学生经验	内容设计	4.对学科知识点的把握准确、具体					
			5.体现知识的形成过程,结论由学生自悟与发现,课堂教学自然生成					
			6.尊重教材,创造性地使用教材,合理开发、利用教学资源,教学策略适切					
	紧扣知识点,有效渗透育人思想,逐层逼近育人目标	过程设计	7.坚持以学生为主,体现教师是组织者、指导者、合作者的思想					
			8.育人点渗透,与知识、材料视点相关度高,全息育人表现形式丰富					
			9.结合知识视点,教学内容情景化、教学过程问题化,有效调动学生已有认知					

218

(续表)

评价维度	价值导向	观察要点	可视化行为	评价等级				
				A	B	C	D	E
	激励氛围浓,作业设计彰显"五育"要因	评价设计	10.聚焦育人点,体现追问、反问、质疑、激励等互动评价氛围					
			11.根据学习内容和育人目标,有效设计课堂及课外作业					
全过程育人	学习方式多样,知识点揭示准确,关注育人目标、内容与评价检测的一致性	目标意识	12.学生知晓学习目标和结果,知识点、育人点和学生发展点的确立一致					
			13.育人点准确、具体、有层次性,接近学生的学习发展区					
			14.教师讲授生动、育人自然,有利于激发学习兴趣,促进学生思维和素养的发展					
			15.关注学生学习状态和听课感受,从学生学习的视角出发,能根据课堂生成调整预案					
		学习意识	16.注重学习过程中对学生的完整表达能力、逻辑思维能力的培养和训练					
			17.教学方式多样,既关注双基落实,又关注思维培养,更关注品性养成					
			18.熟练运用现代教学手段,为学生提供丰富的学习资源,帮助学生有效学习					
			19.注重问题导学,学习活动开展得有趣、有序					
			20.强化分层训练,对学习的即时检验和练习到位					
			21.采取任务式学习,注重学生运用能力和创新能力的培养					
			22.能及时反思自己的学习行为,调整学习策略					
			23.师生互动、生生互动,课堂体现竞争合作的意识					
			24.关注学生生活实际,育人点生成自然,学生在课堂中获得良好的情感体验					
			25.课堂氛围民主,师生关系和谐,体现教学相长					
		融合意识	26.育人点与知识点结合,课堂教学中"五育"融入自然、生动					
			27.强化学习时空的拓展,有效打通学习与生活、与时代的联系,培养学生正确的价值观					
			28.注重养成教育,充分关注学生的学习动机、习惯、信心等非智力因素					
		评价意识	29.评价有依据、有标准,紧扣课程标准和育人目标					
			30.方式多元,有自评、互评、教师评价等					
			31.载体多样,有活动、实验、交流、讨论、作业等开放式评价					
			32.及时、有效,具有明显的以"五育"为抓手促进学生终身发展的理念意识					
		发展意识	33.注重让学生经历知识习得过程,注重知识整体价值体现,促进学生综合素养的形成与发展					
			34.出错时有良好的心态,阳光乐观,不气馁					
			35.能大胆质疑已有结论,并提出自己的见解					

(续表)

评价维度	价值导向	观察要点	可视化行为	评价等级				
				A	B	C	D	E
全息性达成	价值导向正确，学习愉悦、参与度高	目标达成	36.课堂形态丰富，学生自主学习、自我展示能力强					
			37.学生求知欲强，专注度高、思维活跃，积极主动参与学习的全过程					
			38.师生互动、生生互动，课堂体现竞争合作的意识					
		行为表现	39.学生能围绕学习内容积极开展自主、合作、探究性学习，参与面广，活动有效					
			40.学生感受到学习的快乐，人文素质、探究精神、审美意识、创新思想、德行认知得到提升和培养					

需要指出的是，评价量表既可以作为任教教师的自评表，也可以作为观察量表；既适合一名评价者使用，也可以是两到三名评价者分工使用，根据评价的七个维度，每人负责其中几个维度的测评。在实际的课堂观察中，教师首先对照指标，按照符合的程度选择相应的等级，然后将等级得分分别乘以对应二级指标的权重得到各个维度的得分，最后将各个维度的得分分别乘以对应的一级指标的权重求和，得到评价标准体系的总分。此外，教师还可以将自己观课后的一些想法和意见，备注在评价意见一栏当中。

二、小学语文学科全息育人学业评价

学业评价是以教学目标为依据，制定科学的评估标准，运用科学的技术和手段，对学生学习活动过程及其结果进行测定、衡量、分析、比较，并给以价值判断的过程。学业评价工作的好坏，直接影响教学质量的高低。近年来，学业评价引起了教育家们的极大关注。一定意义上讲，学业评价是检验学科教学设计和教学实施效果的"试金石"。

作为当代倡导教育革新的世界著名学者、美国芝加哥大学教授布鲁姆提出的"以目标达成度为中心，注重适应并发展每个人能力"的教学评价理论，为学业评价提供了有效依据。他把一门学科的教与学的过程分成学习活动开始前的定标、学习进程中的达标、学习阶段结束时的验标三个阶段，并根据三个不同阶段提出了诊断性评价、形成性评价、终结性评价的评定方法。

不难看出，全息育人视角下的学生学业评价，应基于学生真正经历的课程层次，以学习中的事件为载体，以认知、情感为两面，观照学生在课程运作过程中不同阶段的学习体验，协同学前的诊断性评价、学中的形成性评价、学后的终结性评价三个阶段的评价，"五育"融合，共同促进学生成长。

(一)诊断性评价

诊断性评价也称准备性评价,一般是在学期、学年、课程或一个单元教学开始之前对学生的知识、技能以及情感等状况进行的预测。通过这种预测可以了解学生的知识基础和准备状况,以判断他们是否具备实现当前教学目标所要求的条件,为实现因材施教提供依据。比如教师为了了解学生的学习准备程度而进行的学习前测就是常见的诊断性评价。有时在教学过程中为了某种需要也可以采取诊断性评价。

基于小学语文学科全息育人的诊断性评价主要包括以下几个方面。

1.已有的必要学习

必要学习主要是指一项学习任务所必需的知识技能。布鲁姆指出,学习任务所需的必要学习是至关重要的。学生对必要学习掌握的程度对其以后的学习有着重大的影响,比如学生在某些知识或技能上有欠缺,那么他在下一阶段中的学习必然会困难重重,难以达到规定目标。

对已有必要学习进行的诊断性评价,在很大程度上常常取决于有关学科前一年的成绩。不过,成绩没有表明某教程的不同内容达到了何种水平,因而教师必须具体分析这一分数所揭示的在不同学习内容上的差异。当以前有关成绩的记录不能很好地提供有价值的信息时,教师可以在学习之前进行知识或能力测验,这样可以预测出学生在学习任务结束后的成绩水平和学习速度,尽管这些预测还不够完善,却能较清楚地表明学生对必要学习的掌握程度与他以后的学习所需的时间之间的关系。

2.现有的情感状态

学生在进入下一个学习任务时,除了在知识技能方面存在差异之外,通常还可以看到他们在情感状态方面也有不同。学生的情感状态主要是指学生对有关学科的兴趣、对自身的认识、对学习的态度等。学生学习成绩中多达1/4的差异是由学习者的情感状态造成的。学生的情感状态,直接影响下一个学习任务的完成。带着兴趣和热情进入学习任务的学生,会比没有兴趣和热情的学生学起来更容易、速度更快、达到的水平更高。

要了解学生现有的情感状态,必须进行情感先决条件调查。教师应该确定学生学习前的情感状况,了解学生的学习兴趣、学习态度、学习动机以及对自己的认识等,以便设计一些适合于改进情感的方式,从而使学生获得和保持应有的学习动机和兴趣。

除了以上两个主要方面外,诊断性评价还包括学生的一般认知能力。这主要是指学生在学习中所表现出来的理解能力、思维能力、记忆能力等。它直接影响学生学习的速度和水平,它也是造成学习成绩差异的一个方面。

由此可见,诊断性评价在现实教学中有重要的作用。我们当下所采用的教学形式是课堂教学形式,即由一名教师同时对一个班的几十名学生进行教学。对学生统一要求,在课程设置、教学内容、教学时间安排等方面建立了严格的制度,使教学有计划地进行。这种教学形式,虽有不少优点,但也存在很大的局限性,由于由一名教师同时向几十名学生进行教学,所以在教学中往往出现有的学生"吃不饱",有的学生"吃不了"的现象。尽管我们强调在教学中对学生因材施教,但因对学生的个别差异缺乏科学的诊断性评价,教师会凭感官和经验对学生进行分级和排队,或是在教学时把所有学生都安排在一条起跑线上。所以因材施教难以切实执行。

要真正地贯彻因材施教的原则,必须采取科学可行的诊断性评价。要如实把握学生的个别差异及其可变因素。为此,我们的教学应针对语文学科的特性来确定诊断性评价的对象,从而根据评价对象的不同性质选用适当的评价手段,以保证评价结果全面和准确。只有这样,才能针对不同学生的特点,给予指导和帮助。

(二)形成性评价

形成性评价是相对传统的终结性评价而言的。基于小学语文学科全息育人的形成性评价,是以育人为导向,对学生日常学习过程中的表现、所取得的成绩以及所反映出的情感、态度、策略方面的发展等作出的评价,是以学生全息性学习和全过程达成为旨要的持续观察、记录、反思而作出的发展性评价。

形成性评价结果可以表明学生在真实情境的学习中碰到的难点,通过对形成性评价手段及结果的分析,教师可以了解自己对单元整体教学的目标的把握是否精准?教学的组织和呈现是否有结构性?是否清晰引导了学生的思路?关键的概念、原理是否已讲清讲透?使用的教学手段是否恰当?……这些信息的获得,将有助于教师在教学中调整并改进自己的教学内容及方法。

1.档案袋评价法

部编版小学语文教学特别强调学生学习过程的完整性,重视学生成长过程中的相关因素,关注学生的未来发展。档案袋是学生成长的记录,运用档案袋进行评价是小学语文学业评价的重要方法。

档案袋评价旨在系统地展现学生个人学习的过程与成果。每位学生均设计与制作个人学习档案,就特定主题连续搜集数据,综合统整呈现。

档案袋评价具有目标化、过程化、组织化、多元化、个别化、内省化、沟通化、整合化等特点。若善加利用,可发挥下列优点:

*兼顾过程与结果的评价；

*获得更真实的评价学习结果；

*呈现多元数据激发创意；

*动态过程激发学习兴趣；

*兼顾认知、技能与情意的整体学习评价；

*培养主动积极的学习精神；

*培养自我负责的价值观；

*增进自我反思能力；

*增强学生的沟通表达与组织能力。

一个理想的档案袋能提供学生学习与发展的重要信息，是一幅动态变化、立体完整的学生发展图画，具有实施评价、提供反省、鼓励成长的功能。因此，运用档案袋评价法需要做好以下几个环节的工作。

(1)准备与规划档案袋评价。

教师准备与规划档案袋评价的重点：第一，拟定整个档案袋评价的计划，从准备到制作，均应详细规划。第二，评析学生所需先备知识与技巧，予以必要的训练或学习，循序渐进地引领学生成长。第三，准备档案袋评价所需的资料、物品或相关说明，并向学生介绍"档案袋评价"的目的、内涵与制作注意事项。

当然，为了避免资料搜集任务的繁重，每学期可按照一定主题，侧重于某一方面或领域搜集资料，使评价更具有针对性。

(2)分析材料，作出评价。

档案袋是学生成长的记录，展示了学生在某一阶段或某一领域内的学习与发展状况。作为一种评价工具，教师应充分利用档案袋，引导学生分析材料，发表意见，进行反省与自评，从而促进学生的自我成长。运用档案袋评价要关注两点：

第一，分时段评价。分时段评价是师生依据特定目的，有计划、有系统地搜集学生数据或作品，教师着重呈现学生学习过程的进步、努力与成就的观察和记录。如学生作文的过程档案会完整呈现整个写作过程所用的稿纸——从大纲、草稿、初稿，到完稿的写作过程数据均予呈现。如计划初稿、不同意见、连续性的各项讨论记录、一个单元的档案、一个专题研究主题的档案、系列核心主题的档案、定期学习状况的档案及整个学期或学年学习成果的档案。只要是师生讨论后认为与学习过程有关的数据或作品均可纳入。因数据较多，评价档案的完成费时费力。一般来讲，一个单元学习结束以后，要结合单元的学习目标及时地进行总结性评价。如果评价间隔的时间太长，半学期或一学期才评价一次，学生对过程会产生遗忘，效果自然不好。

第二，分类评价。分类评价具有更强的针对性。因为档案袋记录的是学生在不同阶段的学习情况，可以通过前后对比看到学生的成长轨迹。

分时段评价和分类评价是运用档案袋实施有效评价的重要方法，能及时有针对性地推动学生的成长。

(3)寻找闪光点，激励成长。

档案袋搜集了学生学习与发展的重要信息，展现了一幅学生成长的立体图画。无论是谁，在这幅图画里都会留下闪光的笔墨。老师要有意引导每一个学生在曾经的足迹里寻找闪光点，挖掘出彩的原因，激发进一步向上的力量。

档案袋评价是一种与教学紧密结合的质性评价，其内容丰富、方法灵活多样，对促进学生的主动学习、积极发展意义深远，是小学语文整体性教学评价的重要方法。

2.单元分项达标评价法

单元分项达标评价充分体现了小学语文整体性教学评价与教学的一致性原则。传统的语文教学评价是综合评价，把对学生"听说读写"等方面的能力考核融在一张100分的试卷里，学生"听"的能力是否过关，"写"的能力是否达成，无法判断，评价具有模糊性。同时，纸笔考试无法关注学生学习过程的表现，使评价的诊断功能、激励导向功能难以实现。小学语文学科全息育人教学以单元整体教学为基本形态，每个单元的学习包含了语文课程各领域的内容，既重视各领域学习的相互关联，也强调各领域学习的整体完整。

为全面促进学生语文综合能力的发展，促进语文单元学习的有效落实，与之相匹配的单元分项达标评价成为重要的评价方法。单元分项达标评价法是以"单元"为一个周期单位，抓住单元学习的重点内容和关键领域，选择评价项目，制定评价内容和标准，设置基本底线，促使学生在过程中逐项达标的评价方法。在实施的过程中要注意以下几点。

(1)项目设计关注全局，突出重点。

单元评价项目的制定要有全局意识，并不是说每个单元的评价都一定要包含语文各项能力评价项目，而是强调从整体上把握语文各项能力的评价维度，将其合理分配到各单元评价之中，保证单元评价整体上的完整性。突出重点正是落实全局观的重要举措，即要求各单元的评价不能面面俱到，应针对单元教学内容抓住关键，突出重点，有针对性地开展评价。单元分项达标评价是一种选择性评价，科学合理地选择评价项目可有效避免评价工作的烦琐，提高评价的针对性和实效性。

(2)重弹性过程，保基本底线。

单元分项达标评价既是一种选择性评价，也是一种过程性评价。过程性评价意味着评价关注学生学习过程中的努力与进步、困难与挑战，因而评价具有弹性空间。强调在一定的周期内,可给学生多次达标的机会或允许学生延时评价。如有些孩子掌握生字比较困难,听写不容易过关,这时,同学和老师可多给他几次听写达标的机会,允许他延时达标,直到听写过关为止。弹性操作评价是为了保住基本的底线,保证学生在语文基础知识、基本能力、核心素养等方面得到应有的发展。

(3)分级评星促发展。

单元分项达标评价是一项日常性的工作,对学生来说是种常态评价,容易产生疲乏感而失去动力。因此,评价需建立激励机制,激发学生的潜在力量,满足学生的成功感,不断地给学生加油鼓劲。开展分级达标评价、星级评比是其中行之有效的方法。分级达标评价可采用提前领任务、提前闯关等方式获得积分,攒积分换星级。这对一部分"吃不饱"的学生和加把劲可再上一个台阶的学生来说,具有吸引力,也能满足他们的成功感。当然,在采用分级评星的评价方式时,也要为一些学习困难的学生提供机会,允许他们用长项代替弱项,用数量代替质量换取积分,为每一个学生创造成功的机会,促进每一个学生成为最好的自己。

单元分项达标评价与单元整体教学密切配合,是促进学生学习,激励学生积极主动发展,评价学生学习效果的重要方法。

3.量表综合测评法

量表综合测评法是一种定性与定量相结合的阶段性评价,既注重量化等级评定,又重视质性评语描述,是过程性评价的总结与判断。学生在一个单元的学习过程中,学习状态如何?学习结果怎样?这些过程中的表现与效果可以通过单元分项达标进行评价。当一个单元的学习结束时,就需要对这个单元的学习情况作总结与评定,以帮助学生了解自己在这一阶段的学习效果与发展水平,明确不足与下一步努力的方向。事实上,量表综合测评的目的不是评定学生的学业成绩,它以单元分项达标评价生成的事实材料为依据,在内容上还包含对单元学习过程中的突出表现和典型事例的事实描述,以及对单元的学习效果所进行的各种形式的检测。对这些评价内容按一定的标准设计评价的等级指标,便可进行量化考核。由于量表综合测评法评价的视角比较客观、全面,能不断地调试教学过程中教师的"教"和学生的"学",促进教学活动的有效发展。因此,这是必不可少的环节。在实施量表综合测评的时候,要注意以下几点。

(1)评价指标灵活。

量表综合测评主要是针对单元整体教学而言的。每个单元的教学侧重点不同,评价的项目也就不一样。如诗歌单元与小说单元的学习,教学活动的安排就有差异。诗歌单元重欣赏、积累,小说单元重阅读与表达。因此,教学评价的内容不一样,同样是诗歌单元,在低段以书写、背诵为主,在高段以欣赏、积累为主,评价的指标也不相同。因此,量表综合测评应与单元教学保持一致性,根据单元教学的重点和年段教学的目标任务,科学地设计评价项目与标准,做到评价指标灵活而不随意,评价客观全面而不烦琐。

(2)评价量表公开。

量表综合测评虽然是在单元学习结束之时所作的总结与判断,但评价内容与标准却应该在进入单元学习之前公布给学生,组织学生对量表进行学习。通过学习,明确单元评价的项目、要求与具体做法,并对可能产生的问题或困难提出讨论或作出一定的修订。进行量表综合测评时,应特别关注学困生的状态,对重难点项目给予方法上的帮助、指导与鼓励,建立学习共同体,促进全体学生的发展。因此,评价量表公开就是要让学生做到心中有数,不畏惧,有目标、有方向地学习。

(3)评价结果的分析与总结。

评价也是教学的一种手段和方法,运用好评价结果会使评价产生事半功倍的效果。当量表综合测评结果出来以后,教师要及时指导学生对结果进行分析和总结,让每一个学生都找出自己取得的成绩与进步,分析原因,从而受到鼓舞、增强自信,对下一阶段的学习充满期待与热情。同时,查找问题,发现自己的不足,明确下一步努力的方向,不气馁,不放弃。指导学生对评价进行分析与总结也是一种学习,教师要注意营造和谐共进的评价氛围,促进评价工作的良性循环与发展。

4.表现性评价法

小学语文学科全息育人教学评价采用能力展示评价法是基于语文能力的多样性特征和学生的个性化发展。如语言表达能力、朗读能力、综合性学习能力等都不是一份试卷能够测评的,需要在情境中展开,借助任务的完成在活动过程中进行观察与评价。表现性评价主要有以下三种形式。

(1)以赛促评。

以比赛的方式开展评价是表现性评价的重要形式。多元智能理论指出,人的能力是多元的。语文能力也不例外,是多种能力的组合,每种能力又是以相对独立的形式存在。因此,不同的能力需要不一样的表现形式。如语文的朗读能力、语言表达能力、汉字记忆能力等,就适合以比赛的方式在情境中展开评价。汉字听写大赛、朗读比赛、讲故事比赛等都是学生喜欢的比赛项目,可根据教学重点有针对性地适当安排。同时,比赛的过程也是学生不断学习相互交流的过程。学生在参与比赛的过程中,积极准备,促进知识的学习和能力的提升;在比赛场上,通过观摩、参与评价,既向同学学习,又自我反思,获得成长。以比赛的形式开展评价,可充分发挥教师、学生、家长多元评价主体的作用。

(2)项目汇报。

部编版小学语文教材以单元整体教学为基本结构,实施时,倡导以综合性、实践性的学习方式组织单元学习,具有教学课型多样性等特征。因此,学生在单元学习的过程中,会经历多样化的学习过程,各项能力都有可能获得发展。但因各种能力都有自己的结构与表现形式,如发现问题的能力、搜集信息的能力以及解决问题的能力等如何培养与评价,就需要寻找一种合适的途径,项目汇报是有效的方式之一。教师要鼓励学生发现问题,在自己感兴趣的问题中选择一个作为研究项目,邀约三五个对这个问题同样感兴趣的同学一起开展微型项目研究。如在汉字学习的过程中,有同学发现"品"字结构的字很有意思,于是与三五个同学一起搜集所有"品"字结构的字,探究字形与字义之间的关系,形成研究报告,然后将这个报告呈交给老师审阅,通过后由研究组成员向大家做项目汇报。如果研究还存在诸多不足,可在老师、家长的指导下进一步完善。项目汇报展示了研究的过程与成果,可对学生的问题意识、信息搜集能力、问题解决能力和合作精神等方面进行评价。同时项目汇报促进了学生探究性学习的积极性,也是学生创造教学资源的重要途径。每一次项目汇报,都是一堂别开生面的语文课,深受同学们的欢迎与赞许。

(3)活动展示。

如果说项目汇报是为一部分同学的自主发展提供的展示平台,那么活动展示就是为全体学生创造的机会。每一个单元整体学习,都结合单元的教学内容安排有一个综合性实践活动,或"走进边塞诗"专题研究,或"课本剧表演",或"走近鲁滨逊"等。学生以学习小组为单位,根据实践活动内容与任务要求,从主题活动中选择一个点,组织活动。如在"走近鲁滨逊"主题活动中,可选择"说主题""说结构""说情节"等项目,可以说人物,可以说故事,也可以说作者等。评价要对学生在这个活动中的具体行为和活动效果进行判断,包括方案的设计、资料的搜集、活动展示效果以及表现出的态度和合作精神。活动展示可大可小,可以是班级自己的一次展示活动,自己表演,自己评价;也可以邀请同年级的老师、同学和家长参加,以达到促进学生学习,提高评价效益的目的。

需要注意的是,上述几种形成性评价的基本方法之间是相互联系、协调运行的,它们共同发挥评价的多重功能,促进学生整体全面和谐的发展。

(二)终结性评价

终结性评价一般在学期中或期末进行,目的是了解学生通过一学期的学习,是否达到教学总目标的要求,确定学生达到的水准和彼此间的相对地位。终结性评价在教学中有独特的作用,主要体现在以下三个方面:第一,预测学生在随后的学习中能否取得成功;第二,确定随后教学的起点,为下一学习进程进行诊断性评价提供依据;第三,对教师和学生进行反馈。

布鲁姆研究指出:由于终结性评价常常用来为学生确定地位和做一些重要决定提供依据,所以在进行评价时必须合理地选定测试题目,设计一套客观的评分标准。为此,我们在为终结性评价编选题目时,必须注意以下两个方面。

1. 有效性

有效性是指所使用的题目能够测出其所要测的水平的程度。它有赖于寻找一种外在的同这个测试题相关的标准。一般说来,那些有名的测验,大体具有经过实践证明的高效度,可作为标准。其他测试题的高效度可根据这一标准参照执行。

2. 可信性

在测试成绩时,必须采取一种能够产生一致结果的试题,这便是信度问题。它是指一个试题测试时,前后一致的程度。鉴定的方法有:

(1)再测法。即同一个测试题在两个不同场合施行于相同学生而求其结果的方法。如测分不变或变化不大,便是高信度。

(2)等式法。编两个形式相同的测试题(具体问题并不相同,却是同一个领域内选取的性质相同的问题),每个学生可先后分别接受这两份试题的测验,如相同便是高信度。需要注意的是,编写符合有效性和可信性这两个标准的考题,是一项非常艰巨的任务,教师必须在这两方面努力。目前,终结性评价虽在我们的教学中被广泛地运用,但是,一线教师往往只是凭经验,而不是按一定的科学程序和标准来编制终结性测试题,对如何根据需要、如何选用标准往往模糊不清。终结性评价理论应引起广大教师的重视,使我们对学生的评价建立在科学的基础上。只有这样,终结性评价才能真正发挥作用,这也是我们理解终结性评价的现实意义的一个方面。

第三节　小学语文学科全息育人教学评价的案例评析

在新的教育改革形势下,教师需结合《课标》及小学语文学科全息育人评价理念,建立促进学生全面发展的评价体系。为了发挥好评价的多种功能,教师要根据具体的教学情境采用恰当的评价方式。评价不仅要关注学生的学业成绩,而且要发现和发展学生多方面的潜能,了解学生发展中的需求,帮助学生认识自我,建立自信,促进学生在原有水平上的发展,从而培养学生的核心素养。评价还要建立促进教师不断提高的评价体系,强调教师对自己教学行为的分析与反思,建立以教师自评为主,校长、教师、学生、家长共同参与的评价制度,使教师从多渠道获得信息,不断提高教学水平。本节主要通过案例评析,探讨在小学语文学科全息育人教学中,诊断性评价、形成性评价和终结性评价对五育的促进作用。

一、诊断性评价案例评析

案例:《自己的花是让别人看的》[1]

学情调查

课前教师根据教学经验,对学生学习这篇课文作了一个基本的学情假设。为了弄清楚这个假设的具体内涵,王崧舟老师对准备施教的五年级学生作了一次学情问卷调查,问卷的题目有三个:

(1)这篇文章留给你印象最深的是什么地方? 请用波浪线画下来;

(2)你是怎么理解"自己的花是让别人看的"? 请用简洁的语言写出来;

(3)读完全文你还有什么问题或者困难需要提出来吗? 请列出1—3个你最想解决的问题。

调查情况为:第一题,画"走过任何一条街……花团锦簇、姹紫嫣红……如入山阴道上,应接不暇"的占94%。这表明,学生的阅读焦点集聚在绮丽的风景上。第二题,理解为"德国人处处为别人着想、先人后己、品德高尚"的占87%。这表明,学生对文本主旨的理解已经道德化了。第三题,提出"为什么说'人人为我,我为人人'这种境界耐人寻味""为什么作者对德国人爱花之真切感到吃惊""为什么结尾作者说自己做了一个花的梦,一个思乡的梦"等问题的占72%。这表明,有超过2/3的学生对德国人爱花这一奇特风情的理解存在障碍。最后根据学情调查确定这一课的核心目标。

---

[1] 王崧舟.例谈"学情视角"下的课堂教学设计[J].语文教学通讯,2014(27):13-15.

评析：

小学语文学科全息育人课堂教学重视在教学活动开始之前，对学生的知识、技能以及情感等状况进行预测。通过预测了解学生的知识基础和准备状况，以判断他们是否具备当前教学目标所要求的条件，为促进学生德智体美劳五方面的全面发展做充分准备。因此，诊断性评价也称准备性评价，其常用的方法有：调查问卷、量表、谈话、观察等。

二、形成性评价案例评析

案例一：《走进桥梁，撰写报告》

1. 学生搜集资料，认识古今中外不同类别的桥梁，了解桥梁文化。
2. 结合搜集的相关资料，选感兴趣的主题开展研究，写研究报告。
3. 研究组成员做项目汇报，引导学生参与评价，逐步形成学生自评、互评与教师评相结合的评价机制。针对研究中的不足，在大家的指导下进一步完善。

表5-3 研究报告评价表

评价标准	小组互评	教师评价
◆研究报告的题目能揭示研究主题	☆☆☆☆☆	☆☆☆☆☆
◆明确揭示研究目的	☆☆☆☆☆	☆☆☆☆☆
◆选择恰当的研究方法	☆☆☆☆☆	☆☆☆☆☆
◆分类整理相关的资料	☆☆☆☆☆	☆☆☆☆☆
◆整理的资料与研究的问题一一对应	☆☆☆☆☆	☆☆☆☆☆
◆概括资料得出相应的结论	☆☆☆☆☆	☆☆☆☆☆
活动收获		

（此案例由重庆市北碚区人民路小学曹建霞提供）

评析：

基于语文核心素养形成的基本规律及全息育人教学的评价理念，小学语文学科学生学业评价标准应避免单一的纸笔测试，采用多样的、灵活的评价方式。在评价主体上，引导学生参与评价，形成学生自评、互评与教师评相结合的评价机制，全面客观地反映学生的学习状态，诊断学生的学习问题，促进学生学业的发展。

以《走进桥梁，撰写报告》的表现性任务设置为例，从评价指标中的研究主题、研究目的、研究方法、分类整理资料等方面进行评价。学生撰写研究报告，开展项目汇报，既可以展示研究的过程与成果，也可以通过增强促进学生探究性学习的主动性，让教学资源得以再生。

案例二:口语交际《请你帮个忙》教学实录片段

师:小朋友们,你们真棒! 请人帮忙,你们不仅有礼貌,而且说得清楚;别人忙着时,别人不帮时,你们也知道怎么说、怎么做。老师要为你们点赞! 请你们拿出抽屉里的小手工。瞧,它也是一张独特的点赞卡。请你们在点赞卡上工工整整地写上自己的名字。开始写吧!

生:老师,我们没有笔。

师:怎么办呢?

生:找下面听课的老师借。

师:孩子们,先别急。一会儿找老师借到笔以后,就在老师那儿把自己的名字写上去,然后把笔还给老师。

师:我还要请下面的老师帮个忙:请老师根据小朋友的表现在点赞卡上的大拇指处为他们作出评价。

师:敢去吗? 不要拥挤,注意安全。好,行动吧!(学生离开座位去找会场的老师借笔)

反馈并点评学生的点赞卡。

师:带上你的点赞卡,回家后,跟爸爸妈妈分享今天你的成长和收获。

板书设计:

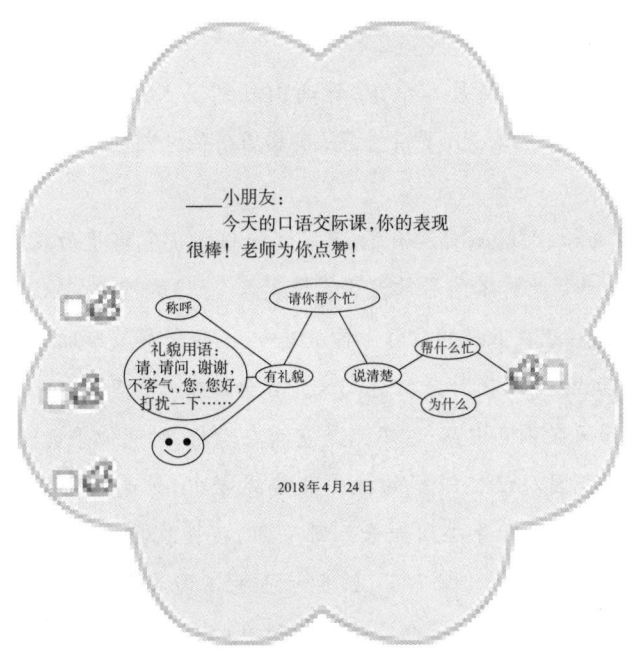

____小朋友:
今天的口语交际课,你的表现很棒! 老师为你点赞!

称呼
请你帮个忙
礼貌用语:请、请问、谢谢、不客气、您、您好、打扰一下……
有礼貌
说清楚
帮什么忙
为什么

2018年4月24日

评析:

口语交际课上的交流时间有限,往往不能很好地解决学生参与度这个问题。但在案例中,教师用现场检测、找老师借笔的方式,采取示范评价积极引领,开展同学之间的互相评价,还启动自我反思评价,听课教师一对一评价,整体构建教、学、评三位一体,互相关联,彼此促进。健全的评价体系不仅反馈了学习效果,还有效地提高了课堂学习效率。这一行为不仅能检测学生课堂所学的质量,还能再次将所学的知识运用到实践中,对每位同学进行具体细微的指导。

该案例的亮点不仅体现在有健全的评价体系,还体现在教师通过创设情境,帮助学生梳理正确的寻求帮助的方式。借助板书的整理,明确在寻求帮助的时候需要怎么做,这些做法也是评价指标里的评价要点。在交际过程中,学生的语言表达能力和思维能力都得到了发展,德性育人在其中也有所体现,有利于学生受到潜移默化的影响。

(此案例由重庆市北碚区朝阳小学谢婷婷提供)

三、终结性评价案例评析

案例:阅读试题

守护苍生
——记战"疫"中的钟南山

①2020年1月18日晚,腊月二十四,钟南山赶到了人山人海的广州高铁站。正当春运,去武汉的高铁票早已卖光,事情紧急,颇费周折他才挤上了G1102次车,在餐车找了一个座位。

②他走得非常匆忙,羽绒服都没有带,只穿了一件咖啡色格子西装。接到请他紧急赶到武汉的通知,他就感觉此行不同寻常。尽管很疲惫,他仍然打开电脑,开始仔细研究每个材料和文件,实在困了,就在低矮的靠背上仰头睡一下,他是那节车厢里唯一的老人。

③4个多小时后,他在深夜时分抵达武汉。在会议中心住下,钟南山的神经仍是紧绷的。这一路奔走,如同在梦境中穿行,不只是空间在跨越,时间似乎也在这个时刻恍惚。

④17年前那场令国人记忆深刻的抗击非典战争中,钟南山临危受命,担任广东省非典型肺炎医疗救护专家指导小组组长。那一年,疫情在广东突然出现,不久,北京等地开始传播。病人接触过的人倒下了,医生护士也不能幸免。钟南山急了,他第一时间请缨,要求把所有的重症病人全部集中到他所在的广州呼吸疾病研究所来。他坚定地说:"医院就是战场,作为战士,我们不冲上去谁上去?现在是需要我们站出来的时候,不能丝毫犹豫,因为我们是医生,这是我们的职责!"

⑤这一次,武汉病人的症状与非典既相似又不一样。这种新型病毒到底有多危险,会怎么变异,他并不了解。这正是他忧虑的地方。

⑥他辗转反侧,等来了天亮。窗外,树叶落尽,枝丫光秃,凛冽的北风刮过街巷。他实地调查研究,今天与昨天、昨天与前天,情况都在变化,两天内确诊了139例,出现了人传人的情况,还有医务人员被感染了,这是一个非常重要的标志……

⑦历史似乎在重复,他最不想看到的一幕又出现了。面对电视观众,他再一次说出了真相,郑重公布:"现在可以说,肯定的,有人传人现象。"

⑧事态急剧发展,武汉在大年三十前一天"封城"。庚子大年,烟花爆竹突然沉默不响了,大江南北一片寂静。人们关在家里,不再相聚相庆,不再串门拜年。

⑨1月29日下午,钟南山领衔广州医科大学附属第一医院专家团队与武汉前方的广东医疗队ICU团队进行远程视频会诊,5个危重症患者出现在大屏幕上。会诊室里,他坐在中心位置,通过视频察看患者病情……这一次会诊时间持续了6小时18分。

⑩30日早上6点,钟南山要赶到北京参加全国疫情防治策略座谈会,在前往机场的车上,他与到访的哥伦比亚大学教授利普金探讨疫情;在飞机上,他确定了几个危重病人的治疗方案;下了飞机赶往会场的车上,他接受了北京卫视记者的专访;到达目的地下车后,他大步流星直奔会场……

⑪会议结束后,钟南山又赶回广州,为另一批广州驰援武汉医疗队送行。全国各地的白衣天使们义无反顾,就像军人开赴前线一样,子与父别,妻与夫别,儿与母别……虽不能说是生死诀别,但谁又能保证每个人都能平安归来?这些白衣战士有的是钟南山的学生,有的是同事,他得细细叮嘱。他对他们说 你们是去最艰苦的地方 最前线的地方 最困难的地方 最容易受感染的地方进行战斗 我向你们致敬 我们等你们胜利回家

⑫冠状病毒肆虐,人们惶恐、无助,盼望权威出现。钟南山不得不频频出镜,及时为大众答疑解惑。他的出现给了众人信心,安定了人们紧张的情绪。

⑬抗击"非典"那年钟南山67岁,今年他84岁,17年岁月不改白发医者的使命与担当,耄耋之年,他依然冲杀在与病毒交战的战场。他是在用生命守护天下苍生!

⑭中国有个钟南山,这将是一个时代的记忆!

(作者:熊育群,原文有删改)

1.请在第⑪段内填上合适的标点。
2.联系上下文,理解下列词语的意思。
请缨:＿＿＿＿＿＿＿＿＿＿＿＿＿＿＿＿＿＿＿＿＿＿＿＿＿＿
不同寻常:＿＿＿＿＿＿＿＿＿＿＿＿＿＿＿＿＿＿＿＿＿＿

3. 给下面句子换个说法,意思不变。
虽不能说是生死诀别,但谁又能保证每个人都能平安归来?
_____

4. 本文是按照(　　　)顺序来写的。第④段属于(　　　)。
　　　A. 顺叙　　B. 倒叙　　C. 插叙

5. 读下面句子,想想分别用了什么手法,有怎样的表达效果。
(1) 他坚定地说:"医院就是战场,作为战士,我们不冲上去谁上去?现在是需要我们站出来的时候,不能丝毫犹豫,因为我们是医生,这是我们的职责!"
_____
_____

(2) 窗外,树叶落尽,枝丫光秃,凛冽的北风刮过街巷。
_____
_____

6. "中国有个钟南山,这将是一个时代的记忆!"这样的结尾有什么特点?
_____
_____

7. 新型冠状病毒疫情发生以来,中华儿女众志成城,共克时艰,战"疫"路上涌现出许多敬业、奉献、有担当的英雄人物,请至少写一个人物的事例。
_____
_____

(此练习题由重庆市北碚区人民路小学杨晓丽提供)

评析:

终结性评价是一种传统的评价方式,是在一个学习阶段末对学生学习结果的评价,也是对小学语文学科全息育人教学效果最直观的检测,所以评价工具的制定主要围绕全息育人的多个维度,全面考查学生语文核心素养的能力构成。文本就是一个全息系统,可映射出复杂的世界,构成文本的字、词、句、段,在不同程度上成为整个文本的缩影。该案例就很好地把握了这一点,体现出全息育人中的学科认知、德性育人和审美育人。学科认知贯穿了整个阅读试题,从标点、词语理解、句子感受、文章顺序等多方面考查了学生对语言文字的理解和运用;德性育人体现在理解句子的表达效果和对结尾的体会上,通过让学生品读词句,去感受在危急时刻钟南山的敬业奉献、责任担当,让学生潜移默化地提高思想文化修养,促进他们的精神成长;审美育人体现在最后一题,结合生活实际,写战"疫"中的英雄人物事例,让学生进行反思式评论,促使学生发现和认识生活中的英雄人物,让学生为在疫情中涌现出如此多的英雄人物而骄傲,产生民族自豪感和归属感。

第六章 小学语文学科全息育人学科研修

学科研修是教师培训非常重要的一个方面,也是促进教师专业成长非常有效的手段。

北碚区教师进修学院秉承"浇根式改善型"的教师研修理念,开展了"学科全息育人"研究,通过教师育人能力的提升,促进学生德智体美劳全面发展。

当课堂教学与核心素养相遇,当新课程标准与新教材相遇,当教学理念与"五育"融合相遇,当教学设计与学习任务群相遇,对我们小学语文教师的学科育人能力提出了更大的挑战。本章节讲述的就是我们如何化繁为简,积极探索从目标到方法,从学科教学到学科育人的转型经历。

第一节　小学语文学科全息育人学科研修的理念

小学语文学科全息育人学科研修是基于当前教育发展的新要求提出来的。本节从致力于提升小学语文教师学科全息育人能力的角度，提出了学科研修的基本理念。

一、全息育人，浇根改善

全息育人理念下的教师学科研修特别强调研修方式的转变，即由过去的"组织外控式"向现在的"个体内生型"的转变。这种转变主要表现为三个方面：从"我给你培训什么"转向"你想要培训什么"，从"我要你做什么"转向"你能真正做什么"，从"我能给你什么"转向"你我能共同解决什么"。要实现这种转变，就必须建立一种有效的机制，来打通不同层级间教师专业发展的渠道，变"要我发展"为"我要发展"，从而激起每一位教师专业发展的内驱力，实现"育人"与"育己"的双重目标。

通过统筹区域内不同类型、不同规模、不同层次教师的行动研修，建立"基于学校—立足课堂—源于问题"的"自主研修—团队互动—资源共享"的实践策略，使全息育人培训理念得以在实践中实现，从而更好地促进不同层次教师的专业发展。

二、教师为本，研训并进

学科研训应确定以服务教师专业发展为首任的功能转型和研训一体化的角色定位，不断探索符合教师成长规律的教师教育新机制，不断强化基础教育课程改革的品牌效应，成为教师教育文化与课程改革成果分享的重要桥梁。以教师为本，以教师的学习需求进行研修课程设计，是研修课程得到参研教师认可并顺利实施的基础。

全息育人理念下的教师学科研修活动应该始终遵循"以教师的优质发展促城乡教育的均衡发展"的逻辑，采用以"问题发现为根、全息育人为本"的研修思路，建构"区域联动、层级互动、个体发动、辐射带动"的多元研修策略，通过"建三体（学科发展共同体、城乡发展帮扶体、集团研修互助体），抓三课（课题、课程、课堂）"有效机制的建立，让培训者成为中小学教师专业成长的伙伴,把以教师为本的培训理念应用到研修活动中,不断提升区域教师专业发展水平。

三、问题导向,精准施策

全息育人理念下的教师学科研修的首要任务是确立科学的、可行的研修目标,并将目标分解和落实到研修任务之中。以问题为导向,可以让学科研修的目标更明确,过程更直接。在研修实践中,参研教师要立足于课堂,以问题为中心,以课例为载体,以课题为引领,不断增强教师的课程意识。

全息育人理念下的教师学科研修,始终坚持以问题为核心,将反思、互助、引领贯穿于"共研共进"的研修文化建设的始终。建构起"以校为本、聚焦课堂、三级联动、共研共进"的行动研修路径,形成小学语文学科区级研修模式和校本研修模式,凸显团队互助的力度、主题研修的深度、研究过程的效度、成果推广的影响度。

第二节　小学语文学科全息育人学科研修的原则

实现学科全息育人关键在教师,这对教师专业综合素养提出了更高的要求。开展小学语文学科全息育人学科研修需要教师具备扎实的语文专业知识,能从学科育人的角度全面深入地解读教材,能根据人文主题与语文要素从单元整体上进行教学设计,能掌握有效的教学技能,具备大语文观的课程视野。

开展小学语文学科全息育人学科研修有助于教师综合素养的提升,充分发挥我国教研制度的优势,整合各级教师培训机构的力量,将语文教师培训和语文学科教研结合,实现研修的一体化设计与实施。[1]因此,小学语文学科全息育人学科研修要遵循全面发展、全员参与、全程跟踪的原则。

一、全面发展原则

全面发展原则是在小学语文学科研修的已有基础上,根据学科全息育人理念提出来的。因此,要总结语文学科研修的经验,梳理之前的研修成果,明确自身的研修起

---

[1] 中华人民共和国教育部.义务教育语文课程标准(2022年版)[S].北京:北京师范大学出版社,2022:56.

点,然后从小学语文学科全息育人的角度进行思考,找准研修的方向。教师已有的经验、现有的认知是设计研修的基础,但同时要面向教师发展的未来,遵循教师专业发展的内在规律来设计实施,才能使研修持续发力。

学科研修的课程设计开发要涵盖教育改革最新的理念与方向,小学语文学科研究的前沿动态,还要涵盖教师的《课标》解读力、教学设计力、课堂执行力、评价分析力、课题研究力等"五力"提升为主的实践性课程[①]。课程的设计是由具体的教学理论与教学技能共同组成的,它们之间互相联系,互为基础,形成一个有机整体。结合小学语文的学科特点,根据教师的实际需求,研修课程要有针对性、实用性和丰富性,从而让教师在研修的过程中更新教育思想和观念,实现学科全息育人的目标。

二、全员参与原则

教师作为学科研修的主体已经成为大家的共识。每个阶段的教师都有一些共性的问题,对小学语文教师而言,面对新的形势、新的理念、新的教材,也会有一些共同的困惑,如怎样准确解读部编版教材?如何基于小学语文学科找准关键问题?如何在小学语文学科中渗透学科育人?因此,在进行研修课程设计时要开展调查,了解教师的年龄结构、入职年限、学历专业等信息,充分调查教师的需要,找准问题才能精准施策。

精准施策才能充分调动教师全员参与的主动性。教师是研修的参与者,在学习的过程中,要吸纳丰富的信息资源,并提出质疑和进行反思;教师也是培训者,提出问题、分析问题、解决问题是一个自我培训的过程。让教师改变观念最好的方式就是让他自己去感受,在相互学习合作中达成默契,提升沟通能力,体验成功与快乐,营造和谐的研修氛围,打造良好的研修文化。

学科研修的方式也可以更加灵活,要重视在真实情境中的任务学习,促进教师主动参与,如可以让骨干教师去培养苗子,可以组建学习共同体,成立工作室,设立工作坊,举办论坛或沙龙等。

三、全程跟踪原则

全程跟踪要重视过程性评价。评价是开展学科研修非常重要的一个环节,能促使研修不断地朝着既定的目标前行,使研修不断完善。评价时需要多渠道收集评价信息,采用多样化的方法,多角度、全方位地开展评价。要关注教师在研修全过程中的感

---

① 朱福荣.浇根式改善型教师培训[M].重庆:西南师范大学出版社,2016:44.

受、状态,每一位教师既是被评价者,也是评价者,全员共同进步。教师之间互相评价可以避免评价标准的单一,也让教师更有参与感。

全程跟踪要重视增值性评价。每个研修阶段结束后,学科研修组织者要继续跟踪、长期评价,发挥评价的激励作用,帮助教师发现自己的提升,从而有获得感、成就感、职业幸福感。

第三节 小学语文学科全息育人学科研修的方法

小学语文学科依据全息育人理念,大力开展实践探索,不断创新教师研修方式,形成了病理问诊法、微格教研法、协作互动法、课例研讨法等研修方法,有力地解决了当前教师研修中重理论轻实践、重知识轻情感、重传授轻互动、重个体轻团队等问题。可以说,全息育人理念下学科研修方法的创新在提升教师心智、提振教师情怀、助推教师发展的同时,拓宽了教师研修的道路。

一、病理问诊法

成人学习是基于解决问题的学习,成人研修也是以解决问题为目的的研修。如何发现与生成研修问题,是研修的先导。发现教师课堂教学中存在的问题并解决问题,其方式与医生诊病、治病一样。医生诊病,首先通过望、闻、问、切或者借助仪器诊断,找出病人的病症及成因,并据此开出对症的处方,让病人服用,从而治好疾病。这种借鉴医生诊病流程而形成的研修方法,我们称之为"病理问诊法"。

(一)"病理问诊法研修"是什么

"病理问诊"一词源于医学界。"病理"是指疾病发生和发展的过程和原理;"问诊"即病史采集,是通过医生与患者间的提问和回答,了解疾病发生与发展的过程。随着医学的发展,"问诊"不再局限于医生与患者的提问和回答,还需要凭借科学的仪器检测等了解疾病。"病理问诊"是根据对疾病的了解,经过分析、综合和全面思考提出临床判断的一种诊法,其最终目的是治愈疾病。

我们所说的"病理问诊法研修"是以医生诊病原理为模型,以解决参研教师教学中存在的问题为目的的一种研修方法。病理问诊法研修包括两种类型：一种是让参研教师经历从实践中找寻问题，提出教育假设（即解决问题的构想），到在实践中验证假设的研究过程，以提升参研教师研究能力的研修方式；另一种是精心选择教学中某个有"病理"的片段，引导参研教师分析问题原因，探讨改进策略，以提升参研教师教学能力的研修方法。

病理问诊法研修，首先就是发现问题，让参研教师在经验分享、课堂观察中生成问题；以问题为驱动，查找文献，生成教育假设；将假设运用于教学实践之中，从而检验假设，最终构建解决问题的策略。整个研修过程以问题为起点、行为改进为终点，让教师通过一次又一次的课堂实践，在反复的尝试与研讨中修正自己的行为，最终达到改进行为的目标，实现对教师行为的改善。

(二)"病理问诊法研修"怎么做

病理问诊法研修，通常采取的研修步骤是：问诊—会诊—设计方案—开展研修活动—反思研修效果。

问诊的目的是了解教师在教育教学中的疑难困惑，为设计切实可行的研修活动奠定基础。如何问诊？我们在下校调研时，可以有意识地记录教师在课堂教学中出现的问题；可以记录课后交流时大家反映的困惑；可以针对某一问题，设计相应的调查问卷，有针对性地去发现问题。

在会诊的时候，我们可以组织核心小组的成员对前期搜集到的问题进行汇总、归类，提取出有价值的问题进行诊断分析，再设计相关的研修活动。

病理问诊法研修，在具体的操作中要注意：

(1)呈现方式。我们的"病例"片段，可以组织现场的课堂教学，也可以用录像的方式呈现。如果是后者，那么研修活动组织者一定要在活动前与执教教师做好沟通，还要给所有参训者讲明，此"问诊"只针对教学问题，而不针对教师个人，因此不能借此对执教教师个人进行评判。只有这样，才能真正基于"病例"，透析病理，达到解决教学真问题的目的。

(2)切口要小。我们选择的问题要小，要适合参训教师的研究，不能超出其能力范围，如部编版小学语文教材课后习题有效运用策略研究、部编版小学语文教材背景下学生复述能力培养研究、部编版小学语文教材识字教学的方法研究，这样的问题，与教师的教学息息相关，也在教师研究的能力范围之内。

(3)精心选择。并不是任何一个教学环节或者一段录像都可以用来进行"病理问诊"，我们要对所用的资源进行精心选择，选择教学中具有代表性的、最有价值的问题来研讨,特别是那些平时不重视的问题或疑难问题,更要作为片段来问诊,这样才能引发教师的思考。

(4)引领教师。在进行病理问诊法研修时,培训者不要急于指出问题所在,而应该逐步引导教师从不同的角度去分析,在此基础上展开解决问题的研讨,通过交流讨论最后形成对问题的定论。

(三)"病理问诊法研修"的案例与反思

如何利用课后习题进行有效教学设计
——部编版小学《语文》二年级上册第23课《纸船和风筝》课例研修(片段)

1.研修背景

课后习题是教材编者围绕教学目标,结合课文自身特点设置的助学系统,它是教材的重要组成部分。教学时,我们该如何充分利用课后习题这一教学资源,提高语文教学的实效性呢?2018年10月,北碚区教师进修学院小学语文学科在"送教下乡"培训活动中确定了"如何利用课后习题进行有效教学设计"的培训主题。下面以部编版小学《语文》二年级上册第23课《纸船和风筝》课例研修(片段)为例进行分析。

2.研修过程

一、激趣揭题

1.谈话引入:小朋友们,我们来玩一个猜字的游戏。

(1)图文结合,认读生字。(出示纸船、风筝;相机正音:纸、筝)

(2)动作演示,猜读生字。(折纸船、放风筝)

2.揭示课题:今天我们学习第23课《纸船和风筝》。请同学们齐读课题。

二、新课教学

1.布置自学任务:自由小声读课文。这篇课文没有拼音,把不认识的字用双横线画出来。猜一猜,再接着读。

2.检查自学:考考你,这些字你都猜出读音了吗?

(1)鼠、哭(借助象形字构字规律猜读音)。

(2)漂、抓、但、愿(根据形声字构字规律猜读音)。

(3)取(联系课文的语言环境猜读音)。

3.多种形式巩固识字。

(1)出示所有带拼音生字,齐读。

(2)摘生字苹果,开火车读。

4.读词语。

课后交流

教研组长：老师们，本次研修活动的主题是"如何利用课后习题进行有效教学设计"，接下来请大家围绕这个话题，结合刚才的课例片段，进行发言。

教师1：教师在教学过程中，能采用多种方法引导学生学习生字，很不错。但在学生猜读生字遇到困难时，教师没能及时引导，学生的思维能力没能得到有效的训练。

教师2：课后第二题的要求是猜加点字的读音，和同学交流猜读音的方法。教师结合课后习题的要求，设计了用多种方法猜字音的教学活动，但关注学情不够。

教师3：整个教学设计的思路很清晰，由浅入深，循序渐进。建议给学生更充分的时间思考、交流，教师适当控制教学节奏。

教研组长：部编版小学语文教材把语文要素分解成若干知识点，安排在课后练习中。教师在教学时，要聚焦课后习题，结合教材内容，采用多种形式引导学生识字，感受语言文字的丰富内涵，从而爱上语文学习。

（此案例由重庆市北碚区凤林小学唐小萍提供）

3.研修反思

在这个片段中，教师有关注课后习题的意识，但是对编者的意图理解得还不够充分。本课的课后习题之一是"猜读会认字的读音，并说说运用这些方法还认识了哪些字"。从这一要求，我们可以思考：学生已知的猜字方法是什么？不会的是什么？还有哪些需要教师的引导？

教学时，教师采取了根据图片猜读、形近字猜读、在语境中猜读等方法，却忽视了应该在大的语言环境中去完成这一学习任务。教师设计用猜字法进行识字教学时，将所有的生字单独拿出来进行猜字教学，为了猜而猜，脱离了语言环境，忽略了篇章的整体感知。

4.案例反思

本案例是基于问题研究的病理问诊法研修。培训者结合研修主题选取了病理片段，参研者在观摩教学片段的基础上，经过独立思考，再在小组交流片段中存在的问题，然后通过培训者的引领找到了问题，并分析出现这个问题的原因。该研修方法以真实的课堂作为诊断对象，通过深入分析，揭示病理，寻求治愈该病症的方法，达到了人人参与的目的，提升了教师的教学能力。

二、微格教研法

随着新的方法论研究的不断深入和广泛应用，我们需要建构一种以"关注教师—

关注课堂—提高效率"为主线的学科教研活动,为教师的专业成长搭建有力的支架。微格教研正是在教育教学理论的指导下,将科学方法论和现代技术应用于教学技能训练的一种方式,有很强的操作性。

(一)"微格教研法研修"是什么

要想弄清微格教研是什么,首先要明确什么是微格教学。

微格教学,亦称"微型教学"或"微观教学"。美国斯坦福大学爱伦认为:"微格教学是一个缩小了的、可控制的教学环境,它使准备成为教师或已是教师的人有可能集中掌握某一特定的教学技能和教学内容。"英国微格教学专家布朗认为:"它是一个简化了的、细分的教学,从而使学生易于掌握。"微格教学课题研究组认为:"微格教学是一个有控制的实践系统,它使师范生和在职教师有可能集中解决某一特定的教学行为,或在有控制的条件下学习。它是建筑在教育理论、视听技术的基础上,系统训练教师教学技能的方法。"①

综上所述,微格教学是以现代视听技术为手段培训教师,使其掌握课堂教学技能的一种方法。微格教学的设计目的是训练某一个教学技能,而不是常规教学。

"微格教研"是"微格教学"的变式,是供教研组进行教研活动的一种方法。它主要是提取教学流程中的一个环节(即值得商榷、探讨的环节),采用录像或现场上课的方式提供教研活动的"微"定格,然后针对定格的片段探讨具体操作策略,最后总结形成新的方案,达到提高教学技能,提升教学质量,促进教师专业成长的目的。

微格教研,打破了传统的教研形式,侧重于教师"教"的细化分析和研究。它将课堂中的连续事件拆解为一个个单元,定格、扫描、搜集、描述与记录相关的详细信息,再对观察结果进行反思、分析、推论,这种将教育教学实践进行局部微观的定格研讨的方法,既学习了相关理论,也探讨了具体操作的方法,能帮助教师获得完整的认识,以此改善教师的教学,促进学生的学习。

(二)"微格教研法研修"怎么做

微格教研法研修聚焦于教师的课堂教学行为,通过变革教研行为,挖掘教师的专业发展潜力,它的实施步骤可以是:确定微观察点,学习理论—设计微教学教案—观摩教学案例—分析研讨—调整设计—再次研习—总结提升。

---

① 王恩科.微时代下的历史课堂[M].济南:山东大学出版社,2019:1-2.

需要注意的是，我们的微格教研强调的是团队合作。教师借助于课堂研修共同体分析探究、解决相应的问题，开展反思和专业对话。这个过程的每一个阶段，都是教师之间多向互动的过程。通过微格教研，我们在改进某一位教师课堂教学行为的同时，也促使该学习共同体里的每一位成员都得到应有的发展。

在微格教研之前，我们应该组织教研组的教师进行一次集中研讨，即课前准备会议，讨论确定微观察点，设计开发观察量表等相关事宜。第一次集中研讨的目的是给参与人员提供沟通交流的平台，便于观察者明确自己的观察点，为后续的交流研讨奠定基础。前期准备越充分，参与的教师越能在活动中搜集到更多有价值的资料。

进入"观摩教学案例"这个环节的时候，参与观察的教师就要按照课前准备会议时拟定的课堂观察量表，选择恰当的观察位置、角度，迅速进入观察状态。在观摩的过程中，观察者可以通过录音、摄像等技术手段，做好课堂实录，尤其要记好教学中的关键事件，并写下自己的思考。课中的观察记录是微格教研的重要组成部分，观察者所采集到的信息资料，是课后研讨会议的基础。

在"分析研讨"环节，执教者应该结合课堂教学的具体情况，围绕本次活动的目标达成度进行自我反思。每位观察者根据自己课堂上采集到的信息，围绕课前会议确立的观察点，提出改进建议。

"微格教研"把教学流程定格，教师可以看自己的课，也可以看身边同事的课，进行自我分析和互相分析，在一连串的反思、分析中，教师的认识发生变化，观念也随之升华。这样的研修，既利于自我反思，也利于集体研讨，是学科研修中行之有效的好方法。

(三)"微格教研法研修"的案例与反思

探究文本表达密码　提升学生表达能力
——以部编版小学《语文》三年级下册第24课《火烧云》课例研修为例

1.研修背景

语文教学教什么？怎么教？这是语文教学的核心问题。众所周知，语文课程是一门学习国家通用语言文字运用的综合性、实践性课程。语文课程应引导学生在丰富的语言实践中，通过主动的积累、梳理和整合，初步具有良好语感；了解国家通用语言文字的特点和运用规律，形成个体语言经验。[①]

重庆市北碚区柳荫小学以《火烧云》一课为例，从"仿写词语、仿写语段"两个教学内容入手，通过"提出假设—实践验证—研讨修订—提出新的假设—实践验证"等多次

---
① 中华人民共和国教育部.义务教育语文课程标准(2022年版)[S].北京:北京师范大学出版社,2022:4-5.

课例跟进,期望能够通过文本教学分析,发现文本表达的规律,确定适切的表达训练点与语文课堂教学活动。本文以"仿写词语"为例进行分析。

2.研修过程

第一次课堂实录片段

师:第3自然段写了哪些美丽的颜色呢?用波浪线勾出写色彩的词语。

生:半紫半黄、金灿灿、红彤彤、茄子紫、半灰半百合色、葡萄灰、梨黄。

师:这么多的颜色,你想怎么读?

(生齐读,边读边想:这是什么样的色彩?)

师:你感受到什么?想对火烧云说点儿什么?

生:我觉得火烧云很美。

(师板书:美)

师:天空只有这些颜色吗?你是从课文哪句话体会到的?

生:还有些说也说不出来、见也没有见过的颜色。

师出示图片:天空颜色太多了。作者说不出来、没有见过,你们能照样子写出美丽的色彩吗?(拿出课堂练习单,做第二题)

学生交流(略)。

第一次教研组讨论记录片段

执教老师:我发现课文中写颜色的词语很美,但是学生写出来缺乏美感,很多同学都写红的、黄的、紫的。就是不上这节课,他们也能写这些词语。这节课,学生的增长点在哪里呢?

教师1:这节课读得太少了,学生应该美美地读词语,真正感受到词语的美、色彩的美之后再仿写。

教师2:这些表示色彩的词语应该是有规律的,应该引导学生发现构成规律,再指导学生仿写。

教师3:我发现这些词语可以这样分类,金灿灿、红彤彤是ABB结构的词语,可以分一类;葡萄灰、茄子紫、梨黄可以分一类;半紫半黄、半灰半百合色可以分一类。

教研组长:那我们就在多读的基础上,试着引导学生来分类,发现构词规律,再积累和仿写词语吧。

第二次课堂实录片段

师:有哪些美丽的颜色呢?用波浪线勾出写色彩的词语。

(生说颜色的词语,师相机课件出示词语:半紫半黄、金灿灿、红彤彤、茄子紫、半灰

半百合色、葡萄灰、梨黄)

师:请同学们齐读,边读边想象,这是什么样的色彩,你感受到什么?

生:这些颜色太美了!

生:天空真的有这样的颜色吗?

师:火烧云的颜色究竟有多美,我们一起去欣赏吧!

(师出示火烧云图片,生欣赏美景)

师:作者萧红是怎么写出这么美的色彩的?秘密就藏在这些词语中。我们再读一读这些写色彩的词语吧。

(生自由读词语)

师:你发现这些表示颜色词语的秘密了吗?你能根据它们的特点把这些词语分类吗?

生:金灿灿和红彤彤可以分一类。

师:为什么这样分呢?

生:它们都是ABB结构的词语。

生:葡萄灰、茄子紫、梨黄是同类的,它们前面都是什么东西,再加上颜色。

师:葡萄灰就是像葡萄一样的灰色,茄子紫就是像——

生:茄子一样的紫色。

师:梨黄就是——

生:梨子一样的黄色。

师:半紫半黄、半灰半百合色有什么秘密呢?

生:一半是紫色,一半是黄色。

生:两种颜色组合在一起的,各占一半。

师:天空还有哪些颜色呢?你能模仿这些词说说你刚才看到的颜色或是想象到的颜色吗?请完成练习单第二题。

学生交流(略)。

第二次教研组讨论记录片段

执教教师:通过学习,学生写出的词语形式多样、内容丰富,既有天空中看得见的颜色,也有想象中的颜色。

教师1:这样教学,学生比较容易掌握构词方法。ABB结构的词语是经常出现的,学生对此比较熟悉,可以多积累多运用。难一点儿的是"半紫半黄"这样的词,学生仿写,随便把两种颜色组合在一起,有点机械,有的就很缺乏美感了。

247

教师2：学生仿写的时候，可以出示火烧云的图片，学生仔细观察动根象，交流词语的时候，教师也要评价引导。

教研组长：大家说到ABB结构的词语，学生是比较熟悉的，这是学生的起点。发现构词规律之后，还要把词语写得美美的，这正是课堂上的生长点。让学生感受到原来自己也可以写出这么美的语言，描绘美丽的事物，不正是我们追求的目标吗？

（此案例由重庆市北碚区人民路小学陈志平提供）

3.研修反思

"课文无非是个例子"，语文课就应该用课文教学生学语文。教师要用好教材文本的这个"例子"，对文本作教学解读时，在参考、分析、比较、演绎、归纳、涵咏、体味、整饬思想语言，获得表达技能等种种事项上多下功夫。教师要尝试绕过教参，绕过别人成熟的教学设计，直面文本，发现文本的教学秘密，加强学生语言实践，提升学生的表达能力。

4.案例反思

本次教研采用了微格教研的方式，针对一个教学环节，围绕"发现文本表达的特点，确定适切的训练点"这一主题，以小见大，引发教师产生争议直至达成共识。这样的教研，让教师具体直观地参与讨论和对话，通过积极研讨，有效促进教师专业水平的提高。

三、协作互动法

具有较强的协作能力是21世纪人的核心素养之一。教师研修重视协作，提倡在协作中分享，在协作中实践，在协作中提升。在研修过程中，通过协作，能有效分享个体经验，发挥差异优势，有效激发内驱力，促进参训教师参与研修的广度和深度。协作互动法研修提倡在小组分工的基础上构建学习共同体，营造和谐、融洽的学习氛围，增进同伴之间的情感交流，实现知、行、情的完美统一。

（一）"协作互动法研修"是什么

协作互动法研修是以参研者的主动学习为基点，以小组合作学习为主线，以实践探究为核心，围绕研修主题，创设活动情境，引导参研者在活动和体验中反思自己的理念和行为，在交流和分享中学习他人的长处，进而产生新的经验，形成新的认识，最终达到共同进步的一种研修方式。

协作互动法研修认为学习的过程是集体协作、互动的过程,是个人与集体与时俱进、不断超越自我的过程,是学习优化的过程。在学习组织研修中,学习共同体作为一种基本组织单位,是研修活动的参与者(包括研修组织者、研修者和参研者)为了实现或完成共同的目的或任务,围绕共同的主题,通过参与研修、协作互动、对话交流等形式,建构一个内部和谐、资源共享、相互促进的学习团体。

协作互助法研修提倡无论是集中的理论学习,还是分散的实践研修,都要通过组建共同体的方式进行。它更加强调团队力量的的发挥、互助意识的培养,注重共同体内部成员之间、共同体之间传递知识和分享经验,在提高成员个体能力的同时提升整个团队实力。

与其他研修方法相比,协作互动法研修更加注重过程中的互动。它以资源共享的小组互动为基本策略,以追求研修的轻松、丰富、快乐、有意义为基本宗旨,通过同伴间的相互交流、相互倾诉唤醒参研教师的专业需求,通过同伴间的相互帮助建构学习共同体,实现参研教师的专业发展。

协作互动法研修提倡在和谐的氛围中,让参研者充分体验自主思考、合作探究活动过程中失败的沮丧和成功的喜悦。学习的过程是顿悟、升华的过程,参研者只有在学习过程中获得"众里寻他千百度。蓦然回首,那人却在,灯火阑珊处"的体验,才能促成参研者自身理念的重建、态度的转变和行为的改善,才能让行为固化成习惯,将所学运用于日常教育教学中,最终达到提升教师个体知识、能力的目的。

(二)"协作互动法研修"怎么做

协作互动法研修是研修组织者与参研者之间的协作互动,也是参研者与参研者之间的协作互动。它的组织形式,可以是学科教研组、磨课团队、集体备课小组,也可以是集团教学合作体,还可以是师徒结对、课题研究小组等形式。无论哪一种形式,其目的都是通过同伴互助,在自我反思的基础上,相互切磋,共享经验,从而促进教师的专业成长。

在组建研修团队的时候,我们要遵循以任务为中心的原则,实行成员之间的组间同质、组内异质,以达到优势互补。研修主题要具有较强的针对性,直面参研者的需求。在互动学习中,研修活动组织者要当好导演,要参与各协作小组的研讨,把控培训流程,把握问题的深浅,尽量让每位参研者能学有所思、学有所获。

此外,研修过程中还要注意即时评价。作为研修活动的组织者要善于利用各种方式检测和评估协作互动学习的效果。

(三)"协作互动法研修"的案例与反思

集体备课 成就彼此

1. 研修背景

"重庆市第三期农村中小学领雁工程项目"的赛课活动要开始了,北碚区文星小学是项目组成员之一,王霞老师将代表学校参加此次比赛。本次比赛的评委由重庆市教科院的两位小学语文教研员和各区教研员组成。王老师感受到了巨大的压力,但她并不怯场,因为她不是一个人在奋战,在她的背后有一群人在默默地支持她、帮助她、鼓励她。

2. 研修过程

在区教研员杨蔚老师和辛亚老师的引领下,学校组建了磨课团队,采取协作互动、集体研磨的方式进行备课。在第一次组内研讨会上,团队将任务进行了分工,磨课团队的成员们根据自己的特长纷纷领取了任务。制作课件、修改教学设计、准备教具、学情分析等任务。根据赛课组委会的要求,本次赛课的内容要选择部编版教材里的课文,对于从来没有使用过部编版教材的老师们来说,这是一次不小的挑战。协助王老师备课的老师,有的上网查询部编版语文教材的培训资料,有的搜集和教材有关的教学资源,解读教材。制作课件的老师也没有闲着,教学设计完成之后,她们加班加点地完成课件制作,保证试讲能按时进行。因为是借班上课,试讲之前学情分析小组的老师对所上班级的学生情况进行了细致调查。整个小组分工明确、配合默契,资料搜集迅速、高效。

之后,王老师和同伴们一起对搜集的资料进行系统的归类整理,并召开了第二次组内研讨会。老师们在研讨会上对课题、教学目标、教学重难点等问题进行了深入的分析,根据小组研讨的结果共同完成了教学预案的撰写。紧接着,研修团队组织了一次次试讲、一次次研讨、一次次修改。周末的时候,没有学生,老师们把办公室当教室,把墙壁当黑板,把自己当学生。试讲的过程是思维碰撞的过程,也是改善教学行为的过程。经过大家群策群力,最终形成了一份完美的教学设计。比赛场上,王老师胸有成竹、沉着镇定,最终取得了好成绩。

"这节课的成功不仅属于个人,更属于我们整个磨课小组,这种协作互动的方式让我们经历了一节好课的磨课过程,掌握了磨课的方法,获得了成功的体验。协作互动,也让小组的力量彰显得淋漓尽致。"王老师发自内心地说。

其他老师如是说:"虽然我没有亲自上课,但全程参与了协作备课的过程,模拟过上课教师和学生的角色,相当于亲自经历了一次备课、上课、反思的过程。"

"王老师的成功就是我们大家的成功,也是我的成功。"
……………

(此案例由重庆市北碚区文星小学刘利提供)

3.研修反思

备课的过程是集体研讨的过程,也是全体组员协作互助的过程。从课题的选择到教法的选用都离不开同伴的身影。正是有了前面团队成员的协作备课,才有了后面王老师的成功。

4.案例反思

这是一个"全息育人"背景下的协作互助法研修案例。此案例有几点值得借鉴:一是全员参与,借助团队成员的共同智慧,全员一起定教材、写教案、反复试讲、不断修改,彰显了协作互动式教师研修的价值。二是各有分工,每个人承担的任务各不相同,或查阅资料,或调查学情,或设计教案,群策群力,相互促进,共同进步。

需要注意的是,要处理好团队协作和个人意见的关系。人多意见也多,主备课人需要将众人的意见整合进来,有取有舍,才可能形成合理的、科学的教学设计,否则会出现"艄公多了打翻船"的状况。

四、课例研讨法

课堂是教师研修、思考、改进的主战场。教师的研修应聚焦于课堂教学,课例研讨是研修方法之一。它是在建构主义理论和行动研究理论的指导下,以教师的课堂为研修的主阵地,通过自身的参与、同伴的帮助和培训者的指导,教师外在的理论和经验内化为教师的实践行为,从而改善参研教师的教学行为。

(一)"课例研讨法研修"是什么

课例研讨法研修是参研教师以课堂教学过程中某一个或某几个需要改进的教学问题为研究对象,以提高参研教师课堂教学能力为研究重点,以真实的课例为载体,聚焦研讨主题,设计教学预案,并在课例跟进中进行不断的反思,通过反思不断修正自己的预案,直至形成成功的课例,最终达到改进参研教师教学行为,提升参研教师教学技能的一种研修方法。

课例研讨是打磨参研者个体和群体的利器,它围绕参研者的课堂行为,通过对教师典型教学课例中的问题行为的记录与再现、反思与探讨,去追寻问题行为的成因,并提出解决问题的办法。它通过让教师在短时间内接触并处理大量的教学实践问题,达到改善教师行为的目的。这种将重心下移的研修方法,使参训者从原来单纯的观众变成了参与活动的主角,从单纯的知识接受者变成了双向的知识传播者,甚至是创造者。

课例研讨增强了参研者学习的意识、合作的意识和探究的意识,极大地更新了参研教师的观念。教师在研讨过程中充分挖掘各自的资源和潜力,实现优势互补,在课例研讨中加强了沟通和合作,大家取长补短、互相学习、整体提高,促使教师以更加开放、包容的心态共同发展。它将传统的自上而下的被迫式研修变为自下而上的主动式研修,从根本上改变了教师的研修方法。

(二)"课例研讨法研修"怎么做

课例研讨法研修必须围绕相关的主题进行研讨,研讨的方式多样,可以由所有参研教师围绕某一个或某几个主题进行,也可以选择组建不同的学习团队围绕不同的主题进行研讨。研讨团队的组建要体现优势互补的原则,研讨主题的确立要来源于教师的核心需求。课例研讨不能流于形式,一般要经历"三课两反思"的历程,对病理问诊、反思小结、课例跟进和修正完善四个环节都要展开深入的研讨。

(三)"课例研讨法研修"的案例与反思

课例研讨　促进生长

1.研修背景

在北碚区"学科全息育人"的背景下,重庆市北碚区中山路小学校结合"良师兴国,学子振邦"的办学理念,不断完善学校自身的"人文"课堂文化。语文课堂究竟应该关注什么?通过大量的文献阅读,老师们找到了研究方向——关注教师和学生在课堂上的获得感和体验感。结合前期研究的成果,进行了本次课例研修。

2.研修过程

研修活动之前,学校教导处组织语文教研组再次研读课程目标和学校"人文课堂"的评价标准。通过学习,教研组认为一堂课的人文涉及方方面面,如师生的语言、行为、仪态等。讨论之后,教研组决定本次研修围绕"让学生爱学习、会学习",开展部编版小学《语文》五年级下册《牧场之国》的课例研修。

第一次研讨

第一次试讲后,教研组发现课堂氛围沉闷,学生一直处于被动学习的状态。从课后对学生的访谈中得知,大部分学生觉得在课堂上容易分神,学习兴趣不高。究其原因,首先是教师忽视了散文的教学特点;其次,教者的行为代替了学生学习的过程,教学方法单一,难以激发学生的学习兴趣。教研组再次研读教材后,重新设计了教学流程,对文本知识点进行了重组和整合,对重难点进行了调整,于是有了第二次课例研修。

第二次研讨

第二次试讲后,教研组认为学生的自主学习流于形式,而且自主学习的要求也没有关注到学生的差异,没能很好地调动学生的学习积极性。教研组又进行了研讨,找到了几个解决问题的途径:一是依然保留朗读主线,把所要教的知识点隐藏起来,在朗读教学的过程中,把"边读边想象画面,体会荷兰牧场的动静之美"这些目标巧妙地在朗读中完成;二是在自主学习的环节进行分层教学,关注学生的个体差异;三是为了让学生爱学习,激起学生学习的兴趣,话题必须让学生感兴趣,所以需要重新构建一个合作学习的话题,希望由这个话题引出学生强烈的思考动力,引发更强的探究欲望。

在团队的帮助下,执教者邓凤鸣老师对教学设计又进行了优化,并再次进行试讲。这次试讲,教师的教学以朗读贯穿其中,从"导学"到"自主学""合作学",学生在朗读中想象、体会,思维活跃,由想象到还原文字,圈画词语,有感情地朗读,体会荷兰牧场的动静之美。特别是自主学习环节中对自主学习内容的分层设计,尊重学生已有的知识经验和认知习惯,有效地调动了学生学习的自主性、积极性。

(此案例由重庆市北碚区中山路小学校邓凤鸣、韩灵琳提供)

3.研修反思

纵观这次研修活动,教研组的教师结合课堂观察量表重点从学生"爱学习""会学习"两个方面对"学生学习行为"进行了认真的观察和记录。教师的观察点分别聚焦在学生自主学习和合作学习中,如在自主学习中学生的"举手、发言、情绪"等方面,学生是否会自主选择学习任务,运用已学方法进行学习。正因为教师找准了研修中的真问题,才保证了此次研修的扎实推进。

4.案例评析

立德树人是我们教育的根本任务。该案例通过学生、执教者、教研组同伴进行的联合反思,真正把教育的目光集中到了"人"的身上。像这样关注"知识""人""素养"的课堂,才是体现"全息育人"理念的人文课堂。只有尊重差异、充满人文关怀的教学设计才能让学生真正爱学。这样的课堂必将促进课堂文化的建设,从而推动课堂教学的改革。

第四节　小学语文学科全息育人学科研修的案例评析

本节将展示一个完整的小学语文学科全息育人研修案例并进行评析,进一步探讨学科研修如何帮助教师专业成长。

一、小学语文学科全息育人学科研修的案例

一课三磨促思考　三方反思共提升

1.第一步:文献查新,确定主题

在部编版教材全面投入使用,北碚区提出"学科全息育人"理念的背景下,重庆市北碚区中山路小学校语文团队开始思考如何有效发挥语文学科的育人功能。通过大量的文献阅读,老师们找到了研究方向——提升老师和学生在课堂上的获得感和体验感。结合学校前期研究的成果,语文团队确定了校本研修主题为"高段阅读教学有效策略研究",着重从学生学习语文的兴趣和学习方法两方面进行探索。

2.第二步:一课三磨,聚焦问题

课例是研究课堂最有效的载体。教研组选择了部编版小学《语文》五年级下册第七单元的课文《牧场之国》作为课例研究的文本,采用课例研讨法进行研究。为了研修活动更好地开展,学校组建了由学校领导及骨干教师组成的校内专家团队。在校内专家的引领下,教研组进行了集体备课,认真研读了《课标》中的学段要求和相关专著。通过学习交流,老师们认为充分发挥语文学科的育人功能涉及方方面面,如师生的语言、行为、仪态等。

本次校本研修主要聚焦高段阅读教学,从学生学习语文的兴趣和学习方法两方面进行探索,就是要让学生爱学习、会学习。爱学习是关注学生的学习情感,赋予学生终身学习的动力;会学习是教给学生学习方法,赋予学生终身学习的能力。教学活动要紧紧围绕学生爱学习、会学习展开。在有了这些认识的基础之上,老师们开始解读文本,分配了任务,确定邓凤鸣老师为中心发言人和执教者。教研组成员在个人初次备课后,进行了集体交流。邓凤鸣老师对教材解读和教学设计作了交流,其他老师结合自己对教材的理解提出了自己的看法和意见。根据教研组成员的建议,结合学情,邓凤鸣老师形成了第一次教学设计,然后进行了初次试讲。教研组同伴结合课堂观察量表,分配了不同的观察点,进行定向和定量的观察。

第一次试讲后,教研组访谈了上课学生,询问他们的感受,随即展开了讨论。经过反思,发现课堂氛围沉闷的主要原因有两点:一是忽略了学生的主体地位,老师的问题

太琐碎,学生难以参与到整个教学活动中。二是这堂课老师想教的内容太多。如想象画面,感受荷兰牧场的动静之美,体会"真正的荷兰"反复出现所表达的赞美之情等,老师没有对散落在文中的语文知识进行重组和整合,造成一堂课什么都在教,但什么也没教会,整堂课显得太满的局面。另外,选用的教学策略又忽视了文本的文体特点。这是一篇散文,朗读应该是重其所重,所有的教学都应该围绕朗读这条主线展开。教研组再次研读了教材后,重新设计了教学流程,对文本知识点进行了重组和整合,对重难点进行了调整,对学法进行了改进:以朗读为主线,把所要教的知识点统整在朗读之下完成,边读边勾关键词,想象画面,感受荷兰牧场的动静之美;采用自主学习和合作学习的方式,引导学生在课堂上有事可做,有法可循,主动参与学习过程。

调整后,教研组进行第二次上课、观课。课后,团队老师再次对学生进行了随机访谈,教研组又进行了组内研讨。大家一致认为存在以下问题:第一,激发学生学习兴趣不够,学生自主学习的时间太短,流于形式,自主学习的要求也没有关注到学生的差异。第二,缺乏对学生学法的指导,在落实体会荷兰牧场的动静之美的目标时,老师缺乏朗读指导,对词语进行理性的分析代替了学生的个性化阅读体验,以至于课堂成了极少数能力较强的学生的舞台。第三,合作学习探讨的话题不是真问题,不能激发学生的探知欲,对学生的思维能力没有起到促进作用。

针对以上问题,教研组进行了研究讨论,找到了解决问题的途径。一是以朗读为主线,把所要教的知识点隐藏起来,在朗读教学的过程中达成教学目标,体会荷兰牧场的动静之美。二是在自主学习环节进行分层教学,关注学生的个体差异。三是为了让学生爱学习,话题必须让学生感兴趣,重新构建了合作学习的话题:"骏马是这个自由王国的主人和公爵,那花牛是不是主人和公爵呢?"以此引发学生更强的探究欲望。

在团队的帮助下,邓凤鸣老师对教学设计进行了优化并进行第三次试讲。为了让研究更加深入,让老师们在研修的过程中收获更多,这次不仅有校内专家团队到场,更有北碚区语文教研员辛亚老师的亲临指导。

研修活动的第一个环节是由学校教导处韩灵琳主任作微讲座,对教研组前期的研究成果进行了分享,让老师们进一步明晰了在学科全息育人背景下,研究高段阅读教学有效策略的意义。

第二个环节是课堂观察。教研组的老师们结合课堂观察量表重点从学生"爱学习""会学习"两个方面对学生学习行为进行了认真的观察和记录。老师们的观察点分别聚焦在学生自主学习和合作学习,如学生自主学习时"举手、发言、情绪",合作学习中"分工、倾听、交流、吸纳"等情况。这堂语文课,老师的教学以朗读贯穿其中,从"导学"到"自主学""合作学",孩子们在朗读中想象、体会,思维活跃,由想象又还原文字,圈画词语，有感情地朗读，体会荷兰牧场动静之美。特别是自主学习环节中对自主学习内容的分层设计，尊重学生已有的知识经验和认知习惯，有效地调动了学生学习的自主性、积极性。

附：观课老师课堂观察记录表

表6-1　重庆市北碚区中山路小学校语文课堂学生"爱学习"观察表

时间：3月27日		地点：阶梯教室	观察者：董老师、张老师、刘老师
执教者：邓凤鸣		上课班级：五年级(2)班	课题：牧场之国
观察内容		观察对象及现象描述	
爱学习	1.举手	让学生自主选择自主学习环节中的三个学习任务其中的一项、两项或三项。汇报第一项学习任务"练习朗读，勾画自己喜欢的词语"，有33人举手。第二项学习任务"边读边勾画表现骏马飞驰的词语，你仿佛看到了什么？听到了什么？"有30人举手。第三项学习任务"练习有感情地朗读，背诵自己喜欢的语句"，只有1人举手。总的来说，学生举手人数34人，占了85%。	
	2.发言	在自主学习这个环节中，老师一共请了11个学生发言，每个学习任务都有学生选择。全班75%的学生踊跃发言，答对率高，笑声多、掌声多、相互间交流、赞赏多。学生在回答问题时，声音洪亮、语言流畅、条理清晰，与老师交流时，彬彬有礼。值得一提的是，有些学生具有创新思维，能对老师提出的问题，有不同寻常的答案或不同的见解，善于用自己的语言解释、说明、表达所学知识。	
	3.情绪	自主学习时，全班学生都很专注，积极地投入到自学之中。孩子们对学习有强烈的期待，有的在用笔勾画词语，有的在小声朗读，还有的在边读边思考。看得出，孩子们在自主学习中很有满足感和成就感。	

表6-2　重庆市北碚区中山路小学校语文课堂学生"会学习"观察表(一)

时间：3月27日			地点：阶梯教室	观察者：严老师、陈老师、谢老师
执教者：邓凤鸣			上课班级：五年级(2)班	课题：牧场之国
观察内容			观察对象及现象描述	
会学习	自主学习	1.自主选择学习内容	本组共有20人，选第一个任务的有10人，选第二个任务的有9人，选第三个任务的有1人。小孙同学选择了第一个任务，他勾出了自己喜欢的词语，津津有味地练习朗读。小谢同学选择了第二个任务，他不仅勾出了关键词语，还把他想象中看到的、听到的描绘了出来。	
		2.运用已有学习方法	小王选择了第二个任务。运用老师教授学习第二自然段的方法，他一边朗读，一边勾出"成群""膘肥体壮""飞驰"等关键词展开想象，并且描述了他仿佛看到骏马毫无顾忌地飞驰在一望无际的大草原上，听到了"隆隆"的马蹄声。可见这是个接受能力很强的学生，他掌握了老师所教的抓关键词体会动态描写表达效果的方法，进一步说明老师的教学策略是有效的。	
		3.学习效果	从选择任务这方面来说，学生会学习，能根据自己的实际情况，选择适合自己的问题。大部分学生掌握了抓关键词体会动态描写表达效果的方法，尽管第二个任务有一定难度，但是在展示自主学习成果的环节中，每个学生都会或多或少受到启发。	

表6-3　重庆市北碚区中山路小学校语文课堂学生"会学习"观察表(二)

时间:3月27日		地点:阶梯教室	观察者:喻老师、吴老师
执教者:邓凤鸣		上课班级:五年级(2)班	课题:牧场之国
观察内容		观察对象及现象描述	
会学习	合作学习 1.分工	在所观察的合作小组中,有4个成员。他们分工明确,有发言代表,有记录者,有小组长,有监督员,本组学生基本上都是自发地承担任务。	
	2.倾听	当①号同学在小组交流时,图片一拿出来,大家都发出惊叹声。画面很美,吸引了大家的注意力。当③号同学在展示小组交流成果时,朗读情感到位,也吸引了大家专注地听。同学发言的时候小组成员能认真倾听,在发言结束时再发表自己的不同意见。	
	3.交流	学生有序地进行交流,音量大小合适,在小组交流中发现①号、②号和③号同学交流较多,④号同学交流少,他说自己是监督员。	
	4.吸纳	发言的同学把小组成员的发言进行了总结、整理。小组成员会倾听,能用上老师提供的资料或自己搜集的资料,来表达自己的观点。	

3.第三步:联合反思,探讨策略

课后,韩灵琳主任主持了学生、执教者、同伴间的联合反思。

首先,四位同学代表他们所在的小组,进行了发言。有的赞扬老师鼓励的话语、甜甜的笑容给了他们信心和勇气,喜欢老师让他们自由选择任务进行学习;有的建议老师在课堂上再多呈现精美的图片,能有更多的机会关注他,能给更多的机会展示小组学习成果;有的谈到了这堂语文课的收获,学会了朗读的方法,学会了体会动态、静态描写表达效果的方法;有的还反思了自己在合作学习中的不足……孩子们童真、诚恳的话语带给老师们很多思考和启示。

接着,执教者邓凤鸣老师反思了这堂课的得与失,教研组老师进行同伴互助交流,对照课堂观察量表,分析成因。有的老师说这堂课激发了学生学习的兴趣,教学设计、评价语言充满了人文关怀,让学生爱学;有的老师说这堂课教会了学生会学习,他们梳理出了"读标解文,挖人文;隐藏意图,智导学;任务分层,自主学;构建话题,合作学"的教学策略;有的老师总结出了"勾关键词,想象画面,还原文字,朗读体验感受美"的学习散文的阅读方法。通过当天的课例研修,解决了一些教学真问题,但也产生了新的问题,如老师仍然对学生关注的面不够,展示自主学习情况没有体现差异,合作学习缺乏相应的指导等,老师们也初步提出了解决策略,这些内容也为后续研究留下了空间。

4.第四步:专家引领,指明方向

进修学院辛亚老师对本次活动作了精彩点评。她肯定了学校此次校本研修活动的成效,认为研修主题聚焦了教学中的真问题,课堂上充分体现了全息育人的理念。研修过程突出重点,以课例为载体推进。课堂中学生学习兴趣浓厚,学习方法得当,彰显了散文教学的特点,以朗读为主线进行审美育人,整堂课充满了浓浓的语文味。课堂中还关注到了师生行为的很多细节,如老师的微笑、举止、学生的情绪、状态等,彰显人文关怀。从活动中不难看出中山路小学校平时的课例研修是非常扎实的,老师有思想,学生会思考。

5.第五步:梳理过程,形成成果

研修后,教研组梳理了整个过程,每一位老师都有新的体会和感悟。

(1)爱学习观察小组:在语文课堂教学中,分层设计学习任务,让学生自主选择、自主学习,使不同层次的学生都有所收获。在这堂课中,自主学习环节打破了老师在课堂上占绝对主角的方式,让学生成为学习的主体,提高了课堂效率。建构基于课程标准的学科全息育人课堂,老师在课堂中不仅仅是传授知识和技能,更多的是关注"人""素养",尊重学生的自主选择,有效地贯彻并落实《课标》中提出的"立足学生核心素养发展,充分发挥语文课程育人功能"这一理念。通过老师的"雅教、会教"引导学生"爱学、会学"。学生在充满人文情怀的课堂氛围中爱学习,畅游在语言文字里,这样的课堂必将有利于促进学生语文核心素养的形成。

(2)自主学习观察小组:学科全息育人涉及方方面面,激发学生的学习兴趣,教会学生学习的方法,让学生爱学习、会学习就是很重要的一点。北碚区中山路小学校基于全息育人的语文课堂是学生爱学习、会学习的人文课堂。因此,我们要认真解读教材,结合学生的实际确定教学内容,挖掘小学语文文本的人文内涵,让学生与文本成为知音。

(3)合作学习观察小组:在一次又一次的听课、评课、研课中,我们更加清楚地认识到,在全息育人的理念下如何让学生爱学习、会学习,从而彰显语文课堂人文性的特征。老师通过人文情怀的"雅教",富有智慧地教学,让语文课的意义不仅仅局限于教给学生某种语文知识,更重要的是通过文字,潜移默化地影响着学生的情感、情趣和情操。语文教学要关注学生的情感体验,构建基于问题的话题,巧妙地设计教学活动,才能让学生爱学、会学,才能营造和谐、民主、宽松的学习氛围,才能真正达到学科育人的目的。

教研组进行了总结,形成了小学语文高段阅读教学的有效策略,同时也关注到在研修的过程中生成的新问题,如老师如何更多地关注到每位学生,如何给学生提供更多展示的机会,如何有效地进行合作学习的指导。这些问题,都是宝贵的资源,将会在后续的研究中力求得到解决。

(此案例由重庆市北碚区中山路小学校邓凤鸣、韩灵琳提供)

二、小学语文学科全息育人学科研修的案例评析

本案例是在学科全息育人理念指导下开展的一次校本研修活动,整个过程做得非常扎实,主要表现在以下三个方面。

一是基于真问题研究。教研组从学科发展的大背景出发,通过文献研究,找准研究的方向,确定研究的主题为"高段阅读教学有效策略研究",关注点落在学生课堂上的情绪状态和学习方法的运用等,切口小,适合一线老师研究。课堂观察量表的使用让老师关注的点更集中,能更加真实、有效地观察课堂,进一步发现教学中真实的问题,不断地基于真问题改进,最后带着问题深入后续的研究中。三次磨课,不断优化,使得研修活动层层推进。

二是团队研修氛围好。整个研修的过程都是老师主动参与的过程,通过上课、观课、议课让全体老师深度参与其中。老师在研修的过程中的交流都非常真诚,结合自己的课堂观察所得,开诚布公地发表看法,参加研修的所有老师思想相互碰撞,业务相互促进,实现共同成长。专家团队的组建起到引领的作用,使得老师的思考更加深入。这样的研修,让每一位老师都有满满当当的收获。

三是研修的方法得当。小学语文全息育人学科研修,不仅要关注学科知识的传授,也要关注学生在课堂上的情感体验。本案例中,教研组研修的对象始终对准学生,不仅在课堂上观察学生,课后分析学生,而且还让学生参与研讨。每次试讲后,老师都会用心聆听学生的意见和真切的感受,对找准研修中的真问题起着非常重要的作用,保证了研修的扎实推进。

参考文献

[1]联合国教科文组织.教育——财富蕴藏其中[M].联合国教科文组织总部中文科,译.北京:教育科学出版社,1996.

[2]张志公.张志公自选集[M]北京:北京大学出版社,1998.

[3]于漪.于漪语文教育论集[M].北京:人民教育出版社,1996.

[4]李春超,赵慧君.基础教育改革的理论与实践[M].长春:吉林人民出版社,2004.

[5]刘才利,杨蔚.主体式对话教学——小学语文阅读教学的实践探索[M].重庆:重庆大学出版社,2008.

[6]学习基础素养项目组.素养何以在课堂中生长[M].上海:华东师范大学出版社,2017.

[7]李吉林.小学语文情境教学:李吉林与青年教师的谈话[M].北京:人民教育出版社,2003.

[8]吴钢.现代教育评价教程[M].北京:北京大学出版社,2008.

[9]朱福荣.浇根式改善型教师培训[M].重庆:西南师范大学出版社,2016.

[10]王恩科.微时代下的历史课堂[M].济南:山东大学出版社,2019.

[11]徐市.育德于教,育德于学——小学语文课堂教学中的德育浸润[J].教师教育论坛(第一辑),2019(04).

[12]丰丽萍.小学语文阅读教学中的德育渗透策略探析[J].现代教育,2018(09).

[13]崔峦.小学语文课程改革要正确处理四个关系[J].课程·教材·教法,2004(08).

[14]陈丽娜.小语教学应形成"读写共进"美育循环系统[J].基础教育参考,2015(24).

[15]徐金妹.构建生态课堂,培养人文情怀[J].教书育人,2014(23).

[16]林志华.例谈小学语文教学的美育渗透[J].内蒙古教育,2014(10).

[17]汲安庆.灵肉一致,陶养成人——论夏丏尊语文课程形式美学观[J].教师教育学报,2015(03).

[18]陈先云.面向21世纪中国小学语文教学研讨会综述[J].中国教育学刊,1997(04).

[19]陈雨嫣,季卫兵.陶行知劳作教育思想及其当代启示[J].教育评论,2019(05).

[20]邓乔.小学语文教学与劳动教育的融合路径探析[J].教师博览,2021(15).

[21]李少霞.小学语文中劳动教育的渗透意义及策略[J].天津教育,2021(02).

[22]朱建国.浅谈情境教学在体育课中的运用——小学语文书中的那点体育事儿[J].小学教学参考,2018(27).

[23]贺佩蓉,白振飞.浅议人的全面发展学说与素质教育的内在联系[J].教育探索,2008(09).

[24]余潇潇."五育"并举人才选拔的时代新课题[J].课堂内外(高中版).2021(19).

[25]刘绍鸿,梅仕华.素质为本　全面育人[J].教育导刊.1996(Z1).

[26]卢雁红.小学语文全息阅读教学实践初探[J].课程·教材·教法.2003(12).

[27]赵小毅.主题阅读中"主题"的深化与拓展研究[J].广西教育(义务教育).2020(17).

[28]王崧舟.例谈"学情视角"下的课堂教学设计[J].语文教学通讯,2014(27).

[29]陈建翔.教育中项论[J].教育研究与实验,1995(03).

[30]王蕊.全息观视角下的小学英语课堂教学研究[D].曲阜:曲阜师范大学,2017.

[31]谢玲.小学语文教学渗透劳动教育探析[D].长沙:湖南师范大学,2020.

[32]吕叔湘.叶圣陶语文教育论集(序)[C]//叶圣陶.叶圣陶语文教育论集.北京:教育科学出版社,1980.

[33]邓实.鸡鸣风雨楼独立书·语言文字独立[N],政艺通报,1903(23).

[34]中华人民共和国教育部.义务教育语文课程标准(2011年版)[S].北京:北京师范大学出版社,2011.

[35]中华人民共和国教育部.义务教育语文课程标准(2022年版)[S].北京:北京师范大学出版社,2022.

后记

如风起于青蘋之末，既而侵淫溪谷，渐成燎原之势，"小学语文学科全息育人"的研究和实践，自2018年开始，前后历经三年多的时间，直至2022年春暖花开之际，《小学语文学科全息育人》书稿终于初步完成，在"学科全息育人丛书"中砥砺深耕、清芬自远。

撰写《小学语文学科全息育人》书稿的过程，也是区域进行学科全息育人课堂研究的过程。一路走来，此书的撰写可谓不易。一是因为书中大量关于学科全息育人的理论研究，研究团队深感研究时间不长，深度不够，视野有限，总有"失之毫厘，谬以千里"的担忧；二是因为新版义务教育课程标准迟迟处于"呼之欲出"却未见踪影的阶段，给研究团队在"定标"中增加了困难。但是，一想到此书的价值和意义，再大的困难，大家都竭尽全力去克服，因为一路有同伴的加油鼓劲，有对小语的执着热爱！

于是，尽管前路荆棘满地，大家仍然义无反顾地走在研究的路上。"一定要做好这项研究！"是大家共同的心声。特别是当我们的研究得到了相关专家和领导的积极肯定时，更坚定了我们深入研究的信心：从育人目标设计、育人内容选取、育人方式建议、育人实践安排及作业系统设计等方面聚焦"五育"，重塑课堂生态，打通学科教学走向学科育人的"最后一公里"；以一种"全程、全域、全要素"的视野，致力改变学段割裂、学科孤立、育人要素单一的教学现状，建构起学段育人目标衔接、学科育人载体整合、学时育人要素融合的行为路径，有效促进学生全面而有个性的可持续发展。

研究过程中，最有价值的是我们开展的一系列基于大单元的全息育人课例研究。育人的主阵地在课堂，围绕"基于大单元的全息育人教学"这一主题，进行"同课异构"或"同题异构"的主题阐释、课例展示、观课议课及专家引领，有力地彰显了"聚焦核心素养、优化教学时空、盘活改革因子，促进全息育人"的行动研修价值，我们看到了小学语文全息育人当下的意义在于"用语文育人"，要面向全体学生，教师必须做到"育人先育己"，"学科育人"不是掷地有声，不是立竿见影，不是简单说教，而是润物无声，是浸润、感染、影响、孕育。

岁月不居，时节如流。小学语文学科全息育人的研究，按照原定的三年规划落地生根、抽枝展叶。

《小学语文学科全息育人》的出版，要衷心感谢西南大学、重庆市教育科学研究院、北碚区教育委员会、北碚区教师进修学院等有关领导和专家的大力支持与悉心指导。

特别感谢自始至终参与研究并撰写书稿的团队成员：张琪（第一章）；陈娅利、张亚、赵铭、蒋尼、刘洁、钱迎春、李静、杨蔚、王世录、刘雯雯、邓凤鸣、刘利、徐云波、吴冷灿、辛亚（第二章）；吴冷灿、曹彬、徐云波、王世录、刘雯雯（第三章）；钱迎春、李静（第四章）；周胜华、蒋尼、王琳（第五章）；刘利、邓凤鸣（第六章）。他们或是为书稿前期准备出谋划策，或是在书稿撰写过程中给予帮助，酷暑隆冬，默默付出。为了此书的正式出版，大家精诚合作，翻阅著述研读理论，请教专家碰撞思维，网上查新与时俱进，不断实践搜集案例，频繁奔波于进修学院、图书馆、书店、学校，围绕着立德树人、提高学科核心素养的目标，一次次建构、追溯、补充、调整，反反复复讨论、修改，对于框架的设计、内容的选择、顺序的编排、方法的运用、案例的修改等等，无不思虑再三，字斟句酌。一路走来，或艰难跋涉，或沉思缓步，或豁然开朗……个中况味，如鱼饮水，始终秉持于心的是在希望中行动，在行动中坚守，在坚守中探索，在探索中成长！

本书在撰写过程中还得到了很多一线教师的支持，他们积极为书稿提供教学或者教研案例，续写教学反思，在此一并致谢。

在编写过程中，尽管我们每位作者尽了最大努力，但囿于水平有限和时间仓促，本书难免尚有诸多疏漏，恳请各位专家和读者不吝赐教，对本书中的不足之处，敬请斧正，再次致以诚挚的感谢！